자기주도학습
체크리스트

- ✓ 선생님의 친절한 강의로 여러분의 예습·복습을 도와 드릴게요.
- ✓ 공부를 마친 후에 확인란에 체크하면서 스스로를 칭찬해 주세요.
- ✓ 강의를 듣는 데에는 30분이면 충분합니다.

날짜	강의명		확인		날짜	강의명		확인
	강					강		
	강					강		
	강					강		
	강					강		
	강					강		
	강					강		
	강					강		
	강					강		
	강					강		
	강					강		
	강					강		
	강					강		
	강					강		
	강					강		
	강					강		
	강					강		
	강					강		
	강					강		
	강					강		
	강					강		
	강					강		
	강					강		
	강					강		
	강					강		

자기주도학습 체크리스트로 공부의 기쁨이 차곡차곡 쌓일 것입니다.

초등 '**국가대표**' 만점왕
이제 **수학**도 꽉 잡아요!

EBS 선생님 **무료강의 제공**

① 연산 〉② 기본 〉③ 응용 〉④ 심화
예비 초등~6학년 초등1~6학년 초등1~6학년 초등4~6학년

사회를 한 권으로
가뿐하게!

사

뿐

가뿐한 핵심 평가

1 주제 세계의 인구 분포

1 세계의 인구 분포

① 지구상에 고르게 분포하지 않고 특정 지역에 집중하여 분포함

② ❶ [　　　]에 90% 이상이 살고 있으며, 대륙별로 보면 ❷ [　　　]에 전체 인구의 60% 이상이 거주함

2 인구 분포에 영향을 미치는 요인

구분	자연적 요인	인문 · 사회적 요인
종류	기후, 지형, 식생 등	경제, 교통, 산업, 문화 등
인구 밀집 지역	기후가 온화한 지역, 평야가 넓은 지역, 물을 얻기 쉬운 지역 예 ❸ [　　　]가 활발한 동남 및 남부 아시아 지역	산업이 발달하여 ❹ [　　　]가 풍부한 지역, 교통이 편리한 지역, 교육 여건과 문화 시설이 잘 갖추어진 지역 예 서부 유럽, 미국 북동부 대서양 연안
인구 희박 지역	• 건조 기후 지역 예 사하라 사막 • 한대 기후 지역 예 시베리아 지역 • 열대 기후 지역 예 아마존강 유역 • 험준한 산지 지역 예 히말라야산맥	교통이 불편한 지역, 각종 산업 시설, 일자리가 부족한 지역, 전쟁과 분쟁이 자주 발생하는 지역

답 ❶ 북반구 ❷ 아시아 ❸ 벼농사 ❹ 일자리

1 괄호 안의 내용 중 알맞은 말에 ○표 하시오.

> 세계 인구는 (북반구 , 남반구)에 90% 이상이 살고 있으며, 대륙별로 보면 (아시아 , 아프리카)에 전체 인구의 60% 이상이 거주하고 있다.

2 다음 설명 중 자연적 요인은 '자', 인문 · 사회적 요인은 '인'으로 구분하여 쓰시오.

(1) 기후가 고온 다습하고 밀림이 우거져 있다.

(2) 2 · 3차 산업이 발달하고 일자리가 풍부하다.

(3) 강수량이 매우 적어 농경과 목축에 불리하다.

(4) 경제 수준이 높고, 교통 및 문화 시설을 잘 갖추고 있다.

3 지도는 세계의 인구 분포를 나타낸 것이다. A~E 중 인구 밀집 지역을 모두 찾아 기호를 쓰시오.

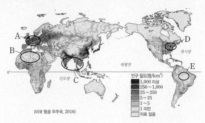

[미국 항공 우주국, 2016]

인구 밀도(명/km²)
1,000 이상
250~1,000
25~250
5~25
1~5
1 미만
자료 없음

답 1 북반구, 아시아 2 (1) 자 (2) 인 (3) 자 (4) 인 3 A, C, D

핵심 평가 2 주제 우리나라의 인구 분포

VII. 인구 변화와 인구 문제

1 산업화 이전

특징	농업 중심의 국가였기 때문에 기후와 지형 등 ❶ 요인의 영향을 크게 받음
인구 밀집 지역	평야가 넓고 기후가 온화하여 벼농사에 유리한 ❷ 지역
인구 희박 지역	기온이 낮고 산지가 많아 농경에 불리한 북동부 지역

2 산업화 이후

특징	• 1960년대 이후 산업이 발달하면서 인문·사회적 요인의 영향을 크게 받음 • 산업과 교통이 발달하고 일자리가 풍부한 도시 지역으로 많은 인구가 이동함 → 이촌향도 현상
인구 밀집 지역	• ❸ 을 중심으로 하는 수도권 지역 • 부산·대구·광주 등의 대도시 • ❹ 과 같이 산업이 발달한 지역
인구 희박 지역	• 태백산맥과 소백산맥 일대의 산지 지역 • 농어촌 지역

정답 ❶ 자연적 ❷ 남서부 ❸ 서울 ❹ 남동 임해 공업 지역

1 괄호 안의 내용 중 알맞은 말에 ○표 하시오.

(1) 1960년대 이전 우리나라는 오랫동안 (농업 , 공업) 중심의 국가였기 때문에 (북동부 , 남서부) 지역에 인구가 밀집하였다.

(2) 1960년대 이후 산업이 발달하면서 우리나라의 인구 분포는 (자연적 , 인문·사회적) 요인의 영향을 크게 받고 있다.

2 다음에서 설명하는 용어를 쓰시오.

> 산업화가 진행되면서 도시 지역에 일자리가 많아지자 농촌 지역의 인구가 도시로 이동하는 현상을 말한다.

3 오늘날 인구 밀도가 높은 지역을 〈보기〉에서 모두 찾아 기호를 쓰시오.

┤ 보기 ├
ㄱ. 농어촌 지역   ㄴ. 수도권 지역
ㄷ. 남동 임해 공업 지역   ㄹ. 태백산맥과 소백산맥 일대
ㅁ. 부산·대구·광주 등의 대도시

정답 1 (1) 농업, 남서부 (2) 인문·사회적 2 이촌 향도 3 ㄴ, ㄷ, ㅁ

① 인구 이동의 요인

❶　　　　요인	인구를 끌어들여 머무르게 하는 요인 **예** 높은 임금, 풍부한 일자리 등
배출 요인	인구를 다른 지역으로 밀어내는 요인 **예** 낮은 임금, 열악한 주거 환경 등

② 세계의 인구 이동

과거	자발적 이동	• 유럽인의 신항로 개척을 위한 이주 • 중국인의 동남아시아로의 이주
	강제적 이동	❷　　　　에 의한 아프리카 흑인들의 아메리카 강제 이주
	종교적 이동	영국 청교도들의 아메리카 대륙으로의 이주
오늘날	경제적 이동	개발 도상국에서 일자리를 찾아 선진국으로 이동
	정치적 이동	민족 탄압, 전쟁, 분쟁 등을 피하기 위한 ❸　　　　의 이동

③ 인구 이동이 지역에 미치는 영향

구분	인구 유입 지역	인구 유출 지역
긍정적 영향	저임금 노동력 확보, 경제 활성화 및 문화적 다양성 증가	이주자들이 본국으로 송금하는 ❹　　　증가로 인한 경제 활성화
부정적 영향	이주민과 현지인 간의 일자리 경쟁 및 문화적 차이로 인한 갈등 발생	청장년층 노동력의 해외 유출로 경제 성장 둔화 및 노동력 부족 문제 발생

정답 ❶ 흡인 ❷ 노예 무역 ❸ 난민 ❹ 외화

---

1 인구 흡인 요인을 〈보기〉에서 모두 찾아 기호를 쓰시오.

> 보기
> ㄱ. 전쟁　　　　ㄴ. 높은 임금　　　ㄷ. 낮은 실업률　　　ㄹ. 부족한 일자리
> ㅁ. 쾌적한 자연환경　ㅂ. 빈번한 자연재해　ㅅ. 다양한 문화 시설　ㅇ. 부족한 교육 시설

2 괄호 안의 내용 중 알맞은 말에 ○표 하시오.
　(1) 오늘날 세계의 인구 이동은 개발 도상국에서 선진국으로의 (경제적 , 정치적) 이동이 대부분을 차지한다.
　(2) 민족 탄압, 내전, 분쟁 등으로 발생하는 난민의 이동은 (경제적 , 정치적) 이동에 해당한다.

3 인구 유입 지역과 인구 유출 지역에서 나타나는 문제를 바르게 연결하시오.
　(1) 인구 유입 지역 •　　　　　　　　• ㉠ 문화적 갈등 발생
　(2) 인구 유출 지역 •　　　　　　　　• ㉡ 노동력 부족 발생

정답 **1** ㄴ, ㄷ, ㅁ, ㅅ **2** (1) 경제적 (2) 정치적 **3** (1) ㉠ (2) ㉡

4 주제 우리나라의 인구 이동

VII. 인구 변화와 인구 문제

1 국제 이동

일제 강점기	중국 만주 지역과 구소련의 연해주 지역으로 이동
광복 후	국외로 나갔던 해외 동포의 귀국
1960년대	경제적인 이유로 미국, 독일 등지로 이동
1970년대	❶ , 북부 아프리카 지역으로 건설 기술자들의 이동
1980년대 이후	해외 유학이나 고급 인력들의 해외 취업, 이민 증가
최근	취업, 결혼 등을 위해 우리나라로 유입하는 외국인 증가 → ❷ 가정이 늘어나고 있음

2 국내 이동

일제 강점기	일자리를 찾아 광공업이 발달한 함경도 지방으로 이주
6 · 25 전쟁	북한에서 월남한 동포들이 남부 지방으로 대규모 이동
1960년대 이후	• 산업화 이후 많은 촌락 인구가 도시로 이동함 → ❸ 현상 • 서울을 중심으로하는 수도권, 부산, 대구 등의 대도시, 울산, 포항 등 신흥 공업 도시로 이동
1990년대 이후	• 도시 인구가 대도시 주변 지역이나 ❹ 으로 이동하는 현상이 나타남 → 역도시화 현상 • 대도시의 인구 밀집으로 교통 혼잡, 집값 상승, 환경 오염 발생 → 대도시 주변에 신도시 건설

정답 ❶ 서남아시아 ❷ 다문화 ❸ 이촌 향도 ❹ 촌락

1 다음 사례의 공통적인 인구 이동 원인을 쓰시오.

> • 일제 강점기 광공업이 발달한 함경도 지방으로의 인구 이동
> • 1970년대 서남아시아, 북부 아프리카 지역으로 건설 기술자들의 인구 이동

2 빈칸 ㉠, ㉡에 들어갈 알맞은 용어를 쓰시오.

> 최근 취업하기 위해 중국과 (㉠) 등지에서 우리나라로 들어오는 외국인이 증가하였다. 이와 함께 국제결혼의 증가로 우리나라는 (㉡) 사회로 변화하고 있다.

3 빈칸 ㉠, ㉡에 들어갈 알맞은 용어를 쓰시오.

> 1990년대 이후 서울과 같은 대도시에 인구가 밀집하여 교통 혼잡, 집값 상승, 환경 오염 등으로 인해 생활 환경이 악화되고, 대도시 주변에 (㉠)이/가 건설되면서 도시 인구가 대도시 주변 지역이나 촌락으로 이동하는 (㉡) 현상이 나타나고 있다.

정답 1 경제적 이동 2 ㉠ 동남아시아, ㉡ 다문화 3 ㉠ 신도시, ㉡ 역도시화

5 주제 개발 도상국의 인구 문제

1 세계 인구의 성장

산업 혁명 이후		의료 기술 및 생활 수준 향상 → 평균 수명 증가, ❶[ ] 감소
오늘날	선진국	출생률과 사망률 모두 낮음 → 인구 증가 속도가 완만하거나 정체
	개발 도상국	제2차 세계 대전 이후 사망률은 낮아졌으나 출생률이 높음 → 인구 급증

2 개발 도상국의 인구 문제

인구 문제	• ❷[ ]와 빈곤: 경제 성장 속도가 인구 증가 속도를 따라가지 못해 발생 • 도시 과밀화: 이촌 향도에 따른 도시 인구 급증으로 주택 부족, 교통 혼잡, 환경 오염 등의 문제 발생 • 성비 불균형: 일부 국가(중국, 인도 등)에서 남아 선호 사상으로 인해 여자아이보다 남자아이의 출생률이 높음
대책	• 출산 억제 정책과 같은 ❸[ ] 시행 • 인구 부양력을 높이기 위한 정책: 농업의 기계화, 산업화 정책 시행 • 도시 인구 유입 억제: 농촌 지역의 생활 환경 개선 • ❹[ ] 문화 정착

정답 ❶ 영아 사망률 ❷ 기아 ❸ 인구 계획 ❹ 양성평등

1 빈칸 ㉠, ㉡에 들어갈 알맞은 시기를 쓰시오.

> (㉠) 이후 의료 기술 및 생활 수준이 향상되어 평균 수명이 증가하고 영아 사망률이 감소하면서 세계 인구가 증가하기 시작하였다. 개발 도상국은 (㉡) 이후 사망률은 낮아졌으나 출생률은 여전히 높아 짧은 시간 동안 인구가 빠르게 증가하고 있다.

2 빈칸 ㉠, ㉡에 들어갈 알맞은 용어를 쓰시오.

> 중국, 인도 등 아시아의 일부 국가에서 (㉠) 사상으로 인해 여자아이보다 남자아이의 출생률이 높아 (㉡) 문제가 발생하고 있다.

3 개발 도상국의 인구 문제와 그 원인을 바르게 연결하시오.

(1) 기아와 빈곤 • 　　 • ㉠ 이촌 향도에 따른 도시 인구의 급증

(2) 도시 과밀화 •　　 • ㉡ 경제 성장 속도보다 빠른 인구 증가 속도

정답 1 ㉠ 산업 혁명, ㉡ 제2차 세계 대전 2 ㉠ 남아 선호, ㉡ 성비 불균형 3 (1) ㉡ (2) ㉠

1 선진국의 인구 문제

인구 문제	• 생산 가능 인구 감소에 따른 문제: **❶** 부족으로 생산성 감소, 경제 성장 둔화 • 노인 인구 증가에 따른 문제: 청장년층의 노인 인구 부양 부담 증가
대책	• 출산 장려 정책 강화: 육아 휴직 확대, 출산 장려금 및 양육 비용 지원 등 • 노인 복지 정책 강화: 재취업 기회 제공, **❷** 연장, 연금 제도 개선 등 • 외국인 근로자 고용 확대

2 우리나라의 인구 문제

구분	저출산	고령화
원인	여성의 사회 참여 증가, **❸** 상승, 결혼 및 가족에 대한 가치관 변화 등	생활 수준의 향상과 의료 기술의 발달로 평균 수명 증가
문제	총인구 감소, 생산 가능 인구 감소로 경제 성장 둔화 , 노인 인구 부양 부담 증가 등	
대책	• 출산 장려 정책 강화 • 보육 시설 확충, 공공 교육 서비스 제공 • 청년층의 고용 안정 보장과 남성의 육아 참여 확대	• 국민 연금 제도 및 사회 보장 제도 정비 • 여가, 요양 등 노인 복지 시설 확충 • 노인 관련 **❹** 발전, 노인 일자리 개발, 노년층에 취업 훈련 기회 제공 등

정답 ❶ 노동력 ❷ 정년 ❸ 결혼 연령 ❹ 산업(실버산업)

1 빈칸에 공통으로 들어갈 용어를 쓰시오.

> 여성 한 명이 평생 출산하는 평균 자녀의 수를 ( )(이)라고 한다. 선진국과 우리나라에서는 여성의 사회 참여가 증가하고, 결혼 및 출산에 대한 가치관이 변화하면서 ( )이/가 낮아지고 있다.

2 다음 설명이 맞으면 ○표, 틀리면 ×표 하시오.

(1) 저출산 현상이 지속되면 생산 가능 인구가 감소하여 경제 성장이 둔화된다. ( )

(2) 고령화 현상이 지속되면 청장년층의 유소년층 인구 부양 부담이 증가한다. ( )

3 고령화에 따른 인구 문제의 대책으로 옳은 것을 〈보기〉에서 모두 찾아 기호를 쓰시오.

> ─┤ 보기 ├─
> ㄱ. 보육 시설 확충　　　　　　　ㄴ. 노인 일자리 개발
> ㄷ. 국민 연금 제도 정비　　　　　ㄹ. 남성의 육아 참여 확대

정답 1 합계 출산율 2 (1) ○ (2) × 3 ㄴ, ㄷ

1 도시의 의미와 특징

의미	❶ [　　　　] 가 밀집한 곳으로 정치·경제·사회·문화의 중심지
특징	높은 인구 밀도, ❷ [　　　　] 토지 이용, 높은 2·3차 산업 종사자 비율, 풍부한 생활 편의 시설 및 각종 기능, 중심지 역할

2 유명하거나 매력적인 도시

세계 도시	❸ [　　　　] 의 본사가 많고, 자본과 정보가 집중하여 주변 국가와 도시에 미치는 영향력이 매우 큰 도시 ⓔ 미국의 뉴욕, 영국의 런던, 일본의 도쿄 등
환경·생태 도시	자연과 인간이 공존하는 방법을 찾기 위해 노력하고, 생태 환경과 관련하여 다른 도시들이 나아가야 할 방법을 제시 ⓔ 독일의 프라이부르크, 브라질의 쿠리치바 등
역사·문화 도시	• 오랜 세월에 걸쳐 형성된 역사 유적이 많은 도시 ⓔ 이탈리아의 로마, 그리스의 아테네, 터키의 이스탄불, 중국의 시안 등 • 매력적인 문화를 지닌 도시 ⓔ 에스파냐의 바르셀로나, 브라질의 리우데자네이루
관광 도시	• 아름다운 항구로 유명한 도시 ⓔ 오스트레일리아의 시드니, 이탈리아의 나폴리 • 오로라를 감상할 수 있는 도시 ⓔ 아이슬란드의 레이캬비크 등 • 연중 온화한 기후의 ❹ [　　　　] ⓔ 에콰도르의 키토 등

답 ❶ 인구 ❷ 집약적 ❸ 다국적 기업 ❹ 고산 도시

1 도시의 특징으로 옳은 것을 〈보기〉에서 모두 찾아 기호를 쓰시오.

┌─ 보기 ┐
ㄱ. 중심지 역할　　　　ㄴ. 높은 인구 밀도　　　　ㄷ. 조방적 토지 이용
ㄹ. 풍부한 편의 시설　　ㅁ. 상업, 행정 기능이 집중　ㅂ. 높은 1차 산업 종사자 비율

2 다음 설명에 해당하는 알맞은 용어를 쓰시오.

다국적 기업의 본사가 많고, 자본과 정보가 집중하여 주변 국가와 도시에 미치는 영향력이 매우 큰 도시를 말한다.

3 각 도시에 해당하는 특징을 바르게 연결하시오.

(1) 런던　　　•　　　　　　• ㉠ 오로라와 백야를 감상할 수 있는 도시

(2) 시안　　　•　　　　　　• ㉡ 국제 자본과 정보의 연결망을 가진 도시

(3) 레이캬비크 •　　　　　　• ㉢ 태양광 에너지 활용을 극대화한 생태 도시

(4) 프라이부르크 •　　　　　　• ㉣ 중국에서 가장 보존이 잘된 성벽을 볼 수 있는 도시

답 **1** ㄱ, ㄴ, ㄹ, ㅁ **2** 세계 도시 **3** (1) ㉡ (2) ㉣ (3) ㉠ (4) ㉢

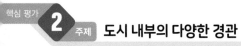

2 주제 도시 내부의 다양한 경관

VIII. 사람이 만든 삶터, 도시

1 도시 내부의 지역 분화

원인		도시 내부의 지역별 접근성과 지가의 차이 때문
과정	❶ [ ] 현상	중심 업무 기능, 상업 기능이 도시 중심부로 집중되는 현상
	이심 현상	주거 기능, 공업 기능이 외곽으로 빠져나가는 현상

2 도시 내부 구조

도심	• 도시의 중심부: 높은 접근성과 지대, 고층 건물이 밀집, 집약적인 토지 이용 • ❷ [ ](CBD)가 형성됨, 인구 공동화 현상이 나타남
부도심	교통이 편리한 지역에 발달하여 도심에 집중된 ❸ [ ] 기능과 서비스 기능을 분담함
중간 지역	도심과 주변 지역 사이에 위치하며 오래된 주택과 상가, 공장이 섞여 있음
주변 지역	• 땅값이 저렴해 대규모 주거 단지가 조성됨 • 공장, 상가, 농경지, 과수원 등 도시와 농촌의 모습이 혼재함
❹ [ ]	도시의 무분별한 팽창을 막고 녹지 공간을 확보하기 위해 설정하는 공간
위성 도시	주거, 공업, 행정 등과 같은 대도시 기능의 일부를 분담하는 도시

정답 ❶ 집심 ❷ 중심 업무 지구 ❸ 상업 ❹ 개발 제한 구역

---

1 빈칸 ㉠~㉢에 들어갈 알맞은 용어를 쓰시오.

> 도시 내부의 지역 분화는 도시 내부 지역별 (㉠)와/과 지가의 차이 때문에 나타난다. 지역 분화 과정에서 중심 업무 기능, 상업 기능이 도시 중심부로 집중되는 현상을 (㉡), 주거 기능, 공업 기능이 외곽으로 빠져 나가는 현상을 (㉢)(이)라고 한다.

2 다음 괄호 안의 내용 중 알맞은 말에 ○표 하시오.
  (1) (도심 , 부도심)에는 행정·금융 기관, 백화점, 대기업의 본사가 모여 있어 중심 업무 지구를 형성한다.
  (2) 도시와 주변 지역을 연결하는 교통의 요지에는 (부도심 , 위성 도시)이/가 형성되어 도심에 집중된 기능을 분담한다.

3 다음 설명에 해당하는 용어를 쓰시오.

> 낮에는 업무나 쇼핑 등으로 도심에 사람이 모이지만, 밤에는 주변 지역에 있는 집으로 돌아가 사람이 없고 도심이 한산해지는 현상을 말한다.

정답 1 ㉠ 접근성, ㉡ 집심 현상, ㉢ 이심 현상 2 (1) 도심 (2) 부도심 3 인구 공동화 현상

1 도시화 과정

초기 단계	• 대부분의 인구가 촌락에 분포하며 1차 산업에 종사함 • 도시화율이 매우 낮고 완만한 상승을 보임
가속화 단계	• 본격적으로 ❶ [ ]가 진행되며 도시에 제조업과 서비스업이 발달함 • 이촌 향도 현상과 함께 도시화율이 급격하게 상승함
종착 단계	• 도시화율이 80%를 넘어서면서 도시 성장이 둔화됨 • 도시 간 인구 이동이 활발하고 역도시화 현상이 발생함

2 선진국과 개발 도상국의 도시화

구분	선진국	개발 도상국
과정	• 산업 혁명 이후 200여 년간 서서히 진행됨 • 주로 촌락의 인구가 도시로 이동하는 이촌 향도로 이루어짐	• 제2차 세계 대전 이후 매우 빠르게 진행됨 • 인구의 ❷ [ ]와 산업화에 따른 이촌 향도가 계속되어 도시화가 급격하게 진행
특징	• 오늘날 선진국의 도시화율은 완만하게 증가하거나 정체됨 ⇨ ❸ [ ] 단계 • 도시의 인구가 도시 주변으로 이동하거나 농촌으로 이동하기도 함 ⇨ 역도시화	• 오늘날 도시화는 개발 도상국에서 활발히 이루어짐 ⇨ ❹ [ ] 단계 • 산업 기반이 부족한 상태에서 도시화 진행 • 과도시화 현상이 나타나기도 함

1 다음 내용에 해당하는 용어를 쓰시오.

> 도시 수가 증가하거나, 도시 거주 인구 비율이 높아지고, 도시적 생활 양식이 보편화되는 과정

2 도시화의 가속화 단계에서 나타나는 특징을 〈보기〉에서 모두 찾아 기호를 쓰시오.

> ┤ 보기 ├
> ㄱ. 본격적으로 산업화가 진행된다.
> ㄴ. 대부분의 인구가 촌락에 분포한다.
> ㄷ. 도시화율이 매우 낮고 완만한 상승을 보인다.
> ㄹ. 이촌 향도 현상과 함께 도시화율이 급격하게 상승한다.

3 빈칸 ㉠, ㉡에 들어갈 알맞은 말을 쓰시오.

> • 선진국은 현재 도시화의 종착 단계에 도달하여 도시화의 정체 또는 (㉠) 현상이 나타난다.
> • 개발 도상국에서는 수위 도시로 인구가 집중하여 (㉡) 현상이 나타나기도 한다.

4 주제 선진국과 개발 도상국의 도시 문제

■ 도시 문제

선진국	• 도심 부근에 오래되어 낙후된 지역이 나타남 → 슬럼 형성, 높은 범죄율, 노숙자 문제 등 • 오래된 도심의 도로는 좁고 복잡함 → 교통 체증 • 도시 내 ❶ [ ] 쇠퇴로 도시 침체 → 인구 감소, 시설 노후화 등
개발 도상국	• ❷ [ ]과 주거 지역이 대규모로 형성 • 도로 정비가 불량하여 교통 혼잡 • 도시 내 빈부 격차, 환경 문제, 실업, 범죄 등 • 식민지 시대에 만들어진 건축물과 도로망 → 도시의 자연스러운 발전에 걸림돌

■ 도시 문제의 해결 노력

선진국	• 도시 재개발 사업 진행, ❸ [ ]로 낙후된 지역의 환경 개선 • 산업 구조 재편: 첨단 산업과 관광 산업을 중심으로 도시 내의 일자리 창출 촉진
개발 도상국	• 선진국의 자본과 기술을 수용하여 일자리 창출 • 주거 환경 개선, 부족한 ❹ [ ] 확충을 위한 노력

정답 ❶ 공업지 ❷ 무허가 주택 ❸ 도시 재활성화 ❹ 기반 시설

1 빈칸에 들어갈 알맞은 용어를 쓰시오.

> 선진국은 도시의 역사가 오래되면서 도심에 불량 주거 지역인 (   )이/가 형성되어 여러 가지 도시 문제가 나타난다.

2 다음 설명이 맞으면 ○표, 틀리면 ×표 하시오.

(1) 선진국에는 식민지 시대 만들어진 건축물과 도로망으로 교통 체증 문제가 심각하다. (   )

(2) 개발 도상국의 도시 문제는 기반 시설이 갖추어지지 않은 채 도시로 인구가 집중되어 나타난다.

(   )

(3) 개발 도상국은 인구 감소, 시설 노후화 등으로 도시의 활력이 감소되고 있다. (   )

3 다음 설명에 해당하는 용어를 쓰시오.

> 노후화되고 불량한 주택이나 시설물을 개량하여 주거 환경을 개선하고, 교통 시설과 교통 체계 등을 정비하는 사업을 말한다.

정답 1 슬럼 2 (1) × (2) ○ (3) × 3 도시 재개발 사업

5 주제 살기 좋은 도시

VIII. 사람이 만든 삶터, 도시

1 살기 좋은 도시의 조건

① [**❶**]이 쾌적하고 적정 규모의 인구가 거주함
② 경제가 발달하여 소득 수준이 높고 다양한 경제활동이 이루어짐
③ 범죄율이 낮고, 정치적으로 안정되어 있음
④ 교육, 의료, 보건, 문화, 행정 서비스가 잘 갖추어짐
⑤ [**❷**]가 자립할 수 있는 기회를 제공함

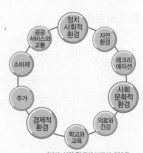

(머서, 삶의 질 조사 보고서, 2016)
▲ 삶의 질이 높은 도시의 조건

2 살기 좋은 도시의 사례

빈	문화와 예술의 도시, 풍부한 역사 유적, 넓은 녹지
밴쿠버	수려하고 쾌적한 도시 환경, 우수한 사회 보장 제도
취리히	아름다운 자연환경, 안전, 청결, 교통, 의료, 문화가 우수
❸	순천만 정원이 있는 국내 최대의 생태 관광 도시
빌바오	구겐하임 미술관을 유치한 문화 · 관광 도시
쿠리치바	**❹** 버스 도입으로 대중교통 시스템 구축
벵갈루루	소프트웨어 산업 육성으로 일자리 부족과 빈곤 해결

▲ 쿠리치바

답 ❶ 자연환경 ❷ 사회적 약자 ❸ 순천 ❹ 굴절형

---

1 살기 좋은 도시의 조건으로 알맞은 것을 〈보기〉에서 모두 찾아 기호를 쓰시오.

┤ 보기 ├
ㄱ. 높은 실업률　　　　　　　　　ㄴ. 높은 범죄율
ㄷ. 쾌적한 자연환경　　　　　　　ㄹ. 잦은 전쟁과 분쟁
ㅁ. 높은 사회적 약자의 자립 기회　ㅂ. 풍부한 교육, 의료, 보건 서비스

2 다음 설명에 해당하는 도시를 〈보기〉에서 찾아 기호를 쓰시오.

┤ 보기 ├
ㄱ. 빈　　　　　ㄴ. 빌바오　　　　　ㄷ. 쿠리치바　　　　　ㄹ. 벵갈루루

⑴ 철강 산업의 쇠퇴로 지역 경제가 침체하였으나, 구겐하임 미술관을 유치하면서 문화와 예술이 살아있는 도시가 되었다. (　　　)
⑵ 과거에는 일자리 부족과 빈곤 문제가 심각하였지만, 소프트웨어 산업 육성 정책을 펼치면서 세계적인 IT 산업 도시로 성장하였다. (　　　)
⑶ 인구가 증가하면서 교통 혼잡이 심각한 도시였으나 굴절형 버스, 원통형 버스 정류장, 버스 전용 차선 운영 등으로 교통 문제를 해결하였다. (　　　)

답 1 ㄷ, ㅁ, ㅂ 2 ⑴ ㄴ ⑵ ㄹ ⑶ ㄷ

---

1 농업 생산 방식의 변화

자급적 농업	과거 생산자 스스로가 소비하기 위해 소규모로 작물을 재배하거나 가축을 기름 ⑩ 전통적 벼 재배, 혼합 농업 등
❶ ⬜ 농업	오늘날 대부분 시장에 판매할 목적으로 상품 작물을 재배하거나 가축을 기름 ⑩ 낙농업, 원예 농업, 대규모 곡물 재배 등

2 농업 생산의 기업화와 세계화

농업 생산의 기업화	• 기업이 많은 자본과 기술을 투입하여 세계 시장을 대상으로 농장을 운영하는 현상 • 기업적 곡물 농업 및 목축업: 신대륙의 넓은 목초 지대 이용 • ❷ ⬜ 농업: 열대 기후 지역에서 선진국의 자본과 기술, 원주민의 값싼 노동력을 바탕으로 기호 작물 재배
농업 생산의 세계화	• 전 세계를 대상으로 농산물의 생산과 소비가 이루어지는 현상 • 농산물의 유통 범위 확대 및 국제적 이동 활발 • 일상생활에서 소비하는 먹거리의 풍부화 및 원산지 다양화

3 농업 생산의 기업화와 세계화로 인한 지역 변화

농산물 생산 지역의 변화		• 농업 생산 구조의 변화: 대량 생산, 상업적 농업 • 토지 이용의 변화: 상품·사료 작물 재배 면적 증가 → 식량 작물 재배 면적 감소 • 환경 문제 및 전통 농업이 쇠퇴하는 문제점 발생
농산물 소비 지역의 변화	긍정적 변화	식탁의 먹거리 ❸ ⬜ , 부족한 농산물 공급 충당
	부정적 변화	국내 농산물 가격 경쟁력 하락, 식량 무기화 문제, 수입 농산물 안전성 문제

🔄 ❶ 상업적 ❷ 플랜테이션 ❸ 다양화

1 아래의 농업 생산 방식에 적합한 용어를 〈보기〉에서 모두 찾아 기호를 쓰시오.

┤ 보기 ├
ㄱ. 소규모　　　　ㄴ. 상품 작물　　　　ㄷ. 원예 농업　　　　ㄹ. 전통적 농업

⑴ 자급적 농업　　　　　　　　⑵ 상업적 농업

2 농업 생산의 세계화가 소비 지역에 가져온 긍정적인 영향을 〈보기〉에서 모두 찾아 기호를 쓰시오.

┤ 보기 ├
ㄱ. 식량 무기화 문제　　　　　　　　ㄴ. 식탁의 먹거리 다양화
ㄷ. 부족한 농산물 공급 충당　　　　　ㄹ. 수입 농산물의 안전성 위험
ㅁ. 국내 농산물의 가격 경쟁력 하락

🔄 **1** ⑴ ㄱ, ㄹ ⑵ ㄴ, ㄷ **2** ㄴ, ㄷ

2 주제 다국적 기업의 성장

IX. 글로벌 경제 활동과 지역 변화

1 다국적 기업의 의미와 배경

의미	세계 각지에 자회사, 지사, 공장 등을 확보하고 국제적인 조직망을 바탕으로 경영 활동을 수행하는 기업
배경	교통과 통신의 발달, ❶ 의 확대로 인해 국제 이동이 활발

2 다국적 기업의 성장 과정

단일 기업 단계	단일 공장이 위치한 지역에서 기업 성장
국내 확장 단계	국내에서 영업 지점과 생산 공장을 확대
해외 진출 단계	해외에 영업 대리점을 설치하여 ❷ 확대
❸ 기업 단계	본사, 생산 공장, 영업 대리점 등이 여러 국가에 입지하며, 통합적인 기업 조직망 구축

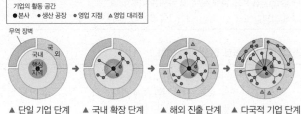

기업의 활동 공간
● 본사 ● 생산 공장 ● 영업 지점 ▲ 영업 대리점

▲ 단일 기업 단계 ▲ 국내 확장 단계 ▲ 해외 진출 단계 ▲ 다국적 기업 단계

정답 ❶ 자유 무역 ❷ 판매 시장 ❸ 다국적

1 아래의 내용에 해당하는 다국적 기업의 성장 단계를 〈보기〉에서 찾아 기호를 쓰시오.

┌ 보기 ┐
ㄱ. 단일 기업 단계   ㄴ. 국내 확장 단계   ㄷ. 해외 진출 단계   ㄹ. 다국적 기업 단계

(1) 국내에서 영업 지점과 생산 공장을 확대함 (   )
(2) 단일 공장이 위치한 지역에서 기업이 성장함 (   )
(3) 해외에 영업 대리점을 설치하여 판매 시장을 확대함 (   )
(4) 본사, 생산 공장, 영업 대리점 등이 여러 국가에 입지하며, 통합적인 기업 조직망을 구축함 (   )

2 그림은 다국적 기업의 성장 과정을 모식화한 것이다. 성장 순서대로 재배치하시오.

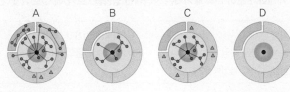

A   B   C   D

■ 다국적 기업의 공간적 분업

❶ 분업		기업의 기능들이 각각 수행하는 원리에 따라 공간적으로 적합한 지역에 분화하여 입지하는 것
각 기능별 입지 특성	❷	다양한 정보 수집과 자본 및 고급 인력 확보에 유리한 본국, 선진국의 대도시에 주로 위치
	연구소	기술을 갖춘 고급 인력이 풍부한 선진국에 주로 위치
	생산 공장	지가와 노동 임금이 저렴하여 생산 비용을 줄일 수 있는 개발 도상국, 시장을 확대하고 무역 장벽을 극복할 수 있는 선진국에 위치

■ 다국적 기업의 입지에 따른 지역 변화

본국에 미치는 영향	긍정적 영향	해외에서 얻은 이익으로 본국에 또 다른 투자를 유발
	부정적 영향	생산 공장의 국외 이전으로 실업률 증가 → 산업 ❸ 현상 발생
진출 지역에 미치는 영향	긍정적 영향	고용 창출 효과 증대, 지역 경제 활성화, 기술 및 경영 기법의 습득
	부정적 영향	해외 경제 의존도 심화, 산업 경쟁력 및 자생력 약화

정답 ❶ 공간적 ❷ 본사 ❸ 공동화

1 아래의 입지 특성에 맞는 다국적 기업의 기능을 〈보기〉에서 찾아 기호를 쓰시오.

| 보기 |
| ㄱ. 본사 | ㄴ. 연구소 |
| ㄷ. 선진국으로 진출한 생산 공장 | ㄹ. 개발 도상국으로 진출한 생산 공장 |

(1) 생산 비용을 줄이기 위해 지가와 노동 임금이 저렴한 지역에 위치함 ( )
(2) 신제품과 핵심 기술, 디자인 등을 연구 · 개발하며, 선진국에 주로 위치함 ( )
(3) 의사 결정을 내리고 기업을 경영 · 관리하며, 본국과 선진국의 대도시에 주로 위치함 ( )
(4) 판매 시장을 확대하고 무역 장벽을 피하기 위해서 위치함 ( )

2 다국적 기업이 진출한 지역에 미친 아래의 영향을 〈보기〉에서 모두 찾아 기호를 쓰시오.

| 보기 |
| ㄱ. 고용 창출 효과 | ㄴ. 산업 경쟁력 약화 |
| ㄷ. 해외 경제 의존도 심화 | ㄹ. 기술 및 경영 기법의 습득 |

(1) 긍정적 영향   (2) 부정적 영향

정답 1 (1) ㄹ (2) ㄴ (3) ㄱ (4) ㄷ 2 (1) ㄱ, ㄹ (2) ㄴ, ㄷ

1 산업 활동의 분류

1차 산업	자연환경에 노동력을 동원하여 필요한 물품을 얻거나 생산하는 산업 ⓐ 농업, 임업, 수산업, 축산업 등
2차 산업	1차 산업에서 얻은 생산물이나 천연자원을 가공하여 인간 생활에 필요한 물건이나 에너지 등을 생산하는 산업 ⓐ 광업, ❶ [ ] 등
3차 산업	1, 2차 산업에서 생산된 물품을 소비자에게 유통·판매하거나 각종 ❷ [ ]를 제공하는 산업 ⓐ 상업, 운수업, 정보·통신업, 금융업, 교육 등

2 서비스업의 의미와 특성, 유형

의미	다른 산업이나 일반 소비자들에게 재화와 용역을 제공하는 활동
특성	소비자의 취향들이 달라 표준화가 어려움, 고용 창출 효과가 큼, 경제 성장과 소득 수준 향상에 따라 다양한 서비스업에 대한 수요가 증가함
유형	• ❸ [ ] 서비스업: 일반 소비자들에게 제공하는 서비스 ⓐ 소매업 등 • 생산자 서비스업: 기업 활동을 지원하기 위한 서비스 ⓐ 금융, 법률 등

정답 ❶ 제조업 ❷ 서비스 ❸ 소비자

1 각 산업 활동에 해당하는 설명과 대표 사례를 바르게 연결하시오.

(1) 1차 산업 • ㉠ 생산물이나 천연자원을 가공하여 인간 생활에 필요한 물건이나 에너지 등을 생산하는 산업 • Ⓐ 서비스업

(2) 2차 산업 • ㉡ 자연환경에 노동력을 동원하여 필요한 물품을 얻거나 생산하는 산업 • Ⓑ 농업

(3) 3차 산업 • ㉢ 다른 산업에서 생산된 물품을 소비자에게 유통·판매하거나 각종 서비스를 제공하는 산업 • Ⓒ 제조업

2 아래의 서비스업에 해당하는 유형을 〈보기〉에서 모두 찾아 기호를 쓰시오.

┌ 보기 ┐
ㄱ. 금융   ㄴ. 법률   ㄷ. 소매업   ㄹ. 시장 조사

(1) 소비자 서비스업
(2) 생산자 서비스업

정답 1 (1) ㉡-Ⓑ (2) ㉠-Ⓒ (3) ㉢-Ⓐ 2 (1) ㄷ (2) ㄱ, ㄴ, ㄹ

1 서비스업의 세계화에 따른 지역 변화

상품 구매의 변화		• 교통과 정보·통신의 발달로 인한 경제 활동의 시·공간적 제약 감소로 변화 • 과거에는 매장에 직접 방문하여 물건을 구매하였으나 최근에는 텔레비전, 인터넷 등을 활용한 전자 상거래가 증가함
❶ ⬜⬜⬜ 상거래	특성	• 소비자 입장: 상품 구입에 들어가는 시간과 이동이 절약됨 • 생산자 입장: 상품 관리에 들어가는 자본과 공간이 절약됨
	영향	유통 산업의 발달을 촉진
유통의 세계화	긍정적 영향	• 상품 구매의 시·공간적 제약 극복 • 전자 상거래의 발달로 상품의 유통 단계 감소 • 해외 직접 구매 등을 통한 소비 활동의 범위 확대
	부정적 영향	• **❷** ⬜⬜⬜, 오프라인 상점 등의 쇠퇴 • 유통 업체의 지점이 다른 곳으로 이동한 경우 기존 지역의 경제 혼란
관광의 세계화	배경	• 교통과 통신의 발달로 관광 정보 획득 용이 • 소득 수준 향상 및 여가 시간 증가
	긍정적 영향	• 지역의 일자리 창출 및 주민 소득 증가 • 교통, 통신, 도로 등 기반 시설 개선
	부정적 영향	무리한 관광지 개발로 자연환경 파괴, 지나친 상업화로 지역 고유문화 쇠퇴 → 대안으로 **❸** ⬜⬜⬜ 대두

답 ❶ 전자 ❷ 재래시장 ❸ 공정 여행

1 관광의 세계화가 관광 지역에 가져온 아래의 영향을 〈보기〉에서 모두 찾아 기호를 쓰시오.

┤ 보기 ├
ㄱ. 자연환경 파괴　　　　　　ㄴ. 기반 시설 개선
ㄷ. 주민 소득 증가　　　　　　ㄹ. 지역 고유문화 쇠퇴

(1) 긍정적 영향
(2) 부정적 영향

2 다음 설명에 해당하는 용어를 쓰시오.

관광 지역의 환경에 미치는 영향을 최소화하고, 현지 주민에게 더 많은 혜택이 돌아가게 하며, 현지의 문화를 존중하는 여행을 추구하는 것을 말한다.

답 1 (1) ㄴ, ㄷ (2) ㄱ, ㄹ 2 공정 여행

1 주제 전 지구적 차원의 기후 변화

1 기후 변화

의미		일정한 지역에서 장기간에 걸쳐서 나타나는 기후의 평균적인 상태가 변하는 현상
원인	자연적 요인	화산 활동에 따른 화산재 분출, 태양의 활동 변화, 태양과 지구의 상대적 위치 변화 등
	인위적 요인	산업화로 인한 ❶ [ ] 사용의 증가, 도시화로 인한 무분별한 토지 및 삼림 개발 등 인간의 활동으로 인한 요인

2 지구 온난화

의미	대기 중 ❷ [ ] 의 농도가 증가하여 온실 효과가 과도하게 나타나 지구의 평균 기온이 올라가는 현상
원인	화석 연료의 사용 증가, 무분별한 농경지 개발 및 삼림 파괴 → 온실가스의 농도 증가

3 기후 변화의 영향

빙하 감소와 ❸ [ ] 상승	• 극지방과 고산 지역의 빙하가 녹음 • ❸ [ ] 상승으로 섬나라 및 해안 저지대 침수
기상 이변 증가	• 자연재해 발생 빈도와 피해 규모 증가 • 가뭄과 사막화 현상의 심화 • 여름철 고온 현상 증가로 인한 폭염, 열대야 증가
생태계 변화	• 해양 생태계 변화 • 식생 변화 • 동식물의 서식지 변화 • 질병의 변화

답 ❶ 화석 연료 ❷ 온실가스 ❸ 해수면

1 빈칸 ㉠~㉢에 들어갈 알맞은 용어를 각각 쓰시오.

> 온실가스는 (㉠)을/를 일으키는 기체로 이산화 탄소, 메탄, 아산화 질소 등이 대표적이다. 그중
> (㉡)은/는 전체 온실가스의 비중 중 절반 이상을 차지하는, (㉢)의 주범이다.

2 기후 변화의 영향으로 나타나는 사례를 〈보기〉에서 모두 찾아 기호를 쓰시오.

> ┤ 보기 ├
> ㄱ. 사막화   ㄴ. 백화 현상   ㄷ. 지진 해일
> ㄹ. 화산 폭발   ㅁ. 열대야 증가   ㅂ. 해수면 상승

답 1 ㉠ 온실 효과, ㉡ 이산화 탄소, ㉢ 지구 온난화 2 ㄱ, ㄴ, ㅁ, ㅂ

1 국제적 차원의 노력

국제적 협력의 필요성		기후 변화는 전 지구적 차원에서 발생하며, 지구촌 대부분 지역에 영향을 미침
국제적 협력의 사례	탄소 **❶** 거래 제도	• 온실가스 감축을 유도하기 위해 온실가스 배출 권리를 사고팔 수 있도록 한 제도 • 국가별로 배출권이 할당되지만, 주로 기업 사이에서 거래가 이루어짐
	국제 협약	• 기후 변화 협약(1992): 온실가스 감축과 관련한 최초의 국제 협약 • 교토 의정서(1997): 기후 변화 협약의 구체적 이행 방안(선진국들의 국가별 목표 수치) 채택 • **❷** 협정(2015): 선진국과 개발 도상국 모두 지구 평균 온도 상승 폭을 2℃ 이내로 제한하기 위해 온실가스 감축에 동참
국제적 협력의 한계		• 각국의 이해관계와 산업 구조, 기술 수준 등이 달라 합의를 끌어내기가 쉽지 않음 • 온실가스 감축 목표를 이행하지 않아도 해당 국가를 강제적으로 제한할 수 없음

2 지역적 차원의 노력

국가적 노력	• 화석 연료를 대체할 수 있는 에너지 개발 • 탄소 배출권 거래 제도 • 탄소 성적 표지 제도 • 녹색 성장 정책
비정부 기구(NGO) 활동	• 국가 정책의 변화 추진 노력 • 시민들의 환경 의식 개선
개인적 노력	에너지 절약, 자원 **❸** , 친환경 제품 사용 등

정답 ❶ 배출권 ❷ 파리 ❸ 재활용

---

1 각 국제 협약에 해당하는 설명을 바르게 연결하시오.

(1) 기후 변화 협약 •

(2) 교토 의정서 •

(3) 파리 협정 •

• ㉠ 종료 시점이 없는 협약으로, 지구의 평균 온도가 산업화 이전에 비해 2℃ 이상 상승하지 않도록 하고 최종적으로 선진국과 개발 도상국 모두 온실가스 감축에 동참하도록 한다.

• ㉡ 온실가스에 의해 벌어지는 지구 온난화를 줄이기 위한 최초의 국제 협약이다. 1992년 5월 브라질 리우데자네이루에서 열린 INC 회의에서 채택되었다.

• ㉢ 온실가스 배출을 줄이기 위한 구체적인 계획과 의무들을 명기한 기후 변화 협약(UNFCCC)의 의정서로 산업화된 국가들의 의무 감축 목표를 설정하고 있다.

정답 1 (1) ㉡ (2) ㉢ (3) ㉠

3 주제 환경 문제 유발 산업의 국가 간 이전

X. 환경 문제와 지속 가능한 환경

◀ 환경 문제 유발 산업의 이전

환경 문제 유발 산업	의미	제품 생산 과정에서 대량의 오염 물질을 배출하거나, 폐기물 처리 과정에서 환경 문제를 일으키는 산업 ⓓ 제철 공업, 석유 화학 공업, 금속 공업 등
	이동 특징	• 선진국에서 개발 도상국으로 이동 • 환경 오염에 대한 ❶ [ ]이 높은 국가에서 그렇지 못한 국가로 이동 • 생산 시설뿐만 아니라 환경 문제도 함께 이동하고 있음
전자 쓰레기	의미	전자 제품이 새롭게 등장할 때마다 이전에 사용하던 제품을 교체하면서 자연스럽게 버려지는 전자 제품 → ❷ [ ]이 발달할수록 전자 제품의 사용 주기가 짧아지면서 전자 쓰레기의 양 증가
	이동 특징	• 선진국: 환경 및 경제적 부담을 줄이기 위해 개발 도상국에 불법 수출 • 개발 도상국: 금속 자원을 채취하고 경제적 이익을 얻기 위해 수입, 유해 물질 배출에 따른 환경 오염과 생태계 파괴 발생

◀ 농업의 이전과 지역 변화

이전 원인		• 개발 도상국의 임금과 땅값이 상대적으로 저렴함 • 열대 기후 지역 개발 도상국의 기후 특성상 연중 생산이 가능함
진출 지역에 미치는 영향	긍정적 영향	외화 수입 증가, 일자리 창출을 통한 지역 경제 활성화
	부정적 영향	토양의 황폐화, 관개용수 남용에 따른 ❸ [ ] 부족 문제, 화학 비료와 농약 사용으로 인한 토양 및 식수 오염 등

정답 ❶ 경각심 ❷ 과학 기술 ❸ 물(수자원)

1 환경 문제 유발 산업을 〈보기〉에서 모두 찾아 기호를 쓰시오.

┌─ 보기 ├─
ㄱ. 녹색 산업   ㄴ. 금속 공업   ㄷ. 제철 공업   ㄹ. 석유 화학 공업

2 환경 문제의 이동이 개발 도상국 지역에 미친 아래의 영향을 〈보기〉에서 모두 찾아 기호를 쓰시오.

┌─ 보기 ├─
ㄱ. 일자리 창출   ㄴ. 환경 오염 심화
ㄷ. 지역 경제 활성화   ㄹ. 주민 건강 및 생활 위협

(1) 긍정적 영향
(2) 부정적 영향

정답 1 ㄴ, ㄷ, ㄹ 2 (1) ㄱ, ㄷ (2) ㄴ, ㄹ

4 주제 환경 이슈와 환경 문제

X. 환경 문제와 지속 가능한 환경

1 환경 이슈(환경 쟁점)

의미	환경 문제 중 원인과 해결 방안이 입장에 따라 서로 다른 것	
특징	• 시대별, 공간적 규모에 따라 다양하게 나타남 • 일상생활과 사회 활동 전반에 영향을 미침	
사례	세계적 차원	기후 변화 문제, 아마존 열대 우림 개발 등
	국가 및 지역적 차원	원자력 발전소 건설, 쓰레기 소각장 건설, 갯벌 간척, 국립 공원 케이블카 설치 등
해결	집단 간에 서로 다른 의견을 검토하고 대안을 협의하는 토의 과정이 필요	

환경 이슈 → 대립하는 가치 검토 → 다양한 대안 제시 → 최선의 대안 합의 → 실천 노력

2 우리 주변의 환경 문제

오염 문제	대기 오염, 수질 오염, 토양 오염 등
소음 문제	• 상당한 ❶ [ ]에 걸쳐 사람과 동물에게 심리적 장애를 주는 공해 • 소음에 오랫동안 노출되면 불안 · 초조 · 신경장애 · 정서 불안 등 초래 • 대책 : 주택 내 방음재 강화, 산업 · 건설 · 교통 현장에서 소음 수준 유지, 방음벽 설치 등
진동 문제	• 주로 공장, 교통 시설, 건설 현장으로부터 발생 • 진동의 영향권 안에 있는 사람과 동물에게 심리적 불쾌감 유발, 스트레스 · 정서 장애 · 생리 기능 장애 등 초래, 심한 경우 ❷ [ ]을 훼손하기도 함

정답 ❶ 기간 ❷ 건축물

1 그림은 환경 이슈의 해결 과정을 나타낸 것이다. 순서대로 재배치하시오.

A 다양한 대안 제시　　B 환경 이슈　　C 실천 노력　　D 대립하는 가치 검토　　E 최선의 대안 합의

2 다음 설명에 해당하는 환경 문제를 쓰시오.

> 주로 공장, 교통 시설, 건설 현장으로부터 발생하며 사람과 동물에게 심리적 불쾌감을 일으켜 수면을 방해하고 업무 능률을 떨어뜨리며 스트레스, 정서 장애, 생리 기능 장애 등을 초래한다. 심한 경우 건축물을 훼손하기도 한다.

정답 1 B－D－A－E－C 2 진동 공해

❶ 우리 주변의 환경 이슈

❶ [　　　] 재조합 식품 (GMO)	의미	특정 작물에 없는 유전자를 인위적으로 결합시켜 새로운 특성의 품종을 개발하는 유전공학적 기술을 가한 식품
	입장 / 긍정적 측면	• 병충해에 강하고 생산량이 많음, 적은 노동력과 비용으로 대량 수확 → 농가 소득 증대, 식량 부족 문제 해결에 기여 • 특정 영양소 강화
	부정적 측면	• 인체에 미치는 영향에 대한 안전성이 검증되지 않음 • 재배 과정에서 환경과 생물 다양성을 위협할 수 있음 • 유전자 재조합 기술을 가진 다국적 농업 기업에 많은 비용 지불
로컬 푸드 운동		• 지역에서 생산된 농산물을 그 지역에서 소비하자는 운동 • 식품 운송 과정에서 많은 온실가스 배출, 방부제 과다 사용 → 환경 및 안전하고 건강한 먹을거리에 대한 관심 증가
미세 먼지	의미	대기 중에 떠다니며 눈에 보이지 않을 정도로 작은 먼지
	원인 / 자연적 요인	흙먼지, 식물 꽃가루 등
	인위적 요인	화석 연료 연소 시 생기는 매연, 자동차 배기가스, 건설 현장의 날림 먼지, 소각장 연기 등
	영향	• 각종 ❷ [　　　] 질환, 심혈관 질환, 치매 등의 뇌 질환 유발 • 가시거리 확보가 어려워 교통수단 운행에 차질 • 반도체 등 정밀 기기의 불량률 증가
원자력 발전소	입장 차이 / 찬성 의견	• 지구 온난화 방지를 위한 친환경 에너지이며 다른 에너지원과 비교했을 때 우수한 경제성 보유 • 방사선에 대한 사회의 우려가 실제보다 큼, 방사선의 이점 이해 필요
	반대 의견	• 원자력 연료의 수입 문제, 사용 후 ❸ [　　　] 처리 문제 • 방사능에 대한 각 분야에서 벌어지는 사고 우려, 안전 의식과 시스템 필요
쓰레기 문제		• 원인: 자원 소비 증가, 일회용품 및 포장재 사용 증가 • 내용: 쓰레기 처리 방법(매립 및 소각)을 둘러싼 갈등, 쓰레기 증가로 인한 오염 발생 등 • 대책: 쓰레기 종량제, 자원 재활용, 쓰레기 분리 배출 의무화 등

답 ❶ 유전자 ❷ 호흡기 ❸ 핵폐기물

---

1 유전자 재조합 식품에 대한 각 입장의 주장을 〈보기〉에서 모두 찾아 기호를 쓰시오.

┤ 보기 ├
ㄱ. 특정 영양소 강화   ㄴ. 안전성이 검증되지 않음
ㄷ. 생물 다양성을 위협함   ㄹ. 병충해에 강함

(1) 긍정적 입장   (2) 부정적 입장

답 1 (1) ㄱ, ㄹ (2) ㄴ, ㄷ

■ 영역

①	국가가 다스리는 땅으로 섬을 포함함. 영해, 영공 설정의 기준
영해	영토에서 일정 거리(보통 기선으로부터 12해리)까지의 바다
영공	영토와 영해의 수직 상공으로, 지표면에서 대기권까지의 하늘

■ 우리나라 영토, 영해의 범위

영토	한반도와 그 주변 섬(부속 도서)들로 구성
영해	• 대부분의 동해안, 제주도, 울릉도, 독도: 해안선이 단조로워 **②** 적용 • 서해안, 남해안: 최외곽에 있는 섬을 연결한 **③** 적용

■ 배타적 경제 수역(EEZ)

의미	연안국이 바다에 대한 독점적인 경제적 권리를 가지는 수역
범위	영해 기선으로부터 200해리까지의 수역 중 영해를 제외한 수역
특징	연안국은 해양 자원 탐사·개발·보존에 대한 독점적인 권리를 가짐, 인공 섬을 만들거나 시설물의 설치·활용이 가능함

정답 ❶ 영토 ❷ 통상 기선 ❸ 직선 기선

1 빈칸 ㉠~㉢에 해당하는 알맞은 용어를 쓰시오.

(㉠) : 국가가 다스리는 땅으로 섬을 포함한다. 간척 사업을 하면 넓어진다.
(㉡) : ㉠에서 일정 거리까지의 바다로 보통 기선으로부터 12해리까지이다.
(㉢) : ㉠, ㉡의 수직 상공으로, 지표면에서 대기권까지의 하늘을 말한다.

2 A~C 지도에 적용된 영해 설정 기선을 쓰시오.

핵심 평가 2 주제 독도

1 독도의 특징과 가치

특징	위치	❶ [　　　]도 울릉군에 속함, 우리나라 영역의 동쪽 끝(동극)에 위치
	자연환경	화산섬임, ❷ [　　　]의 영향으로 기후 온화, 연교차 작음, 일 년 내내 강수가 고르게 분포
가치	위치·영역적 가치	해상·항공 교통의 요충지, 군사적 요충지
	경제적 가치	어족 자원 풍부(조경 수역), 해양 심층수 존재, 메탄 하이드레이트 매장
	환경·생태적 가치	다양한 동식물 서식(생태계의 보고), 다양한 화산 지형 존재

2 독도는 우리 땅

고문헌과 고지도 속의 독도	• 우리나라: 『세종실록지리지』(1454), 『신증동국여지승람』(1531)의 「팔도총도」 등 • 일본: 『은주시청합기』(1667), 『삼국접양지도』(1785) 등
독도를 지킨 사람들	❸ [　　　](조선 어부), 심흥택(대한제국 울릉군수), 홍순칠(독도 의용수비대 조직)
독도를 지키려는 노력	독도 경비대 파견, 독도 관련 학술 연구 진행, 문화·예술 행사 및 축제 개최

정답 ❶ 경상북 ❷ 난류 ❸ 안용복

1 아래와 같은 독도의 가치에 해당하는 것을 〈보기〉에서 모두 찾아 기호를 쓰시오.

┤ 보기 ├
ㄱ. 군사적 요충지　　　　　ㄴ. 생태계의 보고　　　　　ㄷ. 해상 전진 기지
ㄹ. 풍부한 어족 자원　　　　ㅁ. 다양한 화산 지형의 존재　ㅂ. 메탄 하이드레이트의 매장
ㅅ. 해상·항공 교통의 요충지

(1) 위치·영역적 가치　　　　(2) 경제적 가치　　　　(3) 환경·생태적 가치

2 아래의 설명에 해당하는 고문헌·고지도를 〈보기〉에서 찾아 기호를 쓰시오.

┤ 보기 ├
ㄱ. 은주시청합기　　　　　　　　ㄴ. 삼국접양지도
ㄷ. 세종실록지리지　　　　　　　ㄹ. 신증동국여지승람의 팔도총도

(1) 울릉도와 독도를 한반도와 같은 색으로 칠하고, '조선의 소유'라고 명백히 밝힌 지도 (　　)
(2) 동해상에 우산도(독도) 표기, 현존하는 인쇄본 단독 지도 중 독도가 등장한 최초의 지도 (　　)
(3) "오키섬의 서북쪽에 송도(울릉도)와 죽도(독도)가 있으며, …〈중략〉… 그런즉 일본의 서북쪽 한계는 오키섬으로 한다"라고 기록된 고문헌 (　　)
(4) "우산(독도)과 무릉(울릉도) 두 섬은 울진현의 정동쪽 바다에 있다. 두 섬은 서로의 거리가 멀지 않아 날씨가 맑으면 바라볼 수 있다"라고 기록된 고문헌 (　　)

정답 1 (1) ㄱ, ㄷ, ㅅ (2) ㄹ, ㅂ (3) ㄴ, ㅁ 2 (1) ㄴ (2) ㄷ (3) ㄱ (4) ㄷ

3 주제 지역, 지역성, 지역화 전략

1 지역과 지역성의 의미

지역	지역성이 다른 곳과 구분되는 지표상의 공간적 범위
지역성	지역의 자연환경과 그곳에서 거주해 온 주민이 오랜 시간에 걸쳐 상호 작용하며 형성된 것으로, 다른 지역과 구별되는 특성

2 지역화 전략

❶	로고, 슬로건, 캐릭터 등을 통해 지역의 특징을 상품화하는 전략
❷	장소 자체를 매력적인 상품으로 발전시키는 전략
❸	특산물 원산지의 지명을 상표권으로 인정하는 제도

정답 ❶ 지역 브랜드화 ❷ 장소 마케팅 ❸ 지리적 표시제

1 아래의 설명에 해당하는 개념을 〈보기〉에서 찾아 기호를 쓰시오.

| 보기 |
| ㄱ. 지역성 ㄴ. 지역화 ㄷ. 세계화 ㄹ. 지역화 전략 |

(1) 지역의 생활양식이나 사회·문화·경제 활동 등이 세계적 차원에서 가치를 지니게 되는 현상
( )

(2) 경제적·문화적 측면에서 다른 지역과 차별화되는 그 지역만의 지역성을 활용하고 부각시켜 지역의 경쟁력을 높이는 전략
( )

(3) 세계 여러 나라가 정치·경제·사회·문화 등 다양한 분야에서 서로 많은 영향을 주고받으면서 교류가 많아지는 현상
( )

(4) 지역의 자연환경과 그곳에서 거주해온 주민이 오랜 시간에 걸쳐 상호 작용하며 형성된 것으로, 다른 지역과 구별되는 특성
( )

2 빈칸 ㉠~㉢에 들어갈 용어를 쓰시오.

> 지역화 전략의 종류에는 세 가지가 있다. 첫째, 특정 장소가 지닌 유형·무형의 자산이나 고유한 특징을 이용하여 장소 자체를 매력적인 상품으로 발전시키는 전략을 (㉠)(이)라고 한다. 둘째, 특정 상품을 생산지의 기후와 지형, 토양 등 지역의 자연환경과 독특한 재배 방법으로 생산하고 품질이 우수할 때 그 원산지의 지명을 상표권으로 인정하는 제도를 (㉡)(이)라고 한다. 셋째, 지역의 고유한 특성과 가치를 이미지화하여, 해당 지역을 상징하는 로고, 슬로건, 캐릭터 등을 통해 상품화하는 전략을 (㉢)(이)라고 한다.

정답 **1** (1) ㄷ (2) ㄹ (3) ㄴ (4) ㄱ **2** ㉠ 장소 마케팅 ㉡ 지리적 표시제 ㉢ 지역 브랜드화

4 주제 우리나라의 위치와 통일의 중요성

1 우리나라의 위치 특성

위치적 장점	북쪽으로는 ❶ [ ] 대륙과 남쪽으로는 ❷ [ ] 을 연결하는 반도국
분단으로 인한 한계	남북 분단 → 한반도의 위치적 장점 활용 불가, 국토 공간 불균형 심화

2 통일의 필요성

분단의 문제점 (분단 비용)	과도한 군사비 지출, 문화적 이질성 심화, 정치적 불안정 등
통일의 장점 (통일 편익)	• 한반도 위치의 지리적 장점 및 잠재력 극대화 가능 • 남한의 기술과 자본, 북한의 천연자원과 ❸ [ ] 을 결합하여 성장 • 증가된 인구와 경제 규모로 국제 사회에서의 위상이 높아짐 • 소모적인 분단 비용이 경제 개발과 복지 비용으로 사용 → 삶의 질 향상

정답 ❶ 유라시아 ❷ 태평양 ❸ 노동력

1 우리나라의 위치 특성과 관련하여 빈칸 ㉠~㉢에 들어갈 용어를 쓰시오.

> 우리나라는 북쪽으로는 유라시아 대륙과 남쪽으로는 태평양을 연결하는 (㉠)이자 동아시아의 중심으로, 여러 지역과 교류에 유리하다. 하지만 (㉡)(으)로 인해 위치적 장점을 활용하기 어려운 상황이고, 시간이 지날수록 남북 간, 지역 간 격차가 커져 국토 공간의 (㉢)이/가 심해지고 있다.

2 아래의 통일의 장점에 해당하는 내용을 〈보기〉에서 모두 찾아 기호를 쓰시오.

> ┤ 보기 ├
> ㄱ. 역사적 정체성 회복과 민족 공동체 건설　　ㄴ. 이산가족과 북한 이탈 주민의 아픔 치유
> ㄷ. 시장 규모의 확대와 다양한 일자리 창출　　ㄹ. 한반도 위치의 지리적 장점·잠재력 극대화
> ㅁ. 국가 신용 등급 상승으로 외국인 투자의 증가　ㅂ. 전쟁 위험이 없어져 동북아시아의 긴장감 해소

(1) 위치적 측면의 장점

(2) 경제적 측면의 장점

(3) 정치적 측면의 장점

(4) 사회·문화적 측면의 장점

정답 1 ㉠ 반도국, ㉡ 분단, ㉢ 불균형 2 (1) ㄹ (2) ㄷ, ㅁ (3) ㅂ (4) ㄱ, ㄴ

◼ 통일 비용과 통일의 필요성

❶	• 통일 이후 양측의 격차를 좁히고, 각 분야가 안정적으로 통합되기까지 소모되는 비용 • 법·행정·제도·화폐 통합 비용, 사회 복지 비용, 경제 개발·투자 및 인프라 구축 비용
통일의 필요성	• 분단 기간이 길어질수록 분단 비용 및 통일 비용 상승 • 최근 많은 국내외 관련 기관 연구 결과 : 통일 비용<분단 비용＋통일 편익

◻ 통일 이후의 변화

국토 공간 측면	• 국토 면적의 증대, 국토 공간의 효율적이고 균형 있는 개발 가능 • 대륙과 해양을 잇는 ❷ 　　　　　　으로서의 위치적 장점 발휘
경제적 측면	• 남북 문화 통합 전문가 등 새로운 직업이 생기고 북한 지역 개발에 따른 일자리 증가 • 비무장 지대, 고구려 유적, 백두산, 금강산 등 국내 관광 자원 증대 → 경제 활성화 • 육로 이용 → 유라시아 대륙으로의 물자 수송 비용 절감, 육로 여행 활성화
사회·문화적 측면	• 거주·경제·여가의 생활권 확대 → 개인에게 기회 증가 • 통일 후 총인구는 약 7,500만 명 이상으로 증가 • 저출산·고령화, 노동력 부족 문제 완화, ❸ 　　　　　층 인구 부양 부담 감소 • 통일 한국 단일 스포츠팀, 공동 국어사전 편찬 → 민족 공동체성 회복

정답 ❶ 통일 비용 ❷ 가교 국가 ❸ 유소년

1 다음 설명에 해당하는 용어를 쓰시오.

> 통일 이후 양측 간의 격차를 좁히고 각 분야가 통합되어 정상적인 기능을 하기까지 소모되는 비용으로, 법·행정·제도 통합 비용, 화폐 통합 비용, 경제 개발·투자 및 인프라 구축 비용, 사회 문제 처리 비용 등을 말한다.

2 아래의 통일 이후의 변화에 해당하는 내용을 〈보기〉에서 모두 찾아 기호를 쓰시오.

> ─┤ 보기 ├─
> ㄱ. 국내 관광 자원 증대　　　　　　ㄴ. 통일 한국 단일 스포츠팀 결성
> ㄷ. 국토 면적이 현재의 2배로 확대　ㄹ. 총인구가 약 7,500만 명 이상으로 증가
> ㅁ. 유라시아 대륙으로의 물자 수송 비용 감소　ㅂ. 국토 공간의 효율적이고 균형 있는 개발 가능

(1) 국토 공간 측면의 변화

(2) 경제적 측면의 변화

(3) 사회·문화적 측면의 변화

핵심 평가 1 주제 지구상의 다양한 지리적 문제

1 지구상의 지리적 문제

의미	사람들이 살아가는 공간에서 발생하는 문제
원인	지역 간 경제 격차의 심화, 서로 다른 문화 집단 간 충돌, 자원을 둘러싼 이해관계 대립, 환경 오염 물질의 이동

2 기아 문제

의미		주민들이 식량 부족으로 충분한 영양을 섭취하지 못하는 문제
원인	자연적 요인	이상 기후, 사막화 현상, 자연재해(홍수, 가뭄, 폭염 등), 농작물 병충해로 인한 식량 생산량 감소
	사회적 요인	잦은 분쟁, 급격한 인구 증가, 농업 기반 시설의 부족, ❶ [ ]의 유통량 조절로 인한 식량 공급 및 분배 문제 발생, 식량 작물이 가축 사료, ❷ [ ] 원료로 사용됨에 따른 식량 작물 가격의 상승

3 생물 다양성 감소 문제

의미	생물 종이 멸종하고 유전자의 다양성과 생태계의 다양성이 감소하는 문제
원인	• 전 세계 생물 종의 절반 이상이 분포하는 ❸ [ ]의 파괴 • 무분별한 남획, 환경 오염 및 기후 변화, 외래종의 침입으로 인한 개체 수의 감소 • 상품 작물 및 바이오 에너지 연료용 작물 재배로 인한 농작물 다양성 감소

정답 ❶ 곡물 대기업(곡물 메이저) ❷ 바이오 에너지 ❸ 열대 우림 확인

1 아래와 같은 요인을 원인으로 하는 기아 문제를 〈보기〉에서 모두 찾아 기호를 쓰시오.

보기
ㄱ. 이상 기후
ㄴ. 잦은 분쟁
ㄷ. 사막화 현상
ㄹ. 급격한 인구 증가
ㅁ 농업 기반 시설의 부족
ㅂ. 농작물 병충해로 인한 식량 생산량 감소
ㅅ. 곡물 대기업의 유통량 조절로 인한 식량 공급 및 분배 문제

(1) 자연적 요인   (2) 사회적 요인

2 빈칸 ㄱ~ㄷ에 들어갈 용어를 쓰시오.

> 생물 다양성 감소 문제의 원인으로는 첫째, 전 세계 생물 종의 절반 이상이 분포하는 (ㄱ)의 파괴, 둘째, 무분별한 남획, 환경 오염 및 기후 변화, (ㄴ)의 침입으로 인한 개체 수의 감소, 셋째, 상품 작물 및 (ㄷ) 연료용 작물 재배로 인한 농작물 다양성의 감소를 제시할 수 있다.

정답 1 (1) ㄱ, ㄷ, ㅂ (2) ㄴ, ㄹ, ㅁ, ㅅ 2 ㄱ 열대 우림, ㄴ 외래종, ㄷ 바이오 에너지

2 주제 영역을 둘러싼 갈등

XII. 더불어 사는 세계

1 영토 분쟁

카슈미르	인도(힌두교)령 잠무 카슈미르와 파키스탄(이슬람교)령 아자드 카슈미르 간 갈등
이스라엘- 팔레스타인	이스라엘(유대교)과 팔레스타인(이슬람교) 간 갈등
수단-남수단	북부의 수단(아랍계 이슬람교도)과 남부의 수단(크리스트교, 전통 종교를 믿는 아프리카계 주민)의 갈등, ❶ [ ] 개발을 둘러싸고 대립이 심해짐
난사 군도 (스프래틀리 군도)	인도양과 태평양을 잇는 해상 교통의 요충지이자 군사적 요충지 → 중국, 타이완, 일본 갈등
❷ [ ] 열도 (댜오위다오)	다량의 석유 매장, 중요 해상 교통로이자 군사적 요충지 → 중국, 타이완, 일본 갈등
❸ [ ] 열도 (지시마 열도)	풍부한 어족 자원, 많은 양의 석유와 천연가스가 매장 → 러시아, 일본 갈등

2 분리 독립 운동

중국 티베트, 신장 위구르	티베트인, 신장 위구르인은 각각 고유의 언어(티베트어, 위구르어), 종교(티베트 불교, 이슬람교) 및 문화를 바탕으로 중국 한족과는 다른 민족 정체성을 가지고 있으며, 과거 독립국이었던 역사가 있음
캐나다 퀘벡	캐나다는 대부분 영어 문화권이지만, 퀘벡주는 프랑스어 문화권 → 문화의 이질성이 큼

정답 ❶ 석유 ❷ 센카쿠 ❸ 쿠릴

1 지도에 표시된 영토 분쟁 지역 A~E의 명칭을 쓰시오.

2 빈칸 ㉠에 들어갈 지역을 쓰시오.

> 캐나다의 대부분은 영어를 쓰는 영어 문화권이지만, (㉠)은/는 프랑스어를 쓰는 프랑스어 문화권으로 자치 및 분리 독립의 목소리가 꾸준히 나오고 있다.

3 주제 선진국-저개발국의 지역 불평등

XII. 더불어 사는 세계

1 발전 수준의 지역 차

선진국-저개발국 발전 수준 차이의 원인		❶ [ ] 시기의 차이, 인적·문화적 자원의 차이, 선진국에게 유리한 무역 구조
발전 수준을 보여 주는 다양한 지표	선진국이 높은 지표	1인당 국내 총생산, 인간 개발 지수, 행복 지수, 기대 교육 연한, 인터넷 이 용자 비율, 평균 수명 등
	저개발국이 높은 지표	성 불평등 지수, 영아 사망률, 교사 1인당 학생 수, 부패 인식 지수 등

2 저개발국의 빈곤을 극복하기 위한 자체적 노력

다양한 노력	관광 산업 육성, 지역 경제 협력체 구축, 교육 기회 확대, 사회 기반 시설 확충, 적정 기술 제품 도입 등
성과	❷ [ ] 등 수출 증대를 기반으로 경제 발전을 이룩한 국가들이 등장, 저개발국 경제 성장률 향상
한계	• 경제 성장에 필요한 기본적인 자본과 기술이 부족함 • 정치적 불안정, 식량 부족 문제 심화, 최빈국 수 증가 • ❸ [ ] 의 침투 및 횡포, 다양한 사회 문제 발생

답 ❶ 산업화 ❷ 신흥국 ❸ 선진국 자본 가 7인력개

---

1 아래의 지수에 해당하는 지표를 〈보기〉에서 모두 찾아 기호를 쓰시오.

> ┤ 보기 ├
> ㄱ. 행복 지수   ㄴ. 영아 사망률   ㄷ. 성 불평등 지수
> ㄹ. 기대 교육 연한   ㅁ. 부패 인식 지수   ㅂ. 인간 개발 지수
> ㅅ.1인당 국내 총생산   ㅇ. 교사 1인당 학생 수

(1) 선진국이 높은 지수

(2) 저개발국이 높은 지수

2 빈칸 ㉠~㉢에 들어갈 용어를 쓰시오.

> 저개발국은 빈곤을 극복하기 위해 자연환경과 노동력을 활용하여 (㉠)을/를 육성하고, 선진국
> 자본에 대응하기 위해 저개발국의 공동 발전을 위한 (㉡)을/를 구축하며, 일상생활에서 겪는 어려
> 움을 해결하기 위해 (㉢) 제품을 도입하는 등의 노력을 가하고 있다.

답 1 (1) ㄱ, ㄹ, ㅂ, ㅅ (2) ㄴ, ㄷ, ㅁ, ㅇ 2 ㉠ 관광 산업 ㉡ 지역 경제 협력체 ㉢ 적정 기술

4 주제 국제기구의 지역 불평등 극복 노력

■ 국제기구의 노력

국제 연합	역할		국제 평화와 안전의 유지, 인권 및 자유 확보, 다양한 세계 문제에 개입, 지속 가능 발전 목표 등을 수립
	산하 기구	**❶** (WHO)	모든 인류에게 최고 수준의 건강 보장을 목적으로, 감염병 관리, 만성 질환 관리, 의약품과 식품 등의 안전성 기준 관리 등을 함
		❷ (UNHCR)	난민의 권리 보호와 복지 향상을 위해 난민에 대한 긴급 구조 활동, 안전한 피난처 제공 등의 활동을 함
		세계 식량 계획 (WFP)	모든 사람이 식량 걱정 없이 살 수 있는 세계를 만들기 위해 기아와 빈곤 문제 해결을 목표로 활동함
		국제 연합 평화 유지군 (PKF)	분쟁 지역에 파견되어 질서를 유지하고 주민들의 안전을 지키며, 분쟁의 재발을 방지하기 위해 노력함
		❸ (UNICEF)	전 세계 빈곤 국가의 어린이들을 돕기 위해 영양, 보건, 위생, 기초 교육, 긴급 구호 등의 기본 사업을 진행함
공적 개발 원조	의미		선진국의 정부를 비롯한 공공 기관이 저개발국의 경제 발전 및 복지 증진을 목적으로 저개발국이나 국제기구에 지원하는 제도
	특징		• 저개발국에 지원하는 공적 개발 원조 총량은 지속적으로 증가하고 있음 • 단기적 지원(식량, 물품, 의료 등) → 장기적 지원(사회 기반 시설 구축, 기술 교육 등)
	한계		• 선진국의 원조에 의존하는 경향이 커지게 되어 지역의 자립성이 낮아질 수 있음 • 부정부패 및 정치적 불안정으로 구호 물품이 도달하지 않을 수 있음

정답 ❶ 세계 보건 기구 ❷ 국제 연합 난민 기구 ❸ 국제 연합 아동 기금

1 국제 연합 산하 기구의 명칭과 그에 대한 설명을 바르게 연결하시오.

(1) 국제 연합 난민 기구 •

(2) 세계 식량 계획 •

(3) 국제 연합 아동 기금 •

• ㉠ 모든 사람이 식량 걱정 없이 살 수 있는 세계를 만들기 위해 기아와 빈곤 문제 해결을 목표로 활동함

• ㉡ 전 세계 빈곤 국가의 어린이들을 돕기 위해 영양, 보건, 위생, 기초 교육, 긴급 구호 등의 기본 사업을 진행함

• ㉢ 난민의 권리 보호와 복지 향상을 위해 난민에 대한 긴급 구조 활동, 안전한 피난처 제공 등의 활동을 함

2 다음 설명에 해당하는 용어를 쓰시오.

> 선진국의 정부를 비롯한 공공 기관이 저개발국의 경제 발전 및 복지 증진을 목적으로 저개발국이나 국제기구에 지원하는 제도이다.

정답 **1** (1) ㉢ (2) ㉠ (3) ㉡ **2** 공적 개발 원조

1 시민 사회의 노력

❶	의미	국제 문제 해결을 위해 활동하는 비영리 시민 단체
	사례	국경 없는 의사회, 옥스팜, 그린피스, 키바, 아그로스 인터내셔널 등
❷	의미	기존 불공정한 무역 체제에 대한 대안으로, 개발 도상국에서 생산되는 친환경적인 제품들에 대해 중간 유통 과정을 거치지 않고 선진국의 소비자가 정당한 가격을 지급하여 생산자들에게 무역의 혜택이 돌아가도록 하자는 운동
	특징	• 주요 상품: ❸ [ ] 작물(커피, 차, 카카오, 바나나 등)과 의류, 수공예품 등 • 생산자의 건강한 노동 환경과 정당한 임금을 보장하고, 경제적 자립을 지원함 • 공정 무역으로 인한 수익 중 일부는 기술 개발과 기반 시설 확충에 투자됨

정답 ❶ 비정부 기구(NGO) ❷ 공정 무역 ❸ 열대 기후

1 국제 연합 산하 기구의 명칭과 이에 대한 설명을 바르게 연결하시오.

(1) 옥스팜 •

(2) 그린피스 •

(3) 키바 •

• ㉠ 지구의 환경을 보존하고 평화를 증진하기 위해 기후 변화 방지, 원시림 보호, 해양 보호, 고래잡이 방지, 유전자 조작 반대, 핵 위협 저지 등의 활동을 함

• ㉡ 빈곤 해결에 관심을 갖고 불공정 무역에 대항하는 단체로, 무상 교육 및 의료 투자, 빈곤층을 위한 사회 안전망 보장, 최저 임금 보장, 탈세 단속 등의 활동을 함

• ㉢ 국제적 비영리 소액 신용 대출 기관으로, 돈이 필요한 빈곤한 지역의 사람과 기부자를 연결해 무이자로 돈을 대여해 줌

2 빈칸 ㉠~㉢에 들어갈 용어를 쓰시오.

공정 무역은 (㉠) 과정을 줄여 유통 비용을 낮춰 선진국 소비자에게 정당한 가격을 제공하고, 저개발국 생산자에게 무역의 혜택이 돌아가도록 한다. 공정 무역의 주요 상품은 (㉡) 작물(커피, 차, 카카오, 바나나 등)과 의류, 수공예품 등이다. 공정 무역 제품은 (㉢) 방식 생산으로 지구 환경의 보호에 기여하고 소비자에게 신뢰를 준다.

정답 1 (1) ㉡ (2) ㉠ (3) ㉢ 2 ㉠ 중간 유통, ㉡ 열대 기후, ㉢ 친환경적

예습, 복습, 숙제까지 해결되는

교과서 완전 학습서

만점왕

BOOK 1
개념책

사회 6-1

BOOK 1

개념책

BOOK 1 개념책으로
교과서에 담긴 **학습 개념**을
꼼꼼하게 공부하세요!

⬇ 해설책은 EBS 초등사이트(primary.ebs.co.kr)에서 다운로드 받으실 수 있습니다.

교 재 내 용 문 의 교재 내용 문의는 EBS 초등사이트 (primary.ebs.co.kr)의 교재 Q&A 서비스를 활용하시기 바랍니다.

교 재 정오표 공 지 발행 이후 발견된 정오 사항을 EBS 초등사이트 정오표 코너에서 알려 드립니다. 교재 검색 ▶ 교재 선택 ▶ 정오표

교 재 정 정 신 청 공지된 정오 내용 외에 발견된 정오 사항이 있다면 EBS 초등사이트를 통해 알려 주세요. 교재 검색 ▶ 교재 선택 ▶ 교재 Q&A

BOOK 1
개념책

만점왕 사회 6-1

이 책의 구성과 특징

BOOK 1

개념책

1 | 단원 도입

단원을 시작할 때마다 도입 그림을 눈으로 확인하며 안내 글을 읽으면, 공부할 내용에 대해 흥미를 갖게 됩니다.

2 | 교과서 내용 학습

본격적인 학습을 시작하는 단계입니다. 자세한 개념 설명과 그림을 통해 핵심 개념을 분명하게 파악할 수 있습니다.

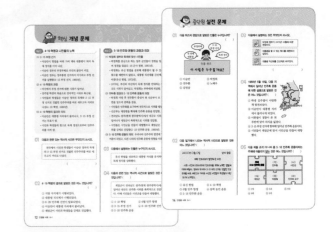

3 | 핵심 개념 + 실전 문제

[핵심 개념 문제 / 중단원 실전 문제]

개념별 문제, 실전 문제를 통해 교과서에 실린 내용을 하나하나 꼼꼼하게 살펴보며 빈틈없이 학습할 수 있습니다.

4 | 서술형 평가 돋보기

단원의 주요 개념과 관련된 서술형 문항을 심층적으로 학습하는 단계로, 강화될 서술형 평가에 대비할 수 있습니다.

5 | 대단원 정리 학습

학습한 내용을 정리하는 단계입니다. 학습 내용을 보다 명확하게 정리할 수 있습니다.

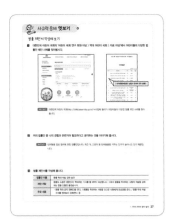

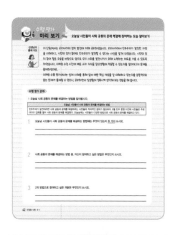

6 | 사고력 문제 엿보기

다양한 자료로 창의적인 활동을 하면서 생각하는 힘을 기를 수 있습니다.

7 | 대단원 마무리

평가를 통해 단원 학습을 마무리하고, 자신이 보완해야 할 점을 파악할 수 있습니다.

8 | 수행 평가 미리 보기

학생들이 고민하는 수행 평가를 대단원별로 구성하였습니다. 선생님께서 직접 출제하신 문제를 통해 수행 평가를 꼼꼼히 준비할 수 있습니다.

BOOK
2
실전책

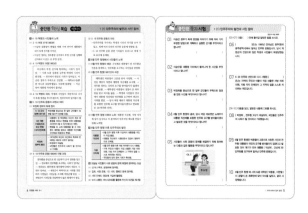

1 | 핵심 복습 + 쪽지 시험

핵심 정리를 통해 학습한 내용을 복습하고, 간단한 쪽지 시험을 통해 자신의 학습 상태를 확인할 수 있습니다.

2 | 중단원 + 대단원 평가

[중단원 확인 평가 / 학교 시험 만점왕]
앞서 학습한 내용을 바탕으로 보다 다양한 문제를 경험하여 단원별 평가를 대비할 수 있습니다.

3 | 서술형 평가

단원의 주요 개념과 관련된 서술형 문항을 심층적으로 학습하는 단계로, 강화될 서술형 평가에 대비할 수 있습니다.

자기주도 활용 방법

BOOK

1

개념책

평상 시 진도 공부는

교재(북1 개념책)로 공부하기
만점왕 북1 개념책으로 진도에 따라 공부해 보세요.

개념책에는 학습 개념이 자세히 설명되어 있어요.

따라서 학교 진도에 맞춰 만점왕을 풀어 보면

혼자서도 쉽게 공부할 수 있습니다.

TV(인터넷) 강의로 공부하기

개념책으로 혼자 공부했는데, 잘 모르는 부분이 있나요?

더 알고 싶은 부분도 있다고요?

만점왕 강의가 있으니 걱정 마세요.

만점왕 강의는 TV를 통해 방송됩니다.

방송 강의를 보지 못했거나 다시 듣고 싶은 부분이 있다면

인터넷(EBS 초등 사이트)을 이용하면 됩니다.

이 부분은 잘 모르겠으니 인터넷으로 다시 봐야겠어.

만점왕 방송 시간: EBS홈페이지 편성표 참조

EBS 초등 사이트: http://primary.ebs.co.kr

시험 대비 공부는 북2 실전책으로! (북2 2쪽 자기주도 활용 방법을 읽어 보세요.)

이 책의 # 차례

CONTENTS

BOOK 1

개념책

1 단원
우리나라의 정치 발전

그림을 보면 여자아이와 어머니가 선거 벽보를 보며 걷고 있어요. 어머니는 투표하는 까닭을 설명해 주시고, 여자아이는 지난 전교 회장 선거를 떠올리네요.

이번 단원에서는 민주주의의 발전 과정, 시민 정치 참여의 중요성, 민주주의의 의미와 원리, 민주주의를 실현하는 국가기관의 역할에 대해 알아볼 거예요. 그리고 민주주의를 발전시키기 위해 우리가 참여할 수 있는 방법을 찾아보며 민주 사회의 구성원으로서 필요한 자질을 생각해 봅시다.

단원 학습 목표

1. 민주주의가 발전해 온 과정과 시민의 정치 참여 모습을 살펴보고, 정치 참여의 중요성을 알 수 있습니다.
2. 민주주의의 의미와 중요성을 파악하고, 민주적 의사 결정 원리를 생활 속에서 실천할 수 있습니다.
3. 민주주의의 기본 원리에 대한 이해를 바탕으로 국가기관의 역할을 알 수 있습니다.

단원 진도 체크

회차	학습 내용		진도 체크
1차	(1) 민주주의의 발전과 시민 참여	교과서 내용 학습 + 핵심 개념 문제	✓
2차		중단원 실전 문제 + 서술형 평가 돋보기	✓
3차	(2) 일상생활과 민주주의	교과서 내용 학습 + 핵심 개념 문제	✓
4차		중단원 실전 문제 + 서술형 평가 돋보기	✓
5차	(3) 민주정치의 원리와 국가기관의 역할	교과서 내용 학습 + 핵심 개념 문제	✓
6차		중단원 실전 문제 + 서술형 평가 돋보기	✓
7차	대단원 정리 학습, 사고력 문제 엿보기, 대단원 마무리, 수행 평가 미리 보기		✓

해당 부분을 공부한 후 ✓표를 하세요.

교과서 내용 학습

(1) 민주주의의 발전과 시민 참여

1 4·19 혁명과 시민들의 노력

(1) 3·15 부정 선거

① 우리나라의 첫 번째 대통령이었던 이승만은 헌법을 바꿔 가며 계속 대통령이 되어 독재 정치를 이어 나갔습니다. → 이승만 정부의 독재와 부패로 국민의 불만이 커짐.

② 이승만 정부는 1960년 3월 15일에 예정된 정부통령 선거에서 이기려고 부정 선거를 계획했습니다.

③ 대구에서 학생들을 중심으로 정부의 부정부패에 항의하는 시위가 일어났습니다.

④ 이승만 정부는 부정 선거를 치렀고, 선거에서 이겼습니다(3·15 부정 선거, 1960년).

▲ 3명 또는 5명씩 짝을 지어 자유당 후보자에게 투표하도록 함.　▲ 유권자들에게 물건이나 돈을 주고 자유당 후보자를 찍으라고 함.　▲ 투표한 용지를 불태우거나 조작된 투표용지를 넣어 투표함을 바꿈.

(2) 4·19 혁명의 과정

① 마산에서 3·15 부정 선거를 비판하는 시위가 일어났습니다.

② 마산 시위 도중 실종된 김주열 학생이 마산 앞바다에서 사망한 채로 발견되자 시민들과 학생들의 시위는 더욱 확산되었습니다.

③ 4월 19일, 전국의 시민과 학생들은 이승만 정부의 독재와 3·15 부정 선거에 항의하고 민주화를 요구하며 시위를 벌였습니다(4·19 혁명, 1960년).

④ 이승만 정부가 시위를 무력으로 진압해 많은 시민과 학생들이 다치거나 죽었습니다.

⑤ 시위는 더욱 거세져 초등학생들과 대학교수들까지 시위에 동참했습니다.

→ 대학교수들은 학생들을 지지하며 정부에 항의함.

▲ 많은 학생과 시민이 시위에 참여함.　▲ 대학교수들이 시위에 동참함.

(3) 4·19 혁명의 결과와 의의

결과	• 이승만이 대통령 자리에서 물러났고, 3·15 부정 선거는 무효가 됨. • 재선거가 실시되어 새로운 정부가 세워짐.
의의	• 독재 정권으로부터 민주주의를 지켜 낸 역사적 사건임. • 우리나라 민주화 운동과 민주주의 발전에 많은 영향을 미쳤음.

▶ **독재 정치란?**
특정한 개인이나 단체가 정치에서 권력을 차지하여 모든 일을 마음대로 처리하는 것입니다.

▶ **정부통령 선거란?**
대통령과 부통령을 함께 뽑는 선거입니다.

▶ **4·19 혁명 당시 시위에 참여한 초등학생들**

4·19 혁명 당시에 초등학생들도 '부모 형제들에게 총부리를 대지 말라.'고 외치며 시위에 참여했습니다.

낱말 사전

부정 선거 정당하지 못한 방법으로 행해진 선거
혁명 헌법의 범위를 벗어나 국가 기초, 사회 제도, 경제 제도, 조직 등을 근본적으로 고치는 일

2 5·18 민주화 운동의 과정과 의미

(1) 박정희 정부와 독재에 맞선 시민들

① 박정희 정부의 독재 정치

5·16 군사 정변 (1961년)	새 정부가 들어선 지 1년도 되지 않아 박정희를 중심으로 한 일부 군인들이 정변을 일으켜 정권을 잡음.
3선 개헌 (1969년)	대통령이 된 박정희는 자신이 계속 대통령을 하려고 헌법을 바꿔 대통령을 세 번까지 할 수 있도록 함.
유신 헌법 (1972년)	• 헌법을 또 바꿔 대통령을 할 수 있는 횟수를 제한하지 않았고, 대통령 직선제를 간선제로 바꿈. • 막강한 권력을 가지게 된 박정희 정부는 더욱 강력한 독재 정치를 함.

② 박정희 정부의 붕괴

- 1979년에는 부산과 마산에서 독재 정치를 반대하는 대규모 시위가 일어났습니다.
- 혼란스러운 상황에서 박정희가 부하에게 피살되어 박정희 정부가 막을 내렸습니다.

(2) 전두환 정권과 5·18 민주화 운동의 과정

① 전두환 정권의 성립

- 박정희 사망 이후 국민은 민주주의 사회가 될 것이라고 기대했으나, 전두환을 중심으로 한 **신군부**가 다시 정변을 일으켜 권력을 잡았습니다.
- 학생과 시민들은 신군부의 퇴진과 민주화를 요구하는 대규모 시위를 벌였습니다.
- 신군부는 **계엄령**을 전국으로 확대하여 시민들을 탄압했습니다.

② 5·18 민주화 운동(1980년)의 과정

- 전라남도 광주(현재 광주광역시)에서 계엄령 해제와 민주주의 회복을 요구하는 대규모 시위가 일어났습니다.
- 계엄군이 시민과 학생들을 향해 총을 쏘며 폭력적으로 시위를 **진압**해 많은 사람이 다치거나 죽었습니다.
- 분노한 시민들은 시민군을 조직해 계엄군에게 대항했습니다.
- 계엄군은 시위를 이끌던 사람들을 강제로 진압했고, 그 과정에서 수많은 시민이 희생되었습니다.

③ 전두환은 광주에서 벌어진 일이 외부에 알려지지 않도록 언론을 통제했습니다.

④ 광주 시민들은 스스로 질서를 유지하면서 힘든 상황을 함께 헤쳐 나갔습니다.

(3) 5·18 민주화 운동의 의의

① **부당**한 정권에 맞서 민주주의를 지키려는 시민과 학생들의 의지를 보여 주었습니다.

② 우리나라 민주주의 발전에 밑거름이 되었고 다른 나라의 민주화 운동에 영향을 미쳤습니다.

더 알아보기 | 5·18 민주화 운동 기록물이 유네스코 세계 기록 유산으로 등재된 까닭

5·18 민주화 운동 기록물은 5·18 민주화 운동 과정을 생생하게 알려 준다는 점과 다른 나라의 민주화 운동에 영향을 준 점 등을 인정받아 2011년에 유네스코 세계 기록 유산으로 등재되었습니다.

5·18 민주화 운동 당시 여고생의 일기 ▶

▶ 군사 정변(쿠데타)이란?
군인들이 힘을 앞세워 정권을 잡는 행위입니다.

▲ 군사 정변을 일으키고 서울 시내를 지나는 군인들

▶ 대통령 직선제와 간선제란?

대통령 직선제	국민이 직접 대통령을 뽑는 선거 제도
대통령 간선제	정해진 수의 선거인단을 구성해 이들에게 대통령을 뽑게 하는 선거 제도

▶ 5·18 민주화 운동 모습

▲ 5·18 민주화 운동 당시 전라남도 도청 앞 광장에 모인 시민들

▶ 계엄군과 시민군이란?

계엄군	전쟁 등 국가의 비상사태가 일어났을 때 전국 또는 일부 지역을 경계하는 임무를 맡은 군대
시민군	시민들이 스스로 조직한 군대

낱말 사전

신군부 새로 권력을 잡은 군인 세력

계엄령 전쟁 등 국가의 비상사태가 일어났을 때 사회 질서를 유지하려고 군대를 동원해 경계하는 긴급 명령

진압 강압적인 힘으로 억눌러 진정시킴.

부당 이치에 맞지 아니함.

3 6월 민주 항쟁과 국민들의 민주화 노력

(1) 6월 민주 항쟁

① 배경
- 전두환은 5·18 민주화 운동을 강제로 진압한 후 간선제로 대통령이 되었습니다.
- 전두환 정부는 언론을 통제하고 민주화를 요구하는 시민들을 **탄압**했습니다.

② 과정

1987년 시위에 참여했던 대학생 박종철이 고문을 받아 사망함.	시민과 학생들은 책임자 처벌과 고문 금지, 대통령 직선제 등을 요구함.
전두환 정부는 국민들의 요구를 받아들이지 않겠다고 발표함.	시민들의 시위가 이어졌고 대학생 이한열이 **최루탄**에 맞아 의식을 잃음.
시민과 학생들은 대통령 직선제와 민주화를 외치며 전국에서 시위를 벌임(6월 민주 항쟁, 1987년).	당시 여당 대표였던 노태우가 대통령 직선제를 포함한 민주화 요구를 받아들이겠다고 발표함(6·29 민주화 선언, 1987년).

(2) 6월 민주 항쟁의 의의

① 수많은 학생과 시민들이 민주주의를 탄압했던 정권에 맞서 승리한 사건입니다.

② 대통령 직선제를 포함한 6·29 민주화 선언을 이끌어 냈습니다.

③ 우리 사회 여러 분야에서 민주적인 제도를 만들고 실천해 나갈 수 있게 했습니다.

▲ 박종철을 추모하려고 모인 시민들 　　▲ 6·29 민주화 선언에 기뻐하는 시민들 　　▲ 이한열의 장례식 날 모인 시민들

4 6월 민주 항쟁 이후 민주화 과정

(1) **대통령 직선제 시행** →1971년 제7대 대통령 선거 이후 16년 만에 직선제가 시행됨.

① 1987년에 제13대 대통령 선거가 직선제로 시행되었고, 지금까지 계속되고 있습니다.

② 대통령 직선제가 시행되면서 정권은 평화적으로 교체될 수 있었습니다.

(2) 지방 자치제 시행

① 지방 자치제는 일정한 지역의 주민과 이들로부터 선출된 지방 의회 의원, 지방 자치 단체장이 그 지역의 일을 스스로 처리하는 제도입니다.

② 1952년에 처음 시행되었다가 5·16 군사 정변 때 폐지되었고, 6·29 민주화 선언에 따라 다시 부활했습니다.

③ 주민들은 지역의 문제를 스스로 해결하려고 의견을 제시하고, 지역의 대표들은 주민들의 의견을 **수렴**해 여러 가지 문제를 민주적으로 해결하고 있습니다.

(1) 6월 민주 항쟁 이전까지

　① 대규모 **집회**에 참여하거나 시위를 벌여 사회 공동의 문제를 해결하려고 했습니다.

　② 집회나 시위 과정에서 많은 사람이 다치거나 죽기도 했습니다.

(2) 6월 민주 항쟁 이후

　① 선거나 투표에 참여하고, 공청회에 참석합니다.

　② 촛불 집회와 같은 대규모 집회, 캠페인, 서명 운동, 1인 시위 등에 참여합니다.

　③ **정당**이나 시민 단체에 가입해 활동합니다.

　④ 누리 소통망 서비스(SNS)를 활용해 사회의 여러 문제에 대해 자신의 의견을 제시합니다.

▲ 투표

▲ 대규모 집회(촛불 집회)

▲ 캠페인

▲ 서명 운동

▲ 1인 시위

▲ 시민 단체 활동

(3) 시민들이 다양한 방식으로 사회 공동의 문제 해결에 참여한 결과

　① 더 많은 사람들이 정치에 참여하게 되었습니다.

　② 우리 사회의 문제들이 원만하게 해결되면서 민주주의가 정착되었습니다.

더 알아보기 　민주주의를 실현하는 데 도움을 주는 주민 소환제

▲ ○○시 주민 소환 추진 위원회

▲ ○○시 주민 소환 투표 개표소

　주민 소환제는 주민이 직접 선출한 의원이나 단체장이 **직무**를 제대로 수행하지 못했을 때 주민들이 투표로 그들을 물러나게 하는 제도입니다. 우리나라는 2007년 7월부터 지방 의회 의원과 지방 자치 단체장을 대상으로 주민 소환제를 시행하고 있습니다.

▶ 공청회란?

정책을 결정하기 전에 관련된 사람들과 전문가의 의견을 듣는 공개 회의입니다.

▶ 캠페인이란?

사회·정치적 목적 따위를 위하여 조직적이고도 지속적으로 행하는 운동입니다.

▶ 촛불 집회란?

2000년대 들어 시민들은 중요한 사회 문제가 생길 때마다 직접 거리에 나와 촛불을 들고 해결을 요구했습니다. 촛불 집회는 평화롭고 질서있게 진행되어 전 세계에 우리나라 사람들의 성숙한 시민 의식을 널리 알렸습니다.

▶ 시민 단체란?

시민들은 다양한 시민 단체를 만들어 사회 문제 해결에 나섰습니다. 여러 분야에서 일어난 시민운동으로 우리나라의 시민 사회는 성숙해졌으며, 민주주의도 더욱 발전하게 되었습니다.

🍊 낱말 사전

집회 　여러 사람이 어떤 목적을 위하여 일시적으로 모임.

정당 　정치적인 주장이 같은 사람들이 정권을 잡고 정치적 이상을 실현하기 위하여 조직한 단체

개표 　투표함을 열고 투표의 결과를 검사함.

직무 　직책이나 직업상에서 책임을 지고 담당하여 맡은 사무

개념 1 ─ 4·19 혁명과 시민들의 노력

(1) 3·15 부정 선거
- 이승만이 헌법을 바꿔 가며 계속 대통령이 되어 독재 정치를 이어 나감.
- 이승만 정부의 부정부패로 국민의 불만이 커짐.
- 이승만 정부는 정부통령 선거에서 이기려고 부정 선거를 실행함(3·15 부정 선거, 1960년).

(2) 4·19 혁명의 과정
- 마산에서 부정 선거에 대한 시위가 일어남.
- 김주열 학생의 죽음으로 전국적인 시위로 확산됨.
- 시민들과 학생들은 이승만 정부의 독재와 3·15 부정 선거로 짓밟힌 민주주의를 바로 세우고자 거리로 나섬(4·19 혁명, 1960년).

(3) 4·19 혁명의 결과와 의의
- 이승만은 대통령 자리에서 물러나고, 3·15 부정 선거는 무효가 됨.
- 시민과 학생들의 힘으로 독재 정권으로부터 민주주의를 지켜 냄.

01 다음과 관련 있는 역사적 사건은 무엇인지 쓰시오.

> 전국에서 시민과 학생들이 이승만 정부의 독재와 3·15 부정 선거로 짓밟힌 민주주의를 바로 세우고자 거리로 나섰다.

(   )

02 4·19 혁명의 결과로 알맞은 것은 어느 것입니까?

(   )

① 지방 자치제가 시행되었다.
② 대통령 직선제가 시행되었다.
③ 6·29 민주화 선언이 발표되었다.
④ 이승만이 대통령 자리에서 물러났다.
⑤ 계엄군이 시민과 학생들을 강제로 진압했다.

개념 2 ─ 5·18 민주화 운동의 과정과 의미

(1) 박정희 정부와 독재에 맞선 시민들
- 박정희를 중심으로 하는 일부 군인들이 정변을 일으켜 정권을 잡음(5·16 군사 정변, 1961년).
- 박정희는 유신 헌법을 공포해 대통령이 될 수 있는 횟수를 제한하지 않았고, 대통령 직선제를 간선제로 바꿈(유신 헌법, 1972년).
- 1979년, 부산과 마산에서 독재 정치를 반대하는 대규모 시위가 일어났고, 박정희는 부하에게 피살됨.

(2) 전두환 정권과 5·18 민주화 운동의 과정
- 박정희 사망 후 전두환이 중심이 된 신군부가 또 정변을 일으켜 권력을 잡음.
- 시민들은 민주화를 요구하며 전국적으로 시위를 벌임.
- 신군부는 계엄령을 확대해 민주화 운동을 탄압함.
- 전라남도 광주(현재 광주광역시)에서 대규모 시위가 일어나자 계엄군이 폭력적으로 시위를 진압함.
- 시민들은 시민군을 만들어 대항했으나 계엄군은 시위를 강제로 진압함(5·18 민주화 운동, 1980년).

(3) 5·18 민주화 운동의 의의: 우리나라 민주주의 발전에 밑거름이 되었고, 다른 나라의 민주화 운동에 영향을 미침.

03 다음에서 설명하는 인물은 누구인지 쓰시오.

> 유신 헌법을 선포하고 대통령 자리를 유지하며 독재 정치를 강화했다.

(   )

04 다음과 관련 있는 역사적 사건으로 알맞은 것은 어느 것입니까? (   )

> 계엄군이 전라남도 광주(현재 광주광역시)에서 일어난 대규모 민주화 시위를 폭력적으로 진압했다. 이에 시민들은 시민군을 만들어 대항했다.

① 4·19 혁명   ② 6월 민주 항쟁
③ 3·15 부정 선거   ④ 6·29 민주화 선언
⑤ 5·18 민주화 운동

개념 3 6월 민주 항쟁과 국민들의 민주화 노력

(1) 6월 민주 항쟁의 과정
- 전두환 정부는 언론을 통제하고 민주화를 요구하는 시민들을 탄압함.
- 1987년 1월, 박종철이 고문을 받아 사망하자 시민들이 고문 금지와 대통령 직선제를 요구했으나 받아들여지지 않음.
- 시위가 이어졌고 이한열이 경찰이 쏜 최루탄에 맞아 의식을 잃는 사건이 발생함.
- 전두환 정부의 독재에 반대하고 대통령 직선제를 요구하는 시위가 전국적으로 일어남(6월 민주 항쟁, 1987년).
- 결국 당시 여당 대표였던 노태우는 대통령 직선제를 포함한 민주화 요구를 받아들이겠다는 선언을 발표함(6·29 민주화 선언, 1987년).

(2) 6월 민주 항쟁의 의의: 우리 사회 여러 분야에서 민주적인 제도를 만들고 실천해 나갈 수 있게 함.

05 다음 보기 에서 6월 민주 항쟁에 대한 설명으로 알맞은 것을 골라 기호를 쓰시오.

보기

⊙ 박정희 정부가 국민들의 민주화 요구를 탄압했다.
ⓛ 마산에서 시위 도중 학생 김주열이 사망하는 사건이 발생했다.
ⓒ 시민과 학생들은 독재를 반대하고 대통령 직선제를 요구하며 전국에서 시위를 벌였다.

( )

06 다음에서 설명하는 역사적 사건은 무엇인지 쓰시오.

1987년 당시 여당 대표였던 노태우가 대통령 직선제를 포함한 시민들의 민주화 요구를 받아들이겠다고 발표했다.

( )

개념 4 시민들이 사회 공동의 문제 해결에 참여하는 모습

(1) 6월 민주 항쟁 이후 민주화 과정
- 대통령 직선제 시행: 1987년 제13대 대통령 선거가 직선제로 시행되었고, 오늘날까지 이어짐.
- 지방 자치제 시행: 일정한 지역의 주민과 이들로부터 선출된 지방 의회 의원, 지방 자치 단체장이 해당 지역의 일을 스스로 처리하는 제도를 시행함.

(2) 오늘날 시민들이 사회 공동의 문제 해결에 참여하는 방법
- 촛불 집회와 같은 대규모 집회, 캠페인, 서명 운동, 1인 시위 등에 참여함.
- 선거나 투표에 참여하고, 공청회에 참석함.
- 정당이나 시민 단체에 가입해 활동함.
- 누리 소통망 서비스(SNS)를 활용해 사회의 여러 문제에 대해 자신의 의견을 제시함.

07 다음 ( ) 안에 들어갈 알맞은 말은 무엇인지 쓰시오.

6·29 민주화 선언 이후 지역 주민과 이들로부터 선출된 지방 의회 의원, 지방 자치 단체장이 해당 지역의 일을 스스로 처리하는 ( ) 이/가 시행되었다.

( )

08 시민들이 사회 공동의 문제 해결에 참여하는 다음과 같은 방법을 무엇이라고 합니까? ( )

① 투표　　　　　　② 1인 시위
③ 정당 활동　　　　④ 서명 운동
⑤ 시민 단체 활동

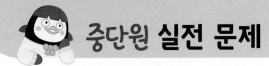
01 다음 퀴즈의 정답으로 알맞은 인물은 누구입니까?
( )

부정부패
3·15 부정 선거
첫 번째 대통령
독재 정치

인물 퀴즈

이 사람은 누구일까요?

① 이승만
② 박정희
③ 전두환
④ 노태우
⑤ 김영삼

02 다음 일기에 나오는 역사적 사건으로 알맞은 것은 어느 것입니까? ( )

2000년 ○월 ○일   날씨: 맑음

제목: 민주주의가 발전해 온 과정

사회 시간에 우리나라의 민주주의를 위해 노력한 일들에 대해 배웠다. 정부의 독재와 3·15 부정 선거로 짓밟힌 민주주의를 바로 세우고자 거리로 나섰던 시민들과 학생들이 대단하게 느껴졌다.

① 유신 헌법
② 4·19 혁명
③ 6월 민주 항쟁
④ 동학 농민 운동
⑤ 5·18 민주화 운동

03 다음에서 설명하는 것은 무엇인지 쓰시오.

 박정희 정부가 1972년 10월에 바꾼 헌법이다.

 대통령을 할 수 있는 횟수를 제한하지 않았다.

 대통령 직선제를 간선제로 바꾸었다.

( )

04 1980년 5월 18일, 다음 지역에서 일어난 민주화 운동에 대한 설명으로 알맞은 것은 어느 것입니까? ( )

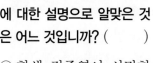
광주(현재 광주광역시)

① 학생 김주열이 사망한 채 발견되었다.
② 이승만이 대통령 자리에서 물러나게 되었다.
③ 이한열이 경찰이 쏜 최루탄에 맞아 의식을 잃었다.
④ 3·15 부정 선거에 항의해 일어난 민주화 운동이다.
⑤ 시민들이 계엄군에 맞서 시민군을 만들어 대항했다.

05 다음 퍼즐 조각 ㈎~㈐ 중 5·18 민주화 운동이라는 주제에 어울리지 않는 것은 어느 것입니까? ( )

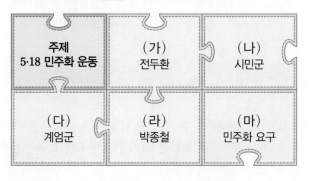
| 주제 5·18 민주화 운동 | ㈎ 전두환 | ㈏ 시민군 |
| ㈐ 계엄군 | ㈑ 박종철 | ㈒ 민주화 요구 |

① ㈎
② ㈏
③ ㈐
④ ㈑
⑤ ㈒

06 다음 학생이 발표할 내용으로 알맞은 것을 <u>두 가지</u> 고르시오. (,)

> 6월 민주 항쟁에 대해 조사한 것을 발표하겠습니다.

① 전두환 정부의 독재에 반대했다.
② 5·16 군사 정변이 일어나게 되었다.
③ 전라남도 광주에서 일어난 민주화 운동이다.
④ 대통령 직선제를 요구하는 시위가 일어났다.
⑤ 3·15 부정 선거에 항의하고 민주화를 요구했다.

07 6·29 민주화 선언에 담긴 내용으로 알맞은 것을 보기 에서 <u>두 가지</u> 골라 기호를 쓰시오.

> **보기**
>
> ㉠ 시민군 조직
> ㉡ 지방 자치제 시행
> ㉢ 대통령 간선제 시행
> ㉣ 대통령 직선제 실시
> ㉤ 3·15 부정 선거 무효 처리

(,)

08 대통령 직선제에 대한 설명으로 알맞은 것을 <u>두 가지</u> 고르시오. (,)

① 국민이 직접 대통령을 뽑는 선거 제도이다.
② 전두환은 대통령 직선제로 대통령이 되었다.
③ 4·19 혁명 때 시민들이 정부에 요구한 것이다.
④ 선거인단을 구성해 이들에게 대통령을 뽑게 하는 제도이다.
⑤ 대통령 직선제가 시행되면서 정권이 평화적으로 교체되었다.

09 다음 보기 의 사건이 일어난 순서대로 바르게 나열된 것은 어느 것입니까? ( )

> **보기**
>
> ㉠ 광주에서 5·18 민주화 운동이 일어났다.
> ㉡ 박정희는 5·16 군사 정변을 일으켜 정권을 잡았다.
> ㉢ 4월 19일 전국에서 많은 시민과 학생들이 시위에 참여했다.
> ㉣ 이승만 정부는 3·15 부정 선거를 실행했고, 그 결과 선거에서 이겼다.
> ㉤ 전두환 정부의 독재에 반대하고 대통령 직선제를 요구하며 6월 민주 항쟁이 일어났다.

① ㉠ - ㉡ - ㉢ - ㉣ - ㉤
② ㉡ - ㉠ - ㉣ - ㉢ - ㉤
③ ㉢ - ㉣ - ㉡ - ㉠ - ㉤
④ ㉣ - ㉢ - ㉡ - ㉠ - ㉤
⑤ ㉤ - ㉡ - ㉠ - ㉣ - ㉢

10 다음 ( ) 안에 들어갈 내용으로 가장 알맞지 <u>않은</u> 것은 어느 것입니까? ( )

> 오늘날 시민들이 사회 공동의 문제 해결에 참여하는 방법에는 ( )이/가 있습니다.

① 투표
② 캠페인
③ 정당 활동
④ 폭력 시위
⑤ 공청회 참석

학교에서 출제되는 서술형 평가를 미리 준비하세요.

문제 해결 전략

1 단계	제시된 자료가 무엇인지 파악하기

↓

2 단계	3·15 부정 선거를 실행한 정부에 대해 시민들이 어떻게 항의했는지 알아보기

↓

3 단계	3·15 부정 선거와 4·19 혁명의 과정을 관련지어 서술하기

핵심 키워드

• 3·15 부정 선거
– 이승만 정부가 1960년 3월 15일에 예정된 정부통령 선거에서 이기려고 여러 가지 부정한 방법을 동원함.
– 부정 선거로 이승만 정부가 선거에서 이김.

• 4·19 혁명
– 3·15 부정 선거를 바로잡고 이승만 정부의 독재를 막기 위해 시위를 벌임.
– 민주주의를 바로 세우기 위해서 시위를 벌임.

빈칸을 채우며 서술형 문제의 답안을 작성하는 연습을 해 보세요!

연습 문제

[1~3] 다음은 3·15 부정 선거를 나타낸 장면입니다. 물음에 답하시오.

▲ 3명 또는 5명씩 짝을 지어 자유당 후보자에게 투표하도록 함.

▲ 유권자들에게 물건이나 돈을 주고 자유당 후보자를 찍으라고 함.

▲ 투표한 용지를 불태우거나 조작된 투표용지를 넣어 투표함을 바꿈.

1 위의 부정 선거를 계획하고 실행한 대통령은 누구인지 보기 에서 골라 쓰시오.

보기

• 전두환	• 박정희	• 이승만	• 노태우

(   )

2 다음은 위의 부정 선거로 일어난 역사적 사건에 대한 설명입니다. (   ) 안에 들어갈 알맞은 말을 써넣으시오.

시민들은 (   ) 정부가 부정한 방법으로 선거에서 이기자 이를 바로 잡으려고 시위에 참여했습니다. 경상남도 (   )에서는 경찰이 무력으로 시위를 진압해 많은 시민과 학생들이 죽거나 다쳤습니다. 특히 시위에 참여했다 실종되었던 학생 (   )이/가 바다에서 죽은 채로 발견되면서 시민과 학생들의 분노는 더욱 커졌습니다. 1960년 (   )월 (   )일, 전국에서 많은 시민과 학생들이 시위에 참여했고, 대학교수들도 학생들을 지지하며 시위에 동참했습니다.

3 위 **2**번에서 설명한 역사적 사건의 결과는 어떠했는지 간단히 쓰시오.

_____

_____

실전 문제

[1~2] 다음 자료를 보고, 물음에 답하시오.

박정희가 부하에게 피살된 후 국민들은 민주주의 사회가 될 것을 기대했다. 하지만 전두환이 중심이 된 군인들이 다시 정변을 일으켜 정권을 잡았다. 이에 시민들은 국민 투표로 새 정부를 세울 것을 요구하며 전국적으로 시위를 벌였다. 하지만 정변을 일으킨 군인들은 이러한 시민들의 요구를 무시하고 시민들을 탄압했다. 이러한 가운데 전라남도 광주(현재 광주광역시)에서도 대규모 민주화 시위가 일어났다.

▲ 광주에 투입된 계엄군

▲ 질서를 유지하는 시민군

1 위의 자료에 나타난 사건 이후에 일어난 일을 정리한 것입니다. ( ) 안에 알맞은 말을 각각 써넣으시오.

(1) 전라남도 광주(현재 광주광역시)에서 대규모 민주화 시위가 일어나자 ( )은/는 폭력적으로 시위를 진압하여 많은 사람이 다치거나 죽었습니다.

(2) 계엄군의 폭력적인 진압에 분노한 시민들은 ( )을/를 만들어 군인들에게 대항했습니다.

2 1의 역사적 사건이 지닌 의의는 무엇인지 쓰시오.
_____
_____

[3~4] 다음 자료를 보고, 물음에 답하시오.

1987년에 시민과 학생들은 고문 금지와 대통령 직선제를 요구했다. 하지만 정부는 이를 받아들이지 않겠다고 발표했고, 시위가 이어졌다. 이 과정에서 대학생 이한열이 경찰이 쏜 최루탄에 맞아 의식을 잃었고 얼마 후 사망했다.

▲ 이한열의 장례식 날 모인 시민들

3 위의 인물과 관련된 역사적 사건은 무엇인지 쓰시오
( )

4 3에서 답한 사건이 어떤 결과를 이끌어 냈는지 간단히 쓰시오.
_____
_____

5 오늘날 시민들이 사회 공동의 문제 해결에 참여하는 방법을 두 가지 쓰시오.
_____
_____

(2) 일상생활과 민주주의

▶ 옛날과 오늘날의 정치 참여 모습

옛날	왕이나 신분이 높은 사람 또는 남성만 모여 공동의 중요한 일을 결정함.
오늘날	신분이나 재산, 성별 등에 관계없이 누구나 공동의 문제를 해결하는 과정에 참여할 수 있음.

1 민주주의의 의미와 중요성

(1) 정치

① 정치는 사회 구성원 간의 대립과 갈등을 조정하여 문제를 원만하게 해결해 가는 과정입니다.

② 생활 속 정치의 예: 가족회의, 학급 규칙 만들기, 전교 임원 선거, 주민 회의 등

(2) 민주주의의 의미와 실천 모습

① 민주주의: 모든 국민이 국가의 주인으로서 **권리**를 갖고, 그 권리를 자유롭고 평등하게 행사하는 정치 형태입니다.

② 일상생활에서 민주주의를 실천하는 모습

가정	가족 구성원이 모여 집안의 중요한 일을 결정함.
학교	학급 회의나 학생 자치회를 통해 학교 문제를 해결함.
지역	주민들이 주민 자치 위원회를 열어 지역의 일을 의논함.
국가	공청회를 열어 국민과 전문가의 의견을 듣고 국가의 중요한 일을 결정함.

▶ 진정한 민주주의를 이루려면?
• 민주주의의 기본 정신을 실현해야 합니다.
• 민주주의의 기본 정신은 인간의 존엄성, 자유, 평등입니다.

▲ 가족회의

▲ 공청회

(3) 민주주의의 중요성

① 민주주의의 기본 정신

▶ 왕이나 신분이 높은 몇몇 사람들이 나라를 다스릴 때 인간의 존엄성, 자유와 평등의 실현이 가능할까?
불가능합니다. 사람들의 자유와 권리가 제한되며 신분에 따라 차별을 받기 때문입니다.

인간의 존엄성	우리 모두는 인간으로서 소중한 가치를 지니고 있기 때문에 태어날 때부터 존중받을 권리가 있음.
자유	자신의 바람과 의지에 따라 결정하고 행동할 권리가 있음.
평등	모든 사람이 성별, 재산, 종교 등의 이유로 차별받지 않고 **동등**하게 대우받을 권리가 있음.

▲ 우리 모두는 태어날 때부터 존중받을 권리가 있음.

▲ 자신의 바람과 의지에 따라 자유롭게 직업을 선택할 수 있음.

▲ 선거에서 유권자라면 누구나 평등하게 한 표씩 행사할 수 있음.

② 민주주의는 국민의 자유와 평등을 보장해서 인간의 존엄성을 **실현**하는 것을 목표로 합니다.

낱말 사전

권리 특별한 이익을 누릴 수 있는 법률상의 힘
동등 등급이나 정도가 같음, 또는 그런 등급이나 정도
실현 꿈, 기대 따위를 실제로 이룸.

2 생활 속에서 민주주의를 실천하는 태도

(1) **공동의 문제를 함께 해결할 때의 좋은 점**: 공동의 문제에 대해 구성원들이 함께 참여하여 의견을 모으면 많은 사람이 만족할 수 있는 결과를 얻을 수 있습니다.

(2) 생활 속에서 민주주의를 실천하는 바람직한 태도

관용	나와 다른 의견을 인정하고 받아들임.
비판적 태도	사실이나 의견의 옳고 그름을 객관적으로 따져 살펴봄.
양보와 타협	어떤 일에 대해 상대방을 배려하고 서로 협의함.
실천	여럿이 함께 결정한 일은 잘 따르고 적극적으로 실천함.

3 민주적 의사 결정 원리와 합리적인 문제 해결

(1) 민주적 의사 결정 원리

대화와 타협	충분한 대화를 하면서 의견을 조정하고 타협하여 결정함.
다수결의 원칙	다수의 의견이 소수의 의견보다 **합리적**일 것으로 생각하고 다수의 의견에 따름.
소수의 의견 존중	다수결로 의사 결정을 할 때에도 소수의 의견을 존중하려는 노력이 필요함.

(2) **합리적인 문제 해결**: 대화와 타협, 다수결의 원칙, 소수의 의견 존중과 같은 민주적 의사 결정 원리에 따라 공동의 문제를 합리적으로 해결해야 합니다.

4 민주적 의사 결정 원리에 따라 문제 해결하기

(1) **문제 확인하기**: 해결해야 할 문제를 확인합니다.

(2) **문제 원인 파악하기**: 문제가 발생한 원인을 파악합니다.

(3) **문제 해결 방안 탐색하기**: 문제를 해결할 수 있는 다양한 방안을 **탐색**합니다.

(4) **문제 해결 방안 결정하기**: 민주적 의사 결정 원리에 따라 해결 방안을 결정합니다.

(5) **문제 해결 방안 실천하기**: 결정한 해결 방안을 실천합니다.

더 알아보기 선거를 왜 민주주의의 꽃이라고 표현할까요?

선거는 오늘날 민주주의 사회에서 국민들의 가장 기본적인 정치 참여 방법이자 주권을 행사하는 수단이기 때문입니다. 민주 선거는 보통 선거, 평등 선거, 직접 선거, 비밀 선거의 원칙을 지킵니다.

▲ 보통 선거

▲ 평등 선거

▲ 직접 선거

▲ 비밀 선거

▶ **다수결의 원칙으로 정할 때의 장점과 단점은?**
다수결의 원칙을 따르면 쉽고 빠르게 문제를 해결할 수 있습니다. 하지만 소수의 의견이 존중되지 못하는 문제가 생겨 일부 사람들이 불만을 가질 수도 있습니다.

▶ **다수결의 원칙으로 정할 때에 고려해야 할 점은?**
다수결로 결정하기에 앞서 충분한 대화와 타협을 거칩니다. 그리고 소수의 의견도 존중하여 결정을 보완하면 모든 사람의 소중한 권리를 보호할 수 있습니다.

▶ **민주 선거의 기본 원칙은?**

보통 선거	선거일 기준으로 18세 이상의 국민이면 누구나 투표할 수 있음.
평등 선거	누구나 한 사람이 한 표씩만 행사할 수 있음.
직접 선거	투표는 본인이 직접 해야 함.
비밀 선거	누구에게 투표했는지 다른 사람이 알 수 없음.

▶ **선거를 관리하는 국가기관은?**
선거 관리 위원회는 선거와 국민 투표의 공정한 관리 및 정당에 관한 일을 담당하는 독립적인 기관입니다.

낱말 사전

타협 어떤 일을 서로 양보하여 협의함.
합리적 이론이나 이치에 합당한 것
탐색 드러나지 않은 사물이나 현상 따위를 찾아내거나 밝히기 위하여 살피어 찾음.

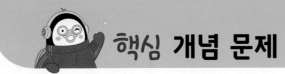

개념 1 · 민주주의의 의미와 중요성

(1) **의미**: 모든 국민이 국가의 주인으로서 권리를 갖고, 그 권리를 자유롭고 평등하게 행사하는 정치 형태

(2) **중요성**: 민주주의는 국민의 자유와 평등을 보장함으로써 인간의 존엄성을 실현하는 것을 목표로 함.
  • 인간의 존엄성: 우리 모두는 인간으로서 소중한 가치를 지니고 있기 때문에 태어날 때부터 존중받을 권리가 있음.
  • 자유: 자신의 바람과 의지에 따라 결정하고 행동할 권리가 있음.
  • 평등: 모든 사람이 성별, 재산, 종교 등의 이유로 차별받지 않고 동등하게 대우받아야 할 권리가 있음.

01 다음에서 설명하는 것은 무엇인지 쓰시오.

 모든 국민이 국가의 주인으로서 권리를 갖고, 그 권리를 자유롭고 평등하게 행사하는 정치 형태입니다.

(   )

02 다음에서 설명하는 내용으로 알맞은 것은 어느 것입니까? (   )

> 우리 모두는 인간으로서 소중한 가치를 지니고 있기 때문에 태어날 때부터 존중받을 권리가 있다.

① 실천
② 양보
③ 타협
④ 비판적 태도
⑤ 인간의 존엄성

개념 2 · 생활 속에서 민주주의를 실천하는 태도

(1) **관용**: 나와 다른 의견을 인정하고 받아들임.

(2) **비판적 태도**: 사실이나 의견의 옳고 그름을 객관적으로 따져 살펴봄.

(3) **양보와 타협**: 어떤 일에 대해 상대방을 배려하고 서로 협의함.

(4) **실천**: 여럿이 함께 결정한 일은 잘 따르고 적극적으로 실천함.

03 다음에서 설명하는 민주주의를 실천하는 태도로 알맞은 것은 어느 것입니까? (   )

> 공동의 문제를 해결할 때에는 나와 다른 의견을 인정하고 받아들인다.

① 관용
② 평등
③ 자유
④ 비판적 태도
⑤ 양보와 타협

04 다음 (   ) 안에 들어갈 알맞은 말을 쓰시오.

> (   )적 태도는 사실이나 의견의 옳고 그름을 객관적으로 따져 살펴보는 것이다.

(   )

개념 3 민주적 의사 결정 원리

(1) 대화와 타협: 충분한 대화를 하면서 의견을 조정하고 타협하여 결정하는 것

(2) 다수결의 원칙: 다수의 의견이 소수의 의견보다 합리적일 것으로 생각하고 다수의 의견에 따르는 것

(3) 소수의 의견 존중: 다수결로 의견을 결정할 때에도 소수의 의견을 존중하려는 노력이 필요함.

05 다수결의 원칙에 대한 설명을 보기 에서 골라 기호를 쓰시오.

보기

> ㉠ 상대방에게 어떤 일을 배려하고 서로 협의하는 것이다.
> ㉡ 충분한 대화를 통해 의견을 조정하고 타협하는 것이다.
> ㉢ 다수의 의견이 소수의 의견보다 합리적일 것으로 생각하고 다수의 의견에 따르는 것이다.

( )

06 민주적 의사 결정 원리로 알맞지 **않은** 것은 어느 것입니까? ( )

① 대화
② 타협
③ 다수결의 원칙
④ 소수의 의견 존중
⑤ 상대방의 의견에 대한 무조건 수용

개념 4 민주적 의사 결정 원리에 따라 문제 해결하기

(1) 문제 확인하기: 해결해야 할 문제를 확인함.

(2) 문제 원인 파악하기: 문제가 발생한 원인을 파악함.

(3) 문제 해결 방안 탐색하기: 문제를 해결할 수 있는 다양한 방안을 탐색함.

(4) 문제 해결 방안 결정하기: 민주적 의사 결정 원리에 따라 해결 방안을 결정함.

(5) 문제 해결 방안 실천하기: 결정한 해결 방안을 실천함.

07 다음은 민주적 의사 결정 원리 중 어느 단계와 관련 있습니까? ( )

> 점심시간에 운동장에서 6학년 학생들과 다른 학년 간에 다툼이 자주 생긴다.

① 문제 확인하기
② 문제 원인 파악하기
③ 문제 해결 방안 탐색하기
④ 문제 해결 방안 결정하기
⑤ 문제 해결 방안 실천하기

08 민주적 의사 결정 원리에 따라 문제를 해결하는 순서대로 기호를 쓰시오.

> ㉠ 문제 확인하기
> ㉡ 문제 원인 파악하기
> ㉢ 문제 해결 방안 실천하기
> ㉣ 문제 해결 방안 결정하기
> ㉤ 문제 해결 방안 탐색하기

( ) → ( ) → ( ) → ( ) → ( )

01 민주주의의 사례로 알맞지 <u>않은</u> 것을 골라 기호를 쓰시오.

> ㉠ 나이가 많은 남성이 집안일을 결정한다.
> ㉡ 학생 자치회를 통해 학교 문제를 해결한다.
> ㉢ 주민 자치 위원회를 열어 지역의 일을 의논한다.

(   )

02 다음과 관련 있는 민주주의의 기본 정신은 무엇인지 쓰시오.

> 민주주의를 이루려면 성별이나 나이, 재산, 신분, 인종이 달라도 차별받지 않고 똑같이 대우받아야 한다.

(   )

03 ㉠에 들어갈 대답으로 알맞은 것은 어느 것입니까? (   )

민주주의의 목표는 무엇일까?

㉠

① 헌법을 바꾸는 것이야.
② 인간의 존엄성을 실현하는 것이야.
③ 대통령 간선제로 바꾸기 위한 것이야.
④ 강압 정치로 국민을 탄압하는 것이야.
⑤ 국민을 대신하여 일할 대표자를 뽑는 것이야.

[04~05] 다음을 보고, 물음에 답하시오.

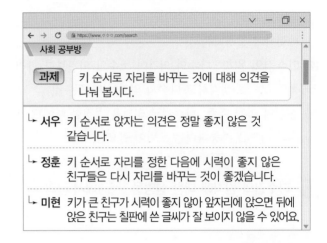

사회 공부방

과제   키 순서로 자리를 바꾸는 것에 대해 의견을 나눠 봅시다.

↳ 서우   키 순서로 앉자는 의견은 정말 좋지 않은 것 같습니다.

↳ 정훈   키 순서로 자리를 정한 다음에 시력이 좋지 않은 친구들은 다시 자리를 바꾸는 것이 좋겠습니다.

↳ 미현   키가 큰 친구가 시력이 좋지 않아 앞자리에 앉으면 뒤에 앉은 친구는 칠판에 쓴 글씨가 잘 보이지 않을 수 있어요.

04 위 대화를 보고 양보와 타협의 태도를 가진 사람은 누구인지 쓰세요.

(   )

05 위 자료에서 미현이는 민주주의를 실천하는 바람직한 태도 중 어떤 태도를 보여 주고 있습니까? (   )

① 관용   ② 양보
③ 타협   ④ 실천
⑤ 비판적 태도

06 다음에서 사용한 민주적 의사 결정 원리는 무엇인지 쓰시오.

▲ 선거로 대표를 결정함.   ▲ 학급 회의로 안건을 결정함.

(   )의 원칙

07 다음 상황을 보고, ⊙과 ⓒ에 들어갈 말을 알맞게 짝 지은 것은 어느 것입니까? (　　)

주현: 민주적으로 의사 결정을 하기 위해서는 모두가 참여하여 서로 (　⊙　)하면서 합리적으로 결정해야 해.

순임: 서로 의견이 다르더라도 상대방의 입장을 이해하고 상대방에게 양보하는 (　ⓒ　)의 과정을 거치면서 더 나은 결정을 할 수 있어.

	⊙	ⓒ		⊙	ⓒ
①	대화	투표	②	대화	비판
③	대화	타협	④	타협	비판
⑤	타협	투표			

08 민주적 의사 결정 원리에 대한 설명으로 알맞은 것은 어느 것입니까? (　　)

① 가장 많은 사람이 찬성한 의견은 항상 옳다.

② 다수결로 의사 결정을 하는 것은 단점이 없다.

③ 다수결로 정하더라도 소수의 의견을 존중한다.

④ 의사 결정을 할 때 무조건 나이가 많은 사람의 의견을 따른다.

⑤ 갈등을 민주적으로 해결하는 방법에는 다수결의 원칙만 있다.

[09~10] 다음을 보고, 물음에 답하시오.

5-2반 대표: 점심시간을 반으로 나눠 저학년과 고학년이 각각 사용하는 것은 어떨까요?

4-2반 대표: 그렇게 되면 저학년은 밥을 천천히 먹기 때문에 운동장을 사용할 수 없을 것입니다.

3-1반 대표: 그럼 학년별로 하루씩 돌아가며 운동장을 사용하는 것은 어떨까요?

6-2반 대표: 그건 너무 혼란스러울 것 같습니다. 저는 학년별로 운동장을 사용하는 달을 정하면 좋겠습니다.

09 위 자료는 문제를 민주적으로 해결하기 위해 무엇을 하고 있는 모습입니까? (　　)

① 문제 확인하기

② 문제 원인 파악하기

③ 문제 해결 방안 탐색하기

④ 문제 해결 방안 실천하기

⑤ 문제 해결 방안 결정하기

10 09에서 답한 내용 다음에 바로 해야 할 일로 알맞은 것은 어느 것입니까? (　　)

① 문제 확인하기

② 문제 원인 파악하기

③ 문제 해결 방안 탐색하기

④ 문제 해결 방안 실천하기

⑤ 문제 해결 방안 결정하기

학교에서 출제되는 서술형 평가를 미리 준비하세요.

연습 문제

🔍 문제 해결 전략

1 단계	제시된 자료가 무엇인지 파악하기

↓

2 단계	민주주의의 의미 알아보기

↓

3 단계	민주주의의 중요성을 민주주의의 기본 정신과 관련지어 서술하기

🔍 핵심 키워드
• 민주주의
  – 모든 국민이 나라의 주인으로서 권리를 가지고, 그 권리를 자유롭고 평등하게 행사하는 정치 형태
• 민주주의의 기본 정신
  – 인간의 존엄성
  – 자유
  – 평등

빈칸을 채우며 서술형 문제의 답안을 작성하는 연습을 해 보세요!

[1~3] 다음을 보고, 물음에 답하시오.

▲ 학급 회의

▲ 주민 자치회

▲ 시민 공청회

▲ 지방 의회

1 위의 그림과 관련 있는 것을 [보기] 에서 골라 쓰시오.

보기

• 독재 정치	• 민주주의	• 대통령 직선제

(   )

2 1에서 답한 내용의 의미와 중요성을 정리한 것입니다. (   ) 안에 알맞은 말을 써넣으시오.

(   )은/는 모든 국민이 나라의 (   )(으)로서 권리를 갖고, 그 권리를 자유롭고 평등하게 행사하는 정치 형태입니다. (   )은/는 국민의 자유와 (   )을/를 보장해서 인간의 존엄성을 실현하는 것을 목표로 합니다.

3 민주주의 기본 정신 중 평등의 사례를 한 가지 쓰시오.

_____

_____

실전 문제

[1~2] 다음을 보고, 물음에 답하시오.

교실에서 휴대 전화를 지니고 있어도 될까?

(가)
나는 교실에서 휴대 전화를 가지고 있지 말자고 주장했지만 수업 시간에 활용할 수 있게 가지고 있자는 의견을 들으니까 그 생각도 좋은 것 같아.

(나)
하지만 모둠장이 모둠원의 휴대 전화를 분실하면 문제가 될 수 있어. 휴대 전화를 선생님께 드리는 방안이 더 좋겠어.

(다)
나는 학생들이 계속 휴대 전화를 가지고 있으면 좋겠지만 다 같이 의논하여 내린 결정을 존중할게.

1 위 (가)와 관련 있는 것을 보기에서 골라 쓰시오.

보기
• 평등   • 자유   • 관용

(   )

2 위와 같이 일상생활에서 일어나는 문제를 민주적으로 해결하기 위한 태도에는 무엇이 있는지 두 가지 이상 쓰시오.

_____

_____

[3~4] 다음을 보고, 물음에 답하시오.

다수의 의견에 따르는 (   )에 따라 줄 서는 순서를 정하겠습니다.

투표 결과 키가 작은 순서대로 줄을 서자는 의견이 많아 키 순서대로 줄을 서도록 하겠습니다.

키가 큰 사람이 매일 뒤에 서야 하는 것은 불공평해.

3 위 (   ) 안에 들어갈 민주적 의사 결정 원리가 무엇인지 쓰시오.

(   )

4 의사 결정을 할 때 위와 같은 방법을 사용하면 좋은 점은 무엇인지 쓰시오.

_____

_____

5 위와 같은 방법으로 의사 결정을 할 때 주의할 점은 무엇인지 쓰시오.

_____

_____

(3) 민주정치의 원리와 국가기관의 역할

1 민주정치의 기본 원리

(1) 국민 주권의 원리
　① 주권은 국가의 중요한 일을 결정하는 최고의 권력입니다.
　② 국민 주권의 원리는 주권이 국민에게 있으며, 나라의 중요한 일을 국민 스스로 결정할 수 있다는 것입니다.
　③ 모든 국가 권력은 반드시 국민의 동의와 지지를 바탕으로 실행되어야 합니다.
　④ 우리 국민은 4·19 혁명, 5·18 민주화 운동, 6월 민주 항쟁 등을 통해 국민 주권을 지키려고 노력했습니다.

(2) 권력 분립의 원리
　① 국가 권력을 서로 다른 국가기관이 나누어 맡도록 하는 것입니다.
　② 국가 권력을 여러 국가기관이 나누어 가지면 서로를 **견제**하고 감시하면서 권력의 균형을 이루고, 국민의 자유와 권리를 보장할 수 있습니다.
　③ 우리나라에서는 국가 권력을 국회, 정부, 법원이 나누어 맡도록 헌법으로 정하고 있습니다.

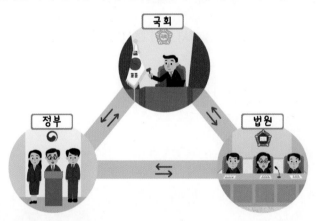

2 국회(입법부)에서 하는 일

(1) **국회**: 국민의 대표인 국회 의원이 나라의 중요한 일을 의논하고 결정하는 국가기관입니다.
(2) 하는 일

법 제정	• 법을 만드는 일을 하며, 현실에 맞게 법을 고치거나 없애기도 함. • 법을 만드는 일은 국회에서 하는 가장 중요한 일임.
예산안 심의·확정	• 정부가 한 해 동안 나라의 살림에 쓰겠다고 계획한 예산안을 **심의**하고, 예산을 어디에 얼마나 쓸지 정함. • 이미 사용한 **예산**이 잘 쓰였는지를 심사함. • 예산은 대부분 국민의 세금으로 마련하기 때문에 국민의 대표인 국회 의원은 예산을 자세히 살핌.
국정 감사	• 정부가 법에 따라 나라의 살림을 잘 운영하고 있는지 살피려고 국정 감사를 함. • 공무원에게 나랏일 가운데 궁금한 점을 질문하고, 잘못된 일이 있으면 바로잡도록 요구함.

▶ 우리나라 헌법에 나타난 국민 주권은?

제1조 제2항
대한민국의 주권은 국민에게 있고, 모든 권력은 국민으로부터 나온다.

▶ 우리나라 헌법에 나타난 권력 분립은?

제40조
입법권은 국회에 속한다.
제66조 제4항
행정권은 대통령을 수반으로 하는 정부에 속한다.
제101조 제1항
사법권은 법관으로 구성된 법원에 속한다.

▶ 한 사람이나 한 기관이 국가의 모든 권력을 가진다면?
그 권한을 마음대로 사용하거나 잘못된 결정을 내릴 수 있습니다. 그로 인해 국가가 위태로워지고 국민의 자유와 권리가 침해받을 수도 있습니다.

▶ 국회 의원이란?
국회 의원은 4년마다 선출하며, 국민의 대표로서 국민을 대신해 나라의 중요한 일을 결정하는 사람입니다.

낱말 사전

견제 일정한 작용을 가함으로써 상대편이 지나치게 세력을 펴거나 자유롭게 행동하지 못하게 억누름.
제정 제도나 법률 따위를 만들어 정함.
확정 일을 확실하게 정함.
심의 심사하고 토의함.
예산 필요한 비용을 미리 헤아려 계산함, 또는 그 비용

3 정부(행정부)에서 하는 일

(1) **정부**: 법에 따라 나라의 살림을 맡아 하는 국가기관입니다.

(2) **정부 조직**: 대통령을 중심으로 국무총리와 여러 부, 처, 청, 그리고 위원회로 이루어져 있습니다.

(3) 하는 일

대통령	• 국민이 선출한 대통령은 우리나라를 대표함. • 정부의 최고 책임자로 법을 집행하고, 나라의 중요한 일을 결정함.
국무총리	• 대통령을 도와 각 부를 관리함. • 대통령이 외국을 방문하거나 특별한 이유로 일하지 못하면 대통령의 임무를 대신함.
행정 각 부	• 각 부에서는 **장관**과 **차관**, 그리고 많은 공무원이 국민의 안전과 행복을 위해 여러 가지 일을 함. • 정부를 구성하는 여러 부, 처, 청, 위원회 등은 업무를 나누어 맡아 국가의 살림을 함. • 주요 정부 조직 　– 국방부: 우리나라를 지키고 국민을 보호함. 　– 교육부: 국민의 교육에 관한 일을 책임짐. 　– 국토 교통부: 국토를 개발하는 일을 담당함. 　– 통일부: 북한과 교류하고 통일을 위해 노력함. 　– 식품 의약품 안전처: 식품과 의약품 등의 안전을 책임짐. 　– 문화재청: 우리나라의 문화유산을 보호하고 관리함.

```
                        대통령
  대통령비서실 ─┐          ┌─ 대통령경호처
  국가안보실 ──┘          ├─ 국가인권위원회
                          └─ 고위공직자범죄수사처

  감사원 ──────┐          ┌─ 국가안전보장회의
  국가정보원 ──┤          ├─ 민주평화통일자문회의
  방송통신위원회┘          ├─ 국민경제자문회의
                          └─ 국가과학기술자문회의
정부 조직은 법률에 따라 새로
만들어지거나 조정되기도 함.     국무총리

  국무조정실 ────────────── 국무총리비서실

인사혁신처 │ 법제처 │ 식품의약품안전처 │ 공정거래위원회 │ 금융위원회 │ 국민권익위원회 │ 개인정보보호위원회 │ 원자력안전위원회

기획재정부 │ 교육부 │ 과학기술정보통신부 │ 외교부 │ 통일부 │ 법무부 │ 국방부 │ 행정안전부 │ 국가보훈부 │ 문화체육관광부 │ 농림축산식품부 │ 산업통상자원부 │ 보건복지부 │ 환경부 │ 고용노동부 │ 여성가족부 │ 국토교통부 │ 해양수산부 │ 중소벤처기업부

국세청 │ 관세청 │ 조달청 │ 통계청 │ 재외동포청 │ 검찰청 │ 병무청 │ 방위사업청 │ 경찰청 │ 소방청 │ 문화재청 │ 농촌진흥청 │ 산림청 │ 특허청 │ 질병관리청 │ 기상청 │ 행정중심복합 │ 도시건설청 │ 새만금개발청 │ 해양경찰청
```

▲ 우리나라의 정부 조직도

(출처: 대한민국 전자 정부 누리집, 2023)

▶ **우리나라 대통령 선출 방법은?**
대통령은 5년마다 국민이 직접 뽑습니다.

▶ **국무 회의란?**
• 국가의 중요한 일을 논의하는 행정 최고 심의 기관입니다.
• 국무 회의에는 대통령, 국무총리, 행정 각 부의 장을 비롯한 국무 위원들이 참석합니다.

😊 **낱말 사전**

장관 행정 각 부의 가장 높은 직위에 있는 사람
차관 소속된 부의 장관을 도와 사무를 처리하고 소속 공무원을 지휘·감독하는 사람

▶ 재판이란?
어떤 사건에 대해 법원이 일정한 절차를 거쳐 최종적으로 내리는 판단입니다.

▶ 3심 제도를 두는 까닭은?
• 우리나라의 경우 보통 한 사건에 대해 지방 법원에서 1심 재판, 고등 법원에서 2심 재판, 대법원에서 3심 재판을 받을 수 있습니다.
• 법관의 잘못된 판결로 발생할 수 있는 피해를 줄임으로써 국민의 권리를 최대한 보장하려는 제도입니다.

4 법원(사법부)에서 하는 일

(1) 법원: 법에 따라 재판을 하는 국가기관입니다.

(2) 하는 일
　① 사람들 사이의 다툼을 해결해 줍니다.
　② 법을 지키지 않은 사람을 처벌합니다.
　③ 개인과 국가, 지방 자치 단체 사이에서 생긴 갈등을 해결해 줍니다.

층간 소음으로 △△ 씨가 정신적 피해를 입은 만큼 보상하세요.

▲ 사람들 사이의 다툼 해결

□□ 씨를 폭행한 것이 인정되어 징역 ○년을 선고합니다.

▲ 법을 지키지 않은 사람 처벌

○○시는 지하철 공사로 집이 파손된 피해자에게 수리비를 보상하세요.

▲ 개인과 국가, 지방 자치 단체 사이의 갈등 해결

(3) 공정한 재판을 하기 위한 원칙

법원과 법관의 독립	• 법원은 외부의 영향이나 간섭을 받지 않아야 함. • 법관은 개인적인 의견이 아니라 헌법과 법률에 따라 공정하게 판결을 내려야 함.
재판 공개	특정한 경우를 제외한 모든 재판의 과정과 결과를 공개해야 함.
3심 제도	한 사건에 대해 급이 다른 법원에서 세 번까지 재판을 받을 수 있음.

5 국가기관에서 하는 일 체험하기

국회	• 우리 주변에서 법률 제정이 필요한 문제를 살펴보고, 법률안 **제안서**를 작성해 봄. ⑩ 공중화장실의 어린이용 세면대 설치 법안
정부	• 가상 국무 회의를 개최하여 제안하고 싶은 내용을 친구들과 이야기해 봄. ⑩ 학교에서 일어나는 화재를 예방하기 위한 방법
법원	• 재판 과정을 역할극으로 해 봄. ⑩ 도난 사건에 대한 재판 과정을 역할극으로 꾸며 참여하기

더 알아보기 ▏ 헌법재판소가 하는 일

　헌법재판소는 헌법과 관련된 다툼을 해결하는 일을 합니다. 법률이 헌법에 어긋나지 않는지 또는 국가기관이 국민의 기본권을 침해했는지를 판단합니다. 대통령이나 국무총리와 같이 지위가 높은 공무원이 큰 잘못을 저질러 국회에서 **파면**을 요구하면 이를 심판하는 일도 합니다. 헌법재판소에는 아홉 명의 재판관이 있으며, 중요한 결정을 내릴 때는 여섯 명 이상이 찬성을 해야 합니다.

🐟 낱말 사전

제안서 의견이나 원하는 바를 제안하는 문서
파면 잘못을 저지른 사람에게 일을 그만두게 함.

핵심 개념 문제

정답과 해설 12쪽

개념 1 · 국민 주권의 원리

(1) 국민 주권
- 주권: 국가의 중요한 일을 결정하는 최고의 권력을 말함.
- 국민 주권: 국민이 한 나라의 주인으로서 나라의 중요한 일을 스스로 결정할 수 있음.
- 모든 국가 권력은 반드시 국민의 동의와 지지를 바탕으로 실행되어야 함.

(2) 국민 주권을 실현하는 모습
- 선거로 국민의 뜻을 반영할 대표를 뽑아 나라의 중요한 일을 결정하도록 함.
- 국민 투표로 헌법을 바꾸거나 국가의 중요한 정책을 결정하는 데 참여함.

01 다음에서 설명하는 것이 무엇인지 쓰시오.

> 국민이 한 나라의 주인으로서 나라의 중요한 일을 스스로 결정할 수 있다는 것이다.

( )

02 일상생활에서 국민 주권을 지키는 모습으로 알맞은 것을 두 가지 고르시오. (,)

① 국민은 선거를 통해 국민의 뜻을 반영할 대표를 뽑는다.
② 국민 주권은 헌법에 나와 있기 때문에 저절로 지켜진다.
③ 헌법을 바꾸어 대통령을 할 수 있는 횟수를 제한하지 않는다.
④ 우리 국민은 민주화 운동을 통해 국민 주권을 지키려고 노력했다.
⑤ 나랏일은 국가기관에서 하는 일이므로 관심을 가지지 않아도 된다.

개념 2 · 권력 분립의 원리

(1) 권력 분립
- 권력 분립: 국가 권력을 서로 다른 국가기관이 나누어 맡도록 하는 것을 말함.
- 우리나라는 권력 분립의 원리에 따라 국가 권력을 국회, 정부, 법원이 나누어 맡음.

(2) 권력 분립이 필요한 까닭
- 어느 한 기관이 국가의 중요한 일을 마음대로 처리할 수 없게 함.
- 서로 견제하고 권력의 균형을 이루어 국민의 자유와 권리를 보장함.

03 다음 자료가 나타내는 민주정치의 원리는 무엇인지 쓰시오.

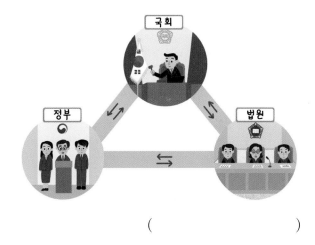

( )

04 권력 분립의 원리에 대한 설명으로 알맞은 것은 어느 것입니까? ( )

① 문제를 원만하게 해결해 가는 과정이다.
② 시민들이 대규모 집회에 참여하는 방식이다.
③ 모든 국민이 나라의 주인으로서 권리를 갖는다.
④ 국가의 중요한 일을 결정하는 최고의 권력이다.
⑤ 국가기관이 권력을 나누어 가지고 서로 감시하며 권력의 균형을 유지한다.

개념 3 · 국회(입법부)에서 하는 일

(1) 법 제정
  • 법을 만들고, 고치거나 없애기도 함.
  • 국회에서 하는 가장 중요한 일임.

(2) 예산안 심의·확정
  • 정부가 한 해 동안 나라 살림에 쓰겠다고 계획한 예산안을 심의함.
  • 한 해 동안 국가를 운영하는 데 필요한 예산을 어디에 얼마나 쓸지 정하는 일도 함.

(3) 국정 감사
  • 국회에서는 정부가 법에 따라 일을 잘하고 있는지 확인하려고 국정 감사를 함.
  • 공무원에게 궁금한 점을 질문하고, 잘못한 일을 바로잡도록 요구함.

05 국회에서 하는 일로 알맞은 것을 보기 에서 골라 기호를 쓰시오.

보기

  ㉠ 법을 만드는 일을 한다.
  ㉡ 대통령을 도와 각 부를 관리한다.
  ㉢ 법을 지키지 않은 사람을 처벌한다.

(   )

06 다음 (   ) 안에 들어갈 알맞은 말은 무엇인지 쓰시오.

국회에서는 정부가 법에 따라 일을 잘하고 있는지 확인하려고 (   )을/를 한다.

(   )

개념 4 · 정부(행정부)에서 하는 일

(1) 대통령
  • 우리나라를 대표함.
  • 정부의 최고 책임자로 나라의 중요한 일을 결정함.

(2) 국무총리
  • 국무총리는 대통령을 도와 각 부를 관리함.
  • 대통령이 외국을 방문하거나 특별한 이유로 일하지 못하면 대통령의 임무를 대신함.

(3) 행정 각 부
  • 각 부에서는 장관과 차관, 그리고 많은 공무원이 국민의 안전과 행복을 위해 여러 가지 일을 함.

07 다음 설명과 관련 있는 인물로 알맞은 것은 어느 것입니까? (   )

  • 우리나라를 대표한다.
  • 정부의 최고 책임자로 법에 따라 나라의 중요한 일을 결정한다.

① 장관　　　　　② 대통령
③ 대법관　　　　④ 국무총리
⑤ 국회 의원

08 다음에서 설명하는 국가기관으로 알맞은 것은 어느 것입니까? (   )

> 법에 따라 국가의 살림을 맡아 하는 곳이야.

> 대통령, 국무총리, 행정 각 부 등으로 구성되어 있어.

① 법원　　　　　② 국회
③ 정부　　　　　④ 공청회
⑤ 헌법재판소

개념5 · 법원(사법부)에서 하는 일

(1) 법원
- 사람들 사이의 다툼을 해결해 줌.
- 법을 지키지 않은 사람을 처벌함.
- 개인과 국가, 지방 자치 단체 사이에서 생긴 갈등을 해결해 줌.

(2) 공정한 재판을 하기 위한 원칙
- 법원은 외부의 영향이나 간섭을 받지 않음.
- 법관은 개인적인 의견이 아니라 헌법과 법률에 따라 공정하게 판결을 내림.
- 특정한 경우를 제외한 모든 재판의 과정과 결과를 공개함.
- 한 사건에 대해 원칙적으로 급이 다른 법원에서 세 번까지 재판을 받을 수 있는 3심 제도를 두고 있음.

09 법원에서 하는 일로 가장 알맞은 것은 어느 것입니까? (   )

① 국정 감사를 한다.
② 대통령의 임무를 대신한다.
③ 나라의 중요한 일을 결정한다.
④ 사람들 사이의 다툼을 해결해 준다.
⑤ 국가를 운영하는 데 필요한 예산안을 심의한다.

10 다음에서 설명하는 제도는 무엇인지 쓰시오.

> 공정한 재판을 위해 한 사건에 대해 원칙적으로 급이 다른 법원에서 세 번까지 재판을 받을 수 있도록 한 제도를 말해.

(   )

개념6 · 국가기관에서 하는 일 체험하기

(1) **국회**: 우리 주변에서 법률 제정이 필요한 문제를 살펴보고, 법률안 제안서를 작성해 보기
  예 공중화장실의 어린이용 세면대 설치 법안

(2) **정부**: 가상 국무 회의를 개최하여 제안하고 싶은 내용을 친구들과 이야기해 보기
  예 학교에서 일어나는 화재를 예방하기 위한 방법

(3) **법원**: 재판 과정을 역할극으로 해 보기
  예 도난 사건에 대한 재판 과정에 참여하기

11 다음 대화를 보고, 서우가 체험해 보고 싶은 국가기관은 무엇인지 쓰시오.

> 선생님: 서우는 어떤 국가기관에서 하는 일을 체험해 보고 싶나요?
> 서우: 우리 주변에서 법률 제정이 필요한 문제를 살펴보고, 법률안 제안서를 작성해 보고 싶어요.

(   )

12 다음을 역할극으로 할 때 등장인물로 가장 적절하지 <u>않은</u> 것은 누구입니까? (   )

법원에서 하는 일

① 판사   ② 검사
③ 대통령   ④ 피고인
⑤ 변호인

01 헌법에 나타난 다음 조항을 실현하는 방법으로 알맞은 것은 어느 것입니까? (   )

> 제1조 제2항
> 대한민국의 주권은 국민에게 있고, 모든 권력은 국민으로부터 나온다.

① 국민들의 알 권리를 막는다.
② 대통령 마음대로 헌법을 바꾼다.
③ 대통령 직선제를 간선제로 바꾼다.
④ 민주주의를 요구하는 사람을 탄압한다.
⑤ 대통령을 뽑는 선거에 국민이 직접 투표한다.

02 다음과 같이 국가 권력을 나누어 맡는 까닭으로 알맞은 것은 어느 것입니까? (   )

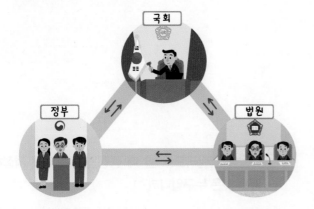

① 대통령의 권한을 늘리기 위해서
② 도시의 인구 문제를 줄이기 위해서
③ 지역 간에 다양하게 교류하기 위해서
④ 지식과 정보를 같이 공유하기 위해서
⑤ 국민의 자유와 권리를 보장하기 위해서

03 국회 의원에 대한 설명으로 알맞지 <u>않은</u> 것을 보기 에서 골라 기호를 쓰시오.

> 보기
> ㉠ 국민의 대표이다.
> ㉡ 국회에서 일을 한다.
> ㉢ 정부의 최고 책임자이다.
> ㉣ 국민의 선거로 4년마다 선출한다.

(   )

04 다음 질문에 대한 학생들의 대답으로 알맞은 것은 어느 것입니까? (   )

국회에서 하는 일은 무엇일까요?

① 법에 따라 재판을 합니다.
② 법을 만드는 일을 합니다.
③ 법에 따라 나라의 살림을 합니다.
④ 헌법과 관련된 다툼을 해결합니다.
⑤ 법을 지키지 않은 사람을 처벌합니다.

05 다음 (가)에 들어갈 알맞은 말을 쓰시오.

> (가)
>
> • 대통령을 도와 각 부를 관리한다.
> • 대통령이 외국을 방문하거나 특별한 이유로 일하지 못하면 대통령의 임무를 대신한다.

(   )

06 다음과 같은 일을 하는 국가기관으로 알맞은 것은 어느 것입니까? (   )

일요일	월요일	화요일	수요일	목요일	금요일	토요일
	1 제○회 국무 회의	2	3 ☆☆부 장관 임명식	4	5 제○회 식목일 기념 행사 참석
6	7 대통령 세계 정상 회담 참석	8 제○회 국무 회의	9	10 대통령, 사우디 총리와의 만남	11	12

① 국회   ② 정부
③ 법원   ④ 시민 단체
⑤ 헌법재판소

07 다음과 같은 일을 하는 국가기관은 무엇인지 쓰시오.

(   )

08 법원에서 하는 일을 바르게 짝지은 것은 어느 것입니까? (   )

> ㉠ 국정 감사를 한다.
> ㉡ 법을 만드는 일을 한다.
> ㉢ 사람들 사이의 다툼을 해결한다.
> ㉣ 법을 지키지 않은 사람을 처벌한다.
> ㉤ 나라 살림에 필요한 예산안을 심의·확정한다.

① ㉠, ㉡   ② ㉡, ㉢
③ ㉢, ㉣   ④ ㉢, ㉤
⑤ ㉣, ㉤

09 다음과 같은 제도를 둔 까닭으로 알맞은 것은 어느 것입니까? (   )

> 우리나라는 3심 제도를 운영하고 있어.

① 직선제를 실시하기 위해서
② 공정한 재판을 하기 위해서
③ 다수결의 원칙을 지키기 위해서
④ 부정 선거가 일어나는지 감시하기 위해서
⑤ 해당 지역의 일을 스스로 처리하게 하기 위해서

10 ㉠에 참석하는 인물로 알맞지 <u>않은</u> 것은 어느 것입니까? (   )

> 정부가 하는 일을 체험해 볼까?

> 가상 ㉠국무 회의를 개최해 제안하고 싶은 내용을 이야기해 보자.

① 대통령
② 국무총리
③ 국회 의원
④ 외교부 차관
⑤ 보건 복지부 장관

서술형 평가 돋보기

연습 문제

🔍 문제 해결 전략

1 단계	제시된 자료가 무엇인지 파악하기

↓

2 단계	투표와 민주정치 원리의 연관성 이해하기

↓

3 단계	국민 주권의 의미와 중요성을 관련지어 서술하기

🔍 핵심 키워드

- 국민 주권
  - 주권이 국민에게 있다는 것
  - 국민이 한 나라의 주인으로서 나라의 중요한 일을 스스로 결정할 수 있다는 것
- 국민 주권을 실현하는 방법
  - 국민은 선거에 참여해 원하는 후보자에게 투표함으로써 자신의 뜻을 전함.

빈칸을 채우며 서술형 문제의 답안을 작성하는 연습을 해 보세요!

[1~3] 다음 신문 기사를 읽고, 물음에 답하시오.

바다 건너 전해진 한 표의 희망

20△△년에 치러진 제△△대 대통령 선거에서 ○○○ 씨는 미국 로스앤젤레스에 마련된 투표소에서 소중한 한 표를 투표함에 넣었다.

○○○ 씨는 폐암 말기의 힘든 몸을 이끌고 산소통을 매단 휠체어를 탄 채 남편의 도움을 받아 대한민국 국민의 소중한 권리를 행사했다. 자녀들이 ○○○ 씨의 건강을 염려하며 투표를 말렸지만, ○○○ 씨는 끝내 투표소를 찾았다. ○○○ 씨는 "무사히 투표를 마칠 수 있어 감사할 따름이다."라고 말하며 "멀리 있지만 우리나라가 잘되길 바라는 마음뿐이다." 라는 소감을 전했다.

1 위의 인물처럼 어려운 상황에서도 투표권을 행사한 까닭과 관련된 민주정치의 원리를 [보기]에서 골라 쓰시오.

보기

• 독재 정치	• 국민 주권	• 권력 분립

(   )

2 국민들이 투표를 하는 까닭과 민주정치의 원리에 대해 정리한 것입니다. (   ) 안에 알맞은 말을 써넣으시오.

민주정치의 원리인 (   )은/는 (   )이/가 한 나라의 주인으로서 나라의 중요한 일을 스스로 결정하는 권리를 말합니다. 그래서 그 권리를 실현하기 위해 나라의 주인인 (   )이/가 대표를 뽑는 선거에 참여하여 자신의 뜻을 전합니다.

3 만약 주권이 국민에게 없다면 어떤 일이 일어날지 간단히 쓰시오.

_____

_____

실전 문제

[1~2] 다음 그림을 보고, 물음에 답하시오.

1 위의 그림을 보고 정리한 것입니다. (　) 안에 알맞은 말을 써넣으시오.

(1) (　　　　　)은/는 국가 권력을 서로 다른 국가기관이 나누어 가지고 서로 감시하는 민주 정치의 원리입니다.

(2) 우리나라는 국가의 권력을 (　　　　　), (　　　　　), (　　　　　)이/가 나누어 맡고 있습니다.

2 위와 같이 국가 권력을 여러 국가기관이 나누어 맡는 까닭은 무엇인지 쓰시오.

_____
_____

3 다음 국가기관에서 하는 일을 두 가지 쓰시오.

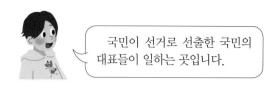

국민이 선거로 선출한 국민의 대표들이 일하는 곳입니다.

_____
_____

[4~5] 다음 우리나라의 정부 조직도를 보고, 물음에 답하시오.

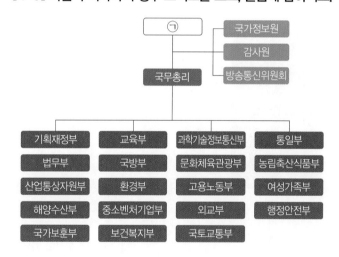

4 위 ㉠에 들어갈 알맞은 사람은 누구인지 쓰시오.

(　　　　　　　　　)

5 위 ㉠이 하는 일은 무엇인지 쓰시오.

_____
_____

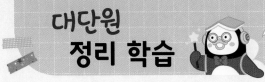
우리나라의 정치 발전

민주주의의 발전과 시민 참여

① 우리나라 민주주의 발전 과정

(❶)	• 이승만 정부의 독재와 3·15 부정 선거 → 학생과 시민들의 시위 → 이승만이 대통령 자리에서 물러남. • 독재 정권으로부터 민주주의를 지켜 냄.
(❷)	• 전두환이 중심이 된 신군부가 정변을 일으켜 권력을 잡음. → 광주(현재 광주광역시)에서 계엄군에 맞서 민주화 시위가 일어남. • 민주주의 발전에 밑거름이 되었고, 세계 여러 나라의 민주화 운동에 영향을 줌.
6월 민주 항쟁	전두환 정부의 독재에 반대하고 대통령 직선제를 요구하며 전국 곳곳에서 시위가 일어남. → 6·29 민주화 선언이 발표됨.
6월 민주 항쟁 이후	대통령 직선제 시행, 지방 자치제 부활 등

② 오늘날 시민들이 사회 공동의 문제 해결에 참여하는 모습: 투표, 시민 단체 활동, 정당 활동, 공청회 참석, 서명 운동, 캠페인, 집회 참여, 1인 시위, 누리 소통망 서비스(SNS)에 의견 올리기 등

일상생활과 민주주의

① 정치: 사회 구성원 간의 대립과 갈등을 조정하여 문제를 원만하게 해결해 가는 과정
② 민주주의
• 뜻: 모든 국민이 나라의 주인으로서 권리를 갖고, 그 권리를 자유롭고 평등하게 행사하는 정치 형태
• 중요성: 민주주의는 국민의 자유와 평등을 보장해서 (❸)을/를 실현하는 것을 목표로 함.
• 민주주의를 실천하는 바람직한 태도: 관용, 비판적 태도, 양보와 타협, 실천 등
③ 민주적 의사 결정 원리

원리	대화와 타협, 다수결의 원칙, 소수의 의견 존중 등
문제 해결 과정	문제 확인하기 → 문제 원인 파악하기 → 문제 해결 방안 탐색하기 → 문제 해결 방안 결정하기 → 문제 해결 방안 실천하기

민주정치의 원리와 국가기관의 역할

① 민주정치의 기본 원리

(❹)	국민이 한 나라의 주인으로서 나라의 중요한 일을 스스로 결정할 수 있다는 것
권력 분립	국가 권력을 분리하여 각각 다른 국가기관이 나누어 맡도록 하는 것

② 국가기관이 하는 일

(❺)	국민의 대표인 국회 의원이 나라의 중요한 일을 의논하고 결정하는 국가기관으로 법 제정, 예산안 심의·확정, 국정 감사 등을 함.
(❻)	법에 따라 국가의 살림을 맡아 하는 국가기관으로 대통령, 국무총리, 행정 각 부, 처, 청, 위원회 등으로 조직됨.
(❼)	법에 따라 재판을 하는 국가기관으로 사람들 사이의 다툼 해결, 법을 지키지 않은 사람 처벌, 개인과 국가, 지방 자치 단체 사이에서 생긴 갈등을 해결함.

정답 ❶ 4·19 혁명 **❷** 5·18 민주화 운동 **❸** 인간의 존엄성 **❹** 국민 주권 **❺** 국회 **❻** 정부 **❼** 법원

사고력 문제 엿보기

법률 제안서 작성해 보기

1 대한민국 어린이 국회의 '어린이 국회 연구 회원 마당 〉 역대 어린이 국회 〉 자료 마당'에서 어린이들의 다양한 법률안 제안 사례를 찾아봅시다.

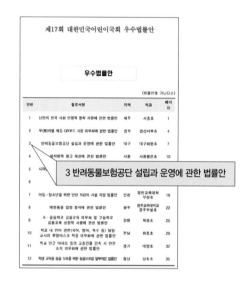

> **예시 답안** 대한민국 어린이 국회(http://child.assembly.go.kr) 누리집에 들어가 어린이들의 다양한 법률 제안 사례를 찾아봅니다.

2 위의 법률안 중 나의 경험과 관련지어 필요하다고 생각하는 것을 이야기해 봅시다.

> **예시 답안** 반려동물 입양 절차에 관한 법률안입니다. 최근 개, 고양이 등 반려동물을 키우는 인구가 늘어나고 있기 때문입니다.

3 법률 제안서를 작성해 봅시다.

법률안 이름	동물 학대 처벌 강화 법안
제안 까닭	동물도 소중한 생명인데, 학대하는 기사를 볼 때마다 속상합니다. 그래서 동물을 학대하는 사람의 처벌을 강화하는 법을 만들면 좋겠습니다.
주요 내용	동물을 학대하는 사람을 신고한 사람에게 포상금을 준다. / 동물을 학대한 사람에 대한 처벌 수위를 현재보다 강화한다. 등

1. 우리나라의 정치 발전

01 다음 대화에서 알 수 있는 역사적 사건으로 알맞은 것은 어느 것입니까? (   )

3·15 부정 선거에 항의하고 민주화를 요구했어.

이승만 정부의 독재를 막기 위해서 일어났어.

① 4·19 혁명
② 6월 민주 항쟁
③ 5·16 군사 정변
④ 5·18 민주화 운동
⑤ 6·29 민주화 선언

02 다음 4·19 혁명의 과정을 보고, 일어난 순서대로 기호를 쓰시오.

> ㉠ 이승만은 대통령 자리에서 물러났다.
> ㉡ 대학교수들이 학생들을 지지하며 정부에 항의했다.
> ㉢ 마산에서 3·15 부정 선거를 비판하는 시위가 일어났다.
> ㉣ 1960년 4월 19일, 전국에서 많은 시민과 학생들이 시위에 참여했다.

(   ) → (   ) → (   ) → (   )

03 4·19 혁명에 대한 설명으로 알맞은 것은 어느 것입니까? (   )

① 대통령 직선제를 요구했다.
② 전두환 정부의 독재에 반대했다.
③ 유신 헌법에 반대하는 대규모 시위였다.
④ 독재 정권으로부터 민주주의를 지켜 냈다.
⑤ 시위에 참여했던 박종철이 경찰에 강제로 끌려가 고문을 받아 사망했다.

04 다음과 관련 있는 사건으로 알맞은 것은 어느 것입니까? (   )

박정희는 군인들과 함께 무력으로 정권을 잡았어.

① 4·19 혁명
② 6월 민주 항쟁
③ 3·15 부정 선거
④ 5·16 군사 정변
⑤ 5·18 민주화 운동

05 다음 (   ) 안에 들어갈 인물은 누구인지 쓰시오.

> • 박정희 사망 이후 국민들은 민주주의 사회가 될 것이라고 기대했지만, (   )을/를 중심으로 한 신군부가 또다시 정변을 일으켜 권력을 잡았다.
> • 전라남도 광주(현재 광주광역시)에서 계엄령 해제와 민주주의를 요구하는 대규모 시위가 일어나자 계엄군이 폭력적으로 시위를 진압했다.

(   )

06 학생들이 5·18 민주화 운동에 대한 역할극을 하려고 합니다. 알맞지 <u>않은</u> 역할을 골라 기호를 쓰시오.

> ㉠ 시민군을 조직하는 시민들
> ㉡ 박종철 사건을 제보한 검사
> ㉢ 시민을 향해 총을 쏘는 계엄군
> ㉣ 민주주의를 요구하는 시민과 학생들

(   )

07 다음 질문에 대한 대답으로 알맞은 것을 <u>두 가지</u> 고르시오. (,)

> 6월 민주 항쟁이 일어나게 된 배경은 무엇일까요?

① 학생 김주열이 사망한 채 발견되었습니다.
② 정부통령 선거에서 부정 선거가 치러졌습니다.
③ 박종철이 고문으로 사망하는 일이 발생했습니다.
④ 전라남도 광주에 계엄군이 폭력적으로 시위를 진압했습니다.
⑤ 전두환 정부가 시민들의 대통령 직선제 요구를 받아들이지 않겠다고 발표했습니다.

08 6월 민주 항쟁의 의의를 바르게 말한 것은 어느 것입니까? ( )

① 서영: 3·15 부정 선거는 무효가 되었어.
② 영일: 유신 헌법을 만들어 선포하게 되었어.
③ 현준: 계엄군에 대항하여 시민군을 만들게 되었어.
④ 경연: 이승만이 대통령 자리에서 물러나게 되었어.
⑤ 지선: 대통령 직선제 등 민주적인 제도를 만들게 되었어.

⊏서술형⊐
09 6·29 민주화 선언 이후 민주정치를 발전시키려고 시행된 제도를 <u>두 가지</u> 쓰시오.

_____

_____

10 다음은 사회 공동의 문제 해결에 참여하는 어떤 방법을 나타낸 것입니까? ( )

① 투표
② 1인 시위
③ 서명 운동
④ 공청회 참여
⑤ 누리 소통망 서비스(SNS) 활용

11 다음에서 설명하는 정치 형태의 예로 알맞지 <u>않은</u> 것은 어느 것입니까? ( )

> 모든 국민이 국가의 주인으로서 권리를 갖고, 그 권리를 자유롭고 평등하게 행사하는 정치 형태입니다.

① 가족회의
② 독재 정치
③ 지방 의회
④ 학생 자치회
⑤ 주민 자치 위원회

12 다음과 관련 있는 민주주의의 기본 정신은 무엇인지 쓰시오.

> 여행할 곳은 우리가 정하자.

( )

13 생활 속에서 민주주의를 실천하는 태도로 알맞지 않은 것은 어느 것입니까? (   )

① 함께 결정한 일은 따르고 실천한다.
② 나와 다른 의견은 인정하지 않는다.
③ 사실이나 의견의 옳고 그름을 따져 본다.
④ 상대방에게 어떤 일을 배려하고 서로 협의한다.
⑤ 공동체의 일에 관심을 가지고 적극적으로 참여한다.

⌈서술형⌋

14 일상생활에서 다수결의 원칙을 사용하는 사례를 두 가지 쓰시오.

_____

_____

15 민주적 의사 결정 원리에 대한 설명으로 알맞은 것을 모두 골라 기호를 쓰시오.

> ㉠ 다수결로 정할 때 소수의 의견도 존중한다.
> ㉡ 문제 해결을 위해 대화와 타협의 과정을 거친다.
> ㉢ 다수결의 원칙으로 의견을 결정할 때의 단점은 없다.
> ㉣ 일상생활에서 문제가 발생할 때 무조건 다수결의 원칙을 먼저 적용한다.

(   )

16 다음은 민주적 의사 결정 원리에 따른 문제 해결 과정 중 어느 단계에 해당하는 것입니까? (   )

> 투표 결과, 학년별로 하루씩 돌아가며 운동장을 사용하자는 의견이 채택되었습니다. 모두 잘 지켜 주시기 바랍니다.

① 문제 확인하기
② 문제 원인 파악하기
③ 문제 해결 방안 탐색하기
④ 문제 해결 방안 결정하기
⑤ 문제 해결 방안 실천하기

17 다음에서 설명하는 '이것'은 무엇인지 쓰시오.

이것은 민주정치의 원리야.

선거는 이것을 실현하는 방법이야.

이것은 나라의 중요한 일을 국민 스스로 결정할 수 있다는 것이야.

(   )

18 다음 헌법 조항에서 알 수 있는 민주정치의 기본 원리로 알맞은 것은 어느 것입니까? (   )

> 제40조   입법권은 국회에 속한다.
> 제66조   ④ 행정권은 대통령을 수반으로 하는 정부에 속한다.
> 제101조 ① 사법권은 법관으로 구성된 법원에 속한다.

① 평등   ② 자유
③ 권력 분립   ④ 인간의 존엄성
⑤ 다수결의 원칙

19 다음과 관련하여 국회에서 하는 일로 알맞은 것은 어느 것입니까? (   )

> 국회에서는 공무원에게 나랏일 가운데 궁금한 점을 질문하고, 잘못한 일이 있으면 바로잡도록 요구합니다.

① 재판   ② 국정 감사
③ 국무 회의 개최   ④ 행정 각 부 관리
⑤ 예산안 심의·확정

20 다음 ㈎에 들어갈 국가기관으로 알맞은 것은 어느 것입니까? (   )

〈조사 보고서〉

• 조사 대상: ㈎

• 하는 일
 – 법을 만드는 일을 하며, 법을 고치거나 없애기도 한다.
 – 나라의 살림에 필요한 예산안을 심의하여 확정하는 일을 한다.

① 국회   ② 정부   ③ 법원
④ 법무부   ⑤ 기획 재정부

21 다음에서 설명하는 것이 무엇인지 쓰시오.

지안: 국가의 주요 정책을 심의하는 정부의 최고 심의 기관이야.
성빈: 대통령과 국무총리, 정부의 각 부 장관을 비롯한 국무 위원이 참석해.

(   )

22 다음과 같은 일을 하는 정부 부서를 [보기]에서 골라 쓰시오.

[보기]

과학 기술 정보 통신부, 국방부, 국토 교통부, 농림 축산 식품부, 문화 체육 관광부, 통일부

(   )

23 다음 국가기관에서 하는 일로 알맞은 것은 어느 것입니까? (   )

□□□ 씨를 폭행한 것이 인정되어 징역 ○년을 선고합니다.

① 국정 감사를 한다.
② 대통령의 임무를 대신한다.
③ 국토를 개발하는 일을 한다.
④ 법을 지키지 않은 사람을 처벌한다.
⑤ 법을 만들고, 현실에 맞게 법을 고치거나 없애는 일을 한다.

⊏서술형⊐
24 다음과 같은 제도를 두는 까닭은 무엇인지 쓰시오.

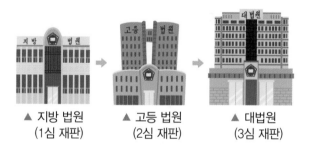

▲ 지방 법원
(1심 재판)
▲ 고등 법원
(2심 재판)
▲ 대법원
(3심 재판)

25 공정한 재판을 위한 원칙으로 알맞지 않은 것은 어느 것입니까? (   )

① 법원은 외부의 간섭을 받지 않는다.
② 재판 결과에 대해 비밀을 유지한다.
③ 법관은 헌법과 법률에 따라 판결을 내린다.
④ 특정한 경우를 제외하고 재판 과정을 공개한다.
⑤ 법관은 개인적인 의견에 따라 판결하지 않는다.

오늘날 시민들이 사회 공동의 문제 해결에 참여하는 모습 알아보기

선생님의
출제 의도

이 단원에서는 우리나라의 정치 발전에 대해 공부하였습니다. 우리나라에서 민주주의가 발전한 과정을 이해하고, 시민의 정치 참여로 민주주의가 발전할 수 있다는 사실을 알게 되었습니다. 시민의 정치 참여 활동 모습을 바탕으로 앞으로 우리 사회를 발전시키기 위해 노력하는 태도를 기를 수 있도록 하였습니다. 이처럼 수업 시간에 배운 교과 지식을 일상생활에 적용할 수 있는지를 알아보고자 문제를 출제하였어요.

이처럼 수행 평가에서는 실제 사례를 통해 앞서 배운 핵심 개념을 잘 이해하고 있는지를 종합적으로 묻는 문제가 출제될 수 있으니, 공부하면서 실생활에 접목시켜 생각해 보는 연습을 해 봅시다.

수행 평가 문제

◗ 오늘날 사회 공동의 문제를 해결하는 방법을 알아봅시다.

오늘날 시민들이 사회 공동의 문제를 해결하는 방법
민주주의가 발전하려면 사회 공동의 문제를 해결하려는 시민들의 적극적인 참여가 필요하다. 6월 민주 항쟁 이전에 시민들은 주로 대규모 집회를 열어 사회 공동의 문제를 해결했다. 오늘날에는 시민들이 다양한 방법으로 사회 공동의 문제를 해결하고 있다.

1 오늘날 시민들이 사회 공동의 문제를 해결하는 방법에는 무엇이 있는지 두 가지 쓰시오.

_____

_____

2 사회 공동의 문제를 해결하는 방법 중, 자신이 참여하고 싶은 방법은 무엇인지 쓰시오.

_____

_____

3 **2**의 방법으로 참여하고 싶은 까닭은 무엇인지 쓰시오.

_____

_____

잘함	보통	노력 요함
시민들이 사회 공동의 문제를 해결하는 여러 가지 방법을 정리할 수 있고, 자신이 참여하고 싶은 방법과 까닭을 조리 있게 설명할 수 있다.	시민들이 사회 공동의 문제를 해결하는 여러 가지 방법을 정리하는 데 다소 어려움을 느끼지만 자신이 참여하고 싶은 방법을 설명할 수 있다.	시민들이 사회 공동의 문제를 해결하는 여러 가지 방법을 정리하는 능력이 미흡하고, 자신이 참여하고 싶은 방법과 까닭을 설명하지 못한다.

수행 평가 예시 답안

1. ㉠ 투표에 참여하기, 정당이나 시민 단체 활동에 참여하기, 1인 시위 활동하기, 누리 소통망 서비스(SNS)에 자신의 의견 올리기 등

2. ㉠ 누리 소통망 서비스(SNS)를 활용해 자신의 의견 제시하기 등

3. ㉠ 쉽고 간단하게 참여할 수 있다.
   시간과 장소의 제약을 받지 않는다.
   정보 통신 기술이 발달하여 언제 어디서든 자신의 의견을 제시할 수 있다. 등

수행 평가 꿀팁

민주주의의 발전은 시민 참여?

4·19 혁명, 5·18 민주화 운동, 6월 민주 항쟁은 민주주의를 지키기 위해 시민들이 주로 대규모 집회에 참여하는 방식으로 이루어졌습니다. 6월 민주 항쟁 이후 시민들이 좀더 다양한 방식으로 사회 공동의 문제 해결에 참여한 결과 우리 사회의 문제들이 원만하게 해결되면서 민주주의가 정착되었습니다. 민주주의가 발전하려면 시민의 참여가 필요하다는 것을 잊지 말아야겠습니다.

2단원

우리나라의 경제 발전

그림을 보면 가계, 기업, 정부가 각자의 역할을 하며 경제 발전을 위해 노력하고 있습니다. 이를 바탕으로 다른 나라와 필요한 것을 주고받지요.

이번 단원에서는 경제활동에서 가계와 기업의 역할과 우리나라 경제체제의 특징을 살펴보고 우리나라 경제의 성장 과정을 알아볼 거예요. 그리고 세계 여러 나라와 경제 교류 활동으로 변화된 우리나라 경제생활의 모습을 살펴봅시다.

단원 학습 목표

1. 경제활동에서 가계와 기업의 역할과 합리적 선택 방법을 알고 우리나라 경제체제의 특징을 알아봅시다.
2. 우리나라의 경제성장 과정을 알고 더 나은 사회를 만들기 위해 해결해야 할 과제를 탐구해 봅시다.
3. 우리나라와 다른 나라의 경제가 상호 의존 및 경쟁 관계에 있음을 알아봅시다.

단원 진도 체크

회차	학습 내용		진도 체크
1차	(1) 경제주체의 역할과 우리나라 경제체제의 특징	교과서 내용 학습 + 핵심 개념 문제	✓
2차		중단원 실전 문제 + 서술형 평가 돋보기	✓
3차	(2) 우리나라의 경제성장과 경제생활의 변화	교과서 내용 학습 + 핵심 개념 문제	✓
4차		중단원 실전 문제 + 서술형 평가 돋보기	✓
5차	(3) 세계 속의 우리나라 경제	교과서 내용 학습 + 핵심 개념 문제	✓
6차		중단원 실전 문제 + 서술형 평가 돋보기	✓
7차	대단원 정리 학습, 사고력 문제 엿보기, 대단원 마무리, 수행 평가 미리 보기		✓

해당 부분을 공부한 후 ✓표를 하세요.

가계

밀가루
커피 원두

기업

수입

원유

정부
공정 거래 위원회
부당 거래 단속!

수출

석유 제품

자동차

수입

반도체
스마트폰

반도체 제조용 장비

열대 과일
랍스터

수출

(1) 경제주체의 역할과 우리나라 경제체제의 특징

▶ 경제활동에서 정부의 역할은?

• 정부는 가계와 기업의 경제활동이 원활하게 이루어질 수 있는 제도와 환경을 만듭니다.

• 정부는 가계와 기업으로부터 세금을 거두어 도로, 수도, 전기, 항구, 댐 등을 만들어 경제활동에 사용할 수 있게 합니다.

1 가계와 기업이 하는 일

(1) 경제주체

① **경제활동**에 참여하는 개인이나 집단을 말합니다.

② 경제주체에는 가계, 기업, 정부 등이 있습니다.

(2) 가계의 경제적 역할

① 가계는 가정 살림을 같이하는 생활 공동체입니다. ────→ 생활에 필요한 물건을 만들거나 생활을 편리하고 즐겁게 해 주는 활동

② 기업의 생산 활동에 참여하고 대가로 소득을 얻습니다.

③ 소득으로 필요한 물건을 구입하거나 서비스를 제공받는 등의 소비 활동을 합니다. ────→ 생산한 것을 사용하는 활동

(3) 기업의 경제적 역할

① 기업은 상품을 만들어 판매하거나 **서비스**를 제공하고 **이윤**을 얻는 곳입니다.

② 사람들에게 일자리를 제공합니다.

③ 상품이나 서비스를 판매하고 얻은 이익으로 새로운 상품과 서비스를 개발합니다.

(4) 가계와 기업의 경제활동 관계

① 가계와 기업은 시장에서 만나 물건과 서비스를 거래합니다.

② 가계는 기업에서 일하여 얻은 소득으로 소비 활동을 합니다.

③ 기업은 가계에 일자리를 제공하고 물건이나 서비스 판매를 통해 이윤을 얻습니다.

④ 가계와 기업이 하는 일은 서로에게 도움이 됩니다.

▶ 시장의 종류와 특징

종류	특징
전통 시장, 대형 할인점	• 여러 기업이 생산한 물건을 직접 비교하며 살 수 있음. • 직접 방문해야 물건을 살 수 있음.
텔레비전 홈 쇼핑, 인터넷 쇼핑	• 언제 어디서든지 물건을 살 수 있음. • 물건이 광고와 다를 수 있음.

기업   가계

▲ 가계와 기업의 관계

2 가계와 기업이 만나는 시장

(1) **시장**: 물건이나 서비스를 사고파는 곳으로 가계와 기업은 시장에서 만나 거래를 합니다.

(2) 시장의 종류

눈에 보이는 상품을 거래하는 시장	전통 시장, 대형 할인점, 텔레비전 홈 쇼핑, 인터넷 쇼핑 등
눈에 보이지 않는 상품을 거래하는 시장	외환 시장, 주식 시장, 인력 시장 등

🌱 낱말 사전

경제활동 사람들이 살아가는 데 필요한 것을 생산하고, 나누며, 소비하는 모든 활동

서비스 생활을 즐겁고 편리하게 해 주는 활동

이윤 기업에서 물건이나 서비스를 판매해 얻은 수입에서 상품을 생산하는 데 사용한 비용을 뺀 금액

3 가계와 기업의 합리적 선택 방법

(1) 가계의 합리적 선택

① 다양한 기준을 고려해 가장 적은 비용으로 가장 큰 만족감을 얻도록 소비하는 것입니다.

② 가격이 더 비싸더라도 디자인, 상표의 **선호도** 등에 따라 더 큰 만족감을 주는 물건을 선택하는 경우도 있습니다.

③ 가격이 더 비싸더라도 환경, 인권, 동물 복지 등 자신이 추구하는 가치를 지키면서 합리적으로 소비하는 사람들이 늘어나고 있습니다.

• 생산자에게 정당한 대가를 줄 수 있는 물건을 선택 예 공정 무역 초콜릿
• 동물들의 복지를 인증받은 제품 선택 예 동물 복지 인증 달걀
• 환경을 생각하며 만든 제품 선택 예 무농약 채소

④ 가계의 합리적 선택 방법 → 다양한 기준에 대한 우선순위는 사람마다 다를 수 있음.

❶ 우선순위 정하기	❷ 선택 기준 세우기
어떤 물건을 먼저 살지 우선순위를 정하기	가격, 디자인, 품질, 상표 등 다양한 선택 기준 세우기

❸ 비교 · 평가하기	❹ 선택하기
선택 기준에 따라 비교·평가하고, 나의 소비가 미칠 영향 고려하기	가장 적절한 물건을 선택하기

└→ 환경, 에너지, 생산자의 인권 등

(2) 기업의 합리적 선택

① 물건이나 서비스를 생산할 때 적은 비용으로 이윤을 최대로 얻을 수 있도록 의사 결정을 하는 것입니다.

② 기업은 다양한 정보를 수집하고 분석해 물건을 많이 팔 수 있는 방법을 찾으려고 노력합니다.

③ 기업의 합리적 선택 방법

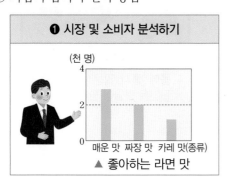
❶ 시장 및 소비자 분석하기
(천 명)
▲ 좋아하는 라면 맛
(매운 맛 / 짜장 맛 / 카레 맛(종류))

❷ 상품 연구 · 개발하기
면의 굵기는?
스프의 종류는?

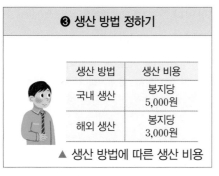
❸ 생산 방법 정하기

생산 방법	생산 비용
국내 생산	봉지당 5,000원
해외 생산	봉지당 3,000원

▲ 생산 방법에 따른 생산 비용

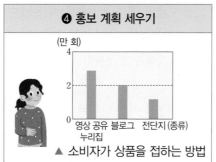
❹ 홍보 계획 세우기
(만 회)
▲ 소비자가 상품을 접하는 방법
(영상 공유 누리집 / 블로그 / 전단지(종류))

▶ 합리적인 선택을 하는 까닭은?
• 가계: 소득이 한정되어 있기 때문입니다.
• 기업: 소비자가 원하는 것을 무제한으로 생산할 수 없기 때문입니다.

▶ 가치 소비란?
• 가격이 더 비싸더라도 본인이 중요하다고 생각하는 것에 따라 합리적으로 소비하는 것입니다.
• 환경, 동물 복지, 공정 무역 등 윤리적 가치를 지키는 것에 만족하는 소비라는 의미에서 윤리적 소비라고도 합니다.

▶ 기회비용이란?
• 기회비용이란 어떤 것을 선택하기 위해 포기한 것 중에 가장 가치가 큰 것으로 합리적 선택을 위한 첫 번째 기준이 됩니다.
• 어떤 선택을 하더라도 기회비용이 발생하며 기회비용이 적은 것을 고르는 것이 합리적인 선택입니다.

🐢 낱말 사전

선호도 여러 가지 중 어떤 것을 특별히 더 좋아하는 것
우선순위 어떤 것을 먼저 고려할 것인지를 정하는 것

4 우리나라 경제체제의 특징

(1) 우리나라 **경제체제**의 특징은 자유와 경쟁입니다. → 개인과 기업들은 경제활동의 자유를 누리면서 자신들의 이익을 얻기 위해 경쟁함.

(2) 자유

개인	• 자신의 능력과 적성에 따라 자유롭게 직업을 선택하고 직업 활동을 할 자유가 있음. • 경제활동으로 얻은 소득을 자유롭게 사용할 수 있음.
기업	• 어떤 물건이나 서비스를 얼마나 생산, 판매할지 결정할 자유가 있음. • 이윤을 어디에 어떻게 사용할지 자유롭게 결정할 수 있음.

(3) 경쟁

개인	원하는 직업을 얻기 위해서 다른 사람과 서로 경쟁함.
기업	더 많은 이윤을 얻기 위해 다른 기업과 서로 경쟁함.

↳ 광고, 가격 내리기, 품질과 서비스 개선하기 등의 경쟁을 통해 자기 기업의 상품이나 서비스를 더 많이 판매하려고 노력함.

5 바람직한 경제활동

(1) 공정하지 않은 경쟁 과정으로 발생하는 문제들

▲ 상품이나 서비스에 대한 허위·과장 광고를 함.

▲ 기업끼리 몰래 상의해 물건이나 서비스 가격을 올림.

▲ 생산비를 아끼려고 환경 오염 물질을 배출함.

▲ 몸에 좋지 않은 값싼 재료로 물건을 만들어 판매함.

(2) 공정한 경제활동을 위한 노력
① 국회와 정부의 노력
  • 기업끼리 **담합**할 수 없도록 법을 만들고 감시합니다. →공정 거래법
  • 허위·과장 광고를 하지 못하도록 감시합니다. →공정 거래 위원회
  • 경제활동 능력이 부족한 사람들의 경제활동을 돕습니다.
  • 자유롭고 공정한 경쟁을 할 수 있도록 경제활동에 필요한 시설이나 서비스 등을 제공합니다. → 도로나 항만 등 기초 시설을 만드는 일, 국방과 치안을 유지하여 국민을 안전하게 지키는 일, 국민들이 쾌적한 환경에서 살 수 있도록 노력하는 일 등
② 개인과 시민 단체의 노력
  • 불공정한 기업의 경제활동을 감시합니다.
  • 불공정한 경제활동을 한 기업 제품에 대해 **불매 운동**을 합니다.

◗ 여러 경제체제의 특징

종류	특징
시장 경제체제	• 경제주체들이 시장을 중심으로 자유롭게 경제활동을 하는 경제체제 • 자유롭게 활동하면서 더 많은 이익을 얻기 위해서 서로 경쟁함.
계획 경제체제	• 정부의 통제와 계획에 따라 경제활동이 이루어지는 경제체제 • 정부에서 문제 해결에 대한 계획을 세워 경제주체들에게 지시함.
혼합 경제체제	• 시장 경제체제의 단점을 정부가 개입해 보완한 경제체제 • 오늘날 많은 국가가 채택하고 있음.

◗ 자유와 경쟁의 이점은?
• 개인은 자신의 능력과 재능을 더 잘 발휘할 수 있습니다.
• 소비자는 원하는 품질의 제품을 싼 값에 살 수 있고 좋은 서비스를 받을 수 있습니다.
• 기업은 상품이나 기술 개발에 더욱 힘씁니다.

◗ 공정 거래 위원회에서 하는 일은?
시장 경제에서 경쟁을 피하는 기업들의 반칙을 적발하고 제한합니다.

낱말 사전

경제체제 경제 문제 해결을 위해 자원을 어떻게 사용하고 나눌 것인지 결정하는 방식으로 시장 경제체제, 계획 경제체제, 혼합 경제체제 등이 있음.
담합 남들이 모르게 서로 짜고 약속하는 것으로 가격 담합은 기업끼리 몰래 미리 의논하여 가격을 정하는 것
불매 운동 어떤 상품이나 서비스에 대해 항의의 뜻을 표시하기 위해 사지 않는 일

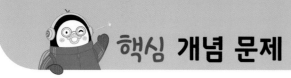

개념 1 · 가계와 기업이 하는 일과 시장의 역할

(1) 가계
- 기업의 생산 활동에 참여하고 대가로 소득을 얻음.
- 소득으로 필요한 물건을 구입하거나 서비스를 제공 받는 등의 소비 활동을 함.

(2) 기업
- 사람들에게 일자리를 제공함.
- 상품을 만들어 판매하거나 서비스를 제공하고 이윤을 얻음.

(3) 시장
- 가계와 기업은 시장에서 물건과 서비스를 사고팖.
- 시장에는 눈에 보이는 물건을 거래하는 시장과 눈에 보이지 않는 물건을 거래하는 시장이 있음.

01 가계에 대한 설명으로 알맞은 것을 보기 에서 골라 기호를 쓰시오.

> 보기
>
> ㉠ 상품을 만들고 판매한다.
> ㉡ 기업의 생산 활동에 참여한다.
> ㉢ 사람들에게 일자리를 제공한다.

( )

02 다음에서 설명하는 것이 무엇인지 쓰시오.

> 가계와 기업이 만나 물건을 사고파는 곳이다.

( )

개념 2 · 가계와 기업의 합리적인 선택

(1) 가계의 합리적인 선택
- 적은 비용으로 가장 큰 만족감을 얻도록 합리적으로 선택하여 소비함.
- 가격이 더 비싸더라도 디자인, 상표 선호도 등 더 큰 만족감을 주거나 환경, 인권, 동물 복지 등 자신이 추구하는 가치에 맞는 물건을 선택하기도 함.

(2) 기업의 합리적인 선택
- 물건이나 서비스를 생산할 때 더 적은 비용으로 이윤을 최대로 얻을 수 있도록 선택함.
- 소비자를 분석하고 상품을 개발·홍보하여 적은 비용으로 많은 상품을 생산하고, 판매할 수 있는 방법을 연구함.

03 다음 ( ) 안에 들어갈 말로 알맞은 것은 어느 것입니까? ( )

> 가계가 품질, 디자인, 가격, 추구하는 가치 등을 고려해 적은 비용으로 가장 큰 만족감을 얻도록 하는 것을 ( )(이)라고 한다.

① 우선순위　　② 경제 발전
③ 기술 개발　　④ 시장 가격
⑤ 합리적인 선택

04 기업의 합리적 선택 방법으로 알맞지 않은 것을 두 가지 고르시오. (,)

① 수입을 늘릴 수 있는 방법을 선택한다.
② 소비자에게 많이 팔 수 있는 물건을 선택한다.
③ 다른 기업이 더 잘 만드는 물건을 선택해 생산한다.
④ 적은 비용으로 물건을 생산할 수 있는 방법을 선택한다.
⑤ 많은 비용으로 많은 이윤을 남길 수 있는 방법을 선택한다.

개념3 · 우리나라 경제체제의 특징

(1) 자유
- 개인: 직업 활동의 자유, 직업 선택의 자유, 소득 사용의 자유 등이 있음.
- 기업: 어떤 물건이나 서비스를 얼마나 생산하고, 판매할지 결정할 자유가 있음.

(2) 경쟁
- 개인: 원하는 직업을 얻기 위해서 다른 사람과 서로 경쟁함.
- 기업: 더 많은 이윤을 얻기 위해 다른 기업과 서로 경쟁함.

05 다음 (　　) 안에 공통으로 들어갈 알맞은 말은 어느 것입니까? (　　)

> 우리나라 경제의 특징은 자유와 (　　　)이다. 자유롭게 (　　　)하는 활동은 국가 전체의 경제 발전에 도움이 된다.

① 시장　　　　② 제한
③ 경쟁　　　　④ 통제
⑤ 소득

06 기업의 자유에 해당하는 것을 [보기]에서 골라 기호를 쓰시오.

> **[보기]**
> ㉠ 자신의 적성에 따라 직업을 선택할 자유
> ㉡ 자신의 능력에 따라 직업 활동을 할 자유
> ㉢ 어떤 물건을 얼마나 생산, 판매할지 결정할 자유
> ㉣ 직업을 통해 얻은 소득을 원하는 곳에 사용할 자유

(　　　　　　)

개념4 · 바람직한 경제활동

(1) 불공정한 경쟁 과정에서 발생하는 문제들: 허위·과장 광고, 가격 담합, 환경 오염 물질 배출, 건강에 좋지 않은 값싼 재료로 상품 생산 등

(2) 공정한 경제활동을 위한 노력

국회와 정부의 노력	• 공정 거래법 등 공정한 경제활동의 기준이 되는 법이나 제도를 만듦. • 공정 거래 위원회에서 불공정한 경제활동을 감시하고, 공정 거래를 심의함. • 경제활동 능력이 부족한 사람들의 경제활동을 지원함. • 경제활동에 필요한 시설이나 서비스 등을 제공함.
개인과 시민 단체의 노력	• 불공정한 경쟁을 한 기업의 경제활동을 감시함. • 불공정한 경쟁을 한 기업의 상품을 구매하지 않음.

07 불공정한 경쟁 과정에서 발생하는 문제가 <u>아닌</u> 것은 어느 것입니까? (　　)

① 가격 담합
② 허위·과장 광고
③ 기업의 이윤 추구
④ 환경 오염 물질 배출
⑤ 건강에 좋지 않은 값싼 재료로 상품 제작

08 기업들의 공정한 경제활동을 위한 정부와 시민 단체의 노력으로 알맞은 것을 <u>두 가지</u> 고르시오.

(　　,　　)

① 기업끼리 서로 경쟁하지 못하도록 감시한다.
② 기업끼리 가격을 상의해 올릴 수 없도록 감시한다.
③ 기업들이 허위·과장 광고를 하지 못하도록 감시한다.
④ 기업끼리 같은 종류의 상품을 만들지 못하도록 감시한다.
⑤ 기업들이 다른 나라에 상품을 판매하지 못하도록 감시한다.

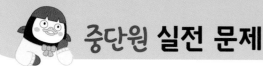

01 다음 ( ) 안에 들어갈 말로 알맞은 것끼리 짝지어 진 것은 어느 것입니까? ( )

> (㉠)은/는 (㉡)에서 일하며 생산 활동에 참여한 대가로 소득을 얻고 (㉡) 은/는 상품과 서비스를 생산해 공급합니다.

	㉠	㉡
①	가계	기업
②	가계	시장
③	기업	가계
④	기업	시장
⑤	시장	기업

02 다음과 같은 선택을 무엇이라고 하는지 쓰시오.

> • 가계는 물건을 살 때 품질, 디자인, 가격, 추구 하는 가치 등을 고려해 가장 큰 만족감을 얻도 록 선택한다.
> • 기업은 물건이나 서비스를 생산할 때 최소의 비 용으로 많은 이윤을 얻을 수 있도록 선택한다.

( ) 선택

03 가계의 합리적 선택 방법으로 알맞지 <u>않은</u> 것은 어느 것입니까? ( )

① 물건을 살 때 고려할 선택 기준을 세운다.
② 어떤 물건을 먼저 살지 우선순위를 정한다.
③ 당장 필요하지 않더라도 할인하는 상품으로 선 택한다.
④ 자신이 중요하다고 생각하는 가치를 고려하여 선택한다.
⑤ 적은 비용으로 가장 큰 만족감을 줄 수 있는 것 을 선택한다.

04 도현이가 물건을 선택하는 기준으로 가장 알맞은 것 은 어느 것입니까? ( )

> 생산지의 노동자들에게 공정한 대가를 지불한 초콜릿을 사야지.

도현

① 가격이 싼 물건을 사는 것
② 상표가 유명한 물건을 사는 것
③ 건강에 도움이 되는 물건을 사는 것
④ 지구 환경을 보호하며 생산한 물건을 사는 것
⑤ 노동자의 인권을 고려해 생산한 물건을 사는 것

05 다음 중 이용한 시장의 종류가 <u>다른</u> 하나는 어느 것입 니까? ( )

① 문구점에서 필통을 샀어.
② 백화점에서 구두를 샀어.

③ 대형 마트에서 쌀을 샀어.
④ 전통 시장에서 고등어를 샀어.

⑤ 주식 시장에서 주식을 샀어.

[06~07] 다음은 라면을 생산하는 기업이 합리적인 선택을 하는 과정입니다. 물음에 답하시오.

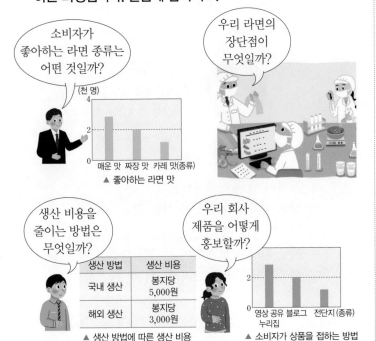

소비자가 좋아하는 라면 종류는 어떤 것일까?

▲ 좋아하는 라면 맛

우리 라면의 장단점이 무엇일까?

생산 비용을 줄이는 방법은 무엇일까?

생산 방법	생산 비용
국내 생산	봉지당 5,000원
해외 생산	봉지당 3,000원

▲ 생산 방법에 따른 생산 비용

우리 회사 제품을 어떻게 홍보할까?

▲ 소비자가 상품을 접하는 방법

06 위 기업이 합리적인 선택을 하기 위해 살펴볼 자료가 아닌 것은 어느 것입니까? ( )

① 계절별 라면 판매량
② 라면 홍보 효과 순위
③ 라면 종류별 판매 순위
④ 공장별 라면 생산 비용
⑤ 공장별 근로자가 사는 지역

07 라면 생산 비용이 다음과 같을 때 기업이 합리적 선택을 위해 어느 공장에서 생산하는 것이 좋을지 쓰시오.

구분	(가) 공장	(나) 공장
임금	20만 원	25만 원
재료비	15만 원	10만 원
시설 유지비	10만 원	20만 원

( ) 공장

08 다음 대화를 통해 알 수 있는 것으로 알맞은 것을 두 가지 고르시오. (,)

난 국가 대표가 되기 위해 많은 선발전에서 다른 팀과 겨루었어.

저는 우주에 관심이 많아요. 그래서 우주 비행사가 되기 위해 열심히 공부하고 있어요.

① 개인은 직업 활동의 자유가 없다.
② 개인은 이윤을 얻기 위해 기업과 경쟁한다.
③ 개인은 직업을 얻기 위해 다른 사람과 경쟁한다.
④ 개인은 경제활동으로 얻은 소득을 자유롭게 사용할 수 있다.
⑤ 개인은 자신의 적성과 흥미에 따라 직업을 선택할 자유가 있다.

09 기업의 자유로운 경쟁이 경제활동에 주는 이점으로 알맞지 않은 것은 어느 것입니까? ( )

① 소비자는 싼값에 물건을 살 수 있다.
② 기업은 기술 개발에 더욱 힘쓰게 된다.
③ 소비자는 다양한 품질의 제품을 살 수 있다.
④ 소비자는 기업에게 좋은 서비스를 받을 수 있다.
⑤ 기업 간 담합을 통해 물건 가격을 올릴 수 있다.

10 다음 그림과 관련 있는 경제활동에서 발생할 수 있는 문제를 보기 에서 골라 기호를 쓰시오.

마음대로 가격 올린 두 기업의 제품을 사지 말자!

정부는 물래 가격을 올린 ○○, △△ 기업을 조사하라

보기

ㄱ 가격 담합   ㄴ 환경 오염 물질 배출
ㄷ 허위·과장 광고   ㄹ 건강에 해로운 재료 사용

( )

서술형 평가 돋보기

문제 해결 전략

1 단계	제시된 자료가 무엇인지 파악하기

↓

2 단계	자료에 나타난 분식집들의 관계 파악하기

↓

3 단계	기업 간 경쟁이 소비자에게 주는 이점 서술하기

핵심 키워드

• 우리나라 경제체제의 특징
 – 자유롭게 경쟁하며 발전함.
• 기업 간 경쟁이 소비자에게 주는 장점
 – 물건을 싼 값에 살 수 있음.
 – 기업에게 더 나은 서비스를 받을 수 있음.
 – 소비자가 원하는 품질의 제품을 살 수 있음.

빈칸을 채우며 서술형 문제의 답안을 작성하는 연습을 해 보세요!

[1~2] 다음 그림을 보고, 물음에 답하시오.

1 위 그림을 통해 알 수 있는 우리나라 경제체제의 특징 두 가지를 쓰시오.

(,   )

2 다음은 학교 주변에 분식집이 여러 개 생기면서 좋아진 점을 조사한 보고서입니다. ( ) 안에 알맞은 말을 써넣으시오.

조 사 보 고 서	
조사 목적	분식집이 여러 개 생기면서 좋아진 점 알아보기
조사 대상	학교 주변 분식집 세 곳
조사 기간	20○○년 ○○월 ○○일 ~ 20○○년 ○○월 ○○일
알게 된 것	• 주변에 여러 개의 분식집이 생기면서 더 친절하게 손님을 맞이하는 등 ( )이/가 좋아졌다. • 분식의 ( )이/가 싸졌다. • 다양한 ( )의 분식을 주문할 수 있게 되었다.

실전 문제

[1~2] 다음은 어느 의류 회사가 소비자를 대상으로 조사한 자료입니다. 물음에 답하시오.

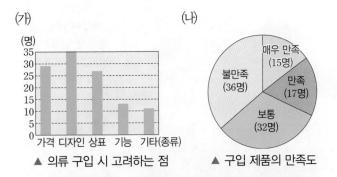

(가)

▲ 의류 구입 시 고려하는 점

(나)

매우 만족 (15명)
불만족 (36명)
만족 (17명)
보통 (32명)

▲ 구입 제품의 만족도

1 위 그래프를 보고 알 수 있는 점을 다음과 같이 정리했습니다. ( ) 안에 알맞은 말을 써넣으시오.

(1) 물건을 살 때 무엇을 더 고려하는지 사람마다 ( )이/가 다릅니다.

(2) 자신의 선택에 ( )하지 못하는 소비자가 ( )하는 소비자보다 더 많습니다.

2 위 의류 회사가 더 많은 이윤을 얻기 위해 할 수 있는 일을 한 가지 쓰시오.

_____

_____

[3~4] 다음 신문 기사를 보고, 물음에 답하시오.

○○ 신문   20○○년 ○○월 ○○일

○○ 기업, 허위 광고로 적발!

팔뚝이나 뱃살에 바르면 체온이 올라가 지방이 분해되면서 살이 빠진다고 광고하는 ○○ 기업의 다이어트 크림 광고가 의학적 효능이 없다는 판정을 받았다. 전문가들은 광고만 믿고 잘못 발랐다가 부작용이 생길 수도 있다고 경고한다.

이에 공정 거래 위원회는 ○○ 기업의 다이어트 크림에 대한 온라인 광고를 허위 광고로 적발하고, 소비자들에게 주의를 당부했다.

3 위 기사를 읽고 알 수 있는 점을 다음과 같이 정리했습니다. ( ) 안에 알맞은 말을 써넣으시오.

(1) ○○ 기업은 온라인을 통한 다이어트 크림 광고에서 ( ) 광고를 해서 공정하지 못한 거래를 했습니다.

(2) 정부는 경제활동에서 이러한 문제를 해결하기 위해 ( )을/를 만들어 감시합니다.

4 위와 관련하여 공정한 경제활동을 위해 개인이 할 수 있는 노력을 한 가지 쓰시오.

_____

_____

교과서 내용 학습

(2) 우리나라의 경제성장과 경제생활의 변화

▶ 삼백 공업이란?
• 1950년대에는 미국의 원조에 의존한 소비재 산업이 발달했습니다.
• 삼백 공업은 미국 원조 물자인 밀가루, 설탕, 면화의 세 가지 흰색 자원을 원료로 한 공업을 말합니다.

▶ 1960년대에 우리나라에서 경공업이 발달한 까닭은?
당시 우리나라는 선진국에 비해 기술과 자본은 부족했지만 노동력이 풍부했기 때문입니다.

▶ 경제 개발 5개년 계획이란?
정부가 경제 발전을 목표로 1962년부터 1981년까지 5년씩 나누어 추진한 경제 계획입니다.

▶ 중화학 공업을 발전시키기 위한 정부의 노력은?
• 외국에서 돈을 빌려 투자 자금을 마련했습니다.
• 기업에 돈을 빌려주어 중화학 공업에 진출할 수 있도록 지원했습니다.
• 중화학 공업 중에서도 제품 생산에 필요한 재료를 만드는 철강 산업과 석유 화학 산업을 빠르게 발전시켰습니다.

🎓 낱말 사전

경공업 의류, 신발, 가방과 같이 부피에 비해 비교적 가벼운 물건을 만드는 공업
중화학 공업 철강, 배, 자동차, 기계와 같이 무거운 제품을 생산하는 중공업과 플라스틱, 고무 등 석유 화학 공업을 함께 이르는 말
정유 시설 석유를 사용 가능한 형태로 만드는 시설

1 경공업 중심의 경제성장

(1) 광복 직후: 농업을 중심으로 임업, 어업에 종사하는 사람이 대부분이었습니다.

(2) 6·25 전쟁 직후

상황	• 전쟁으로 대부분의 산업 시설이 파괴되었음. • 식량과 생필품이 부족했고 경제적으로 매우 어려웠음.
과정	• 정부와 국민이 파괴된 시설을 복구하기 위해 힘씀. • 경제적 자립을 위해 공업을 발전시키는 데 힘씀.
결과	식료품 공업, 섬유 공업 등 생활에 필요한 물품을 만드는 소비재 산업이 발달함.

1950년대 발달한 소비재 산업을 삼백 공업이라고도 함. ◄

(3) 1960년대

상황	• 정부 주도로 경제 개발 5개년 계획을 실시함. • 국내에서 생산한 제품을 수출해 경제성장을 이루고자 함.
과정	• 풍부한 노동력으로 **경공업**을 발전시켜 경제성장에 힘씀. • 정부는 고속 국도, 항만, 발전소, **정유 시설**을 건설하고, 기업이 수출을 쉽게 할 수 있도록 세금을 낮게 매기는 등 많은 지원을 함. → 원료나 제품의 운반을 쉽게 하기 위해서임.
결과	경공업 제품을 다른 나라보다 싼 가격으로 수출해 우리 경제가 빠르게 성장함.

▲ 울산 정유 공장

▲ 1960년대 가발 공장

2 중화학 공업 중심의 경제성장

(1) 1970년대 중화학 공업은 경공업보다 더 많은 자본과 기술이 필요하기 때문에 정부가 주도해 키워 나감. ◄

상황	• 과거보다 경제가 성장했지만 경공업 제품의 원료를 다른 나라에서 수입해 왔기 때문에 경쟁력이 떨어짐. • 정부는 더 큰 경제성장을 위해 중화학 공업 육성 계획을 발표함.
과정	• 높은 기술력을 갖추기 위해 교육 시설과 연구소 등을 설립함. • 정부는 원료 수입과 제품 수출에 유리한 항구를 중심으로 중화학 공업 단지를 조성함. → 포항 종합 제철소, 울산 석유 화학 공장 등
결과	• 철강 산업과 석유 화학 산업이 발달했고, 대형 조선소를 건설함. • 중화학 공업 제품의 수출이 크게 늘고 우리나라 경제가 더욱 발전함.

▲ 포항 종합 제철소

▲ 울산 석유 화학 단지

▶ 1990년대 후반 전국에 설치된 초고속 정보 통신망

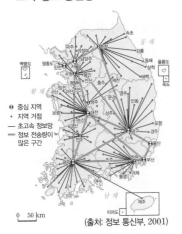

🔾 중심 지역
• 지역 거점
— 초고속 정보망
═ 정보 전송량이 많은 구간

0 50 km
(출처: 정보 통신부, 2001)

(2) 1980년대

상황	많은 기업이 연구·개발에 힘써 높은 기술력을 갖게 됨.
과정	• 자동차 산업과 전자 산업이 크게 성장함. • 자동차, 정밀 기계, 기계 부품, 전자 제품 등이 주요 수출품으로 자리 잡음.
결과	• 우리나라 산업 구조가 경공업 중심에서 중화학 공업 중심으로 바뀜. • 수출과 국민 소득이 크게 늘어나 사람들의 생활 수준이 향상됨.

▲ 자동차 수출

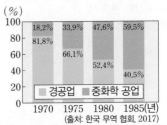

(%)
100
80 81.8% 66.1% 52.4% 40.5%
60
40 18.2% 33.9% 47.6% 59.5%
20
0
1970 1975 1980 1985(년)
(출처: 한국 무역 협회, 2017)

■ 경공업 ■ 중화학 공업

1970년에는 경공업 수출 비중이 훨씬 컸지만 1980년대 중반에는 중화학 공업 수출 비중이 커졌음.

▲ 연도별 경공업과 중화학 공업의 수출 비중

3 반도체 산업, 첨단 산업과 서비스업 중심의 경제성장

(1) 1990년대

상황	가전제품의 생산이 늘어나고, 개인용 컴퓨터가 널리 보급됨.
과정	• 1990년대 후반에는 전국에 초고속 정보 통신망이 설치됨. • 컴퓨터와 가전제품의 핵심 부품인 **반도체**의 생산 기술을 높이기 위해 꾸준히 노력함.
결과	• 세계적으로 성능이 뛰어난 반도체를 생산함. • 인터넷 관련 기업이 많이 생겨났고, 정보 통신 기술 관련 산업이 발전함.

▲ 반도체

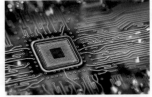

▲ 전자 제품 속의 반도체

(2) 2000년대 이후

기존의 금속이나 플라스틱 등에는 없는 성질을 지닌 물질로 새로운 재료를 개발하고 이용하는 산업을 말함.

상황	고도의 기술이 필요한 첨단 산업이 발달하고 있음.
목표	• 첨단 산업의 발전을 위해 노력하고 있음. • 사람들의 삶의 질을 향상시키는 다양한 서비스 산업을 육성하고 있음.
결과	• 생명 공학 산업, 우주 항공 산업, 신소재 산업, 로봇 산업, 인공 지능(AI) 산업 등의 첨단 산업이 발달하고 있음. • 문화 콘텐츠 산업, 의료 서비스 산업, 관광 산업 등의 서비스 산업이 발달하고 있음.

낱말 사전

반도체 정보를 저장하거나 논리적으로 계산해 처리하도록 설계된 부품. 낮은 온도에서는 전기가 거의 통하지 않고 높은 온도에서는 전기가 잘 통해 전자 제품 등에 쓰임.

▲ 우주 항공 산업

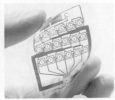

▲ 신소재 산업

문화 콘텐츠 산업

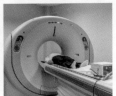

▲ 의료 산업

4 경제성장에 따른 사회의 변화 모습

(1) 산업과 소득의 변화

　① 1950년대까지는 대부분의 사람이 농림어업에 종사했으나 경제가 성장하면서 다양한

　　직업에 종사하는 사람이 늘어났습니다.

　② 국내 총생산과 1인당 국민 총소득이 증가했습니다.

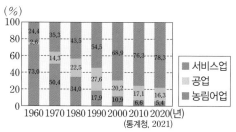

▲ 산업별 인구 비율

▲ 국내 총생산과 1인당 국민 총소득의 변화

(2) 주거 생활의 변화

　① 연립 주택, 아파트 등이 많이 생겨났습니다.

　② 가전제품, 전화기 등 생활을 편리하게 해 주는 제품이 널리 보급되었습니다.

(3) 여가 생활의 변화

　① 여가 활동에 드는 시간과 비용이 늘고 종류가 다양해졌습니다.

　② 외국인 관광객과 해외 여행자 수가 증가했습니다.

(4) 교통과 통신 생활의 변화

　① 빠르고 편리한 교통·통신 시설을 이용하게 되었습니다.

　② 자동차 보유 대수가 늘어나고, 인터넷 이용률이 높아졌습니다.

(5) 우리나라 위상의 변화

　① 경제성장으로 우리나라의 **위상**이 높아졌습니다.

　② 우리나라의 영화, 드라마, 대중가요 등이 전 세계인이 즐기는 **한류** 문화로 자리 잡았

　　습니다.

5 경제성장 과정에서 나타난 문제점과 해결 노력

세종특별자치시는 지역 개발 및 국가 균형 발전을 위해 계획적으로 만든 대표적인 도시임.

문제점	해결 노력
빈부 격차 (경제적 양극화)	• 국회와 정부는 사회적 약자 및 저소득층을 위한 법을 만들고 정책을 시행함. • 개인과 기업, 시민 단체는 기부 문화를 정착시키기 위해 노력하고, 무료 급식소 운영 등의 봉사 활동을 함.
지역 간 불균형 발전	• 지역 간 균형 발전을 위해 정부에서 보조금을 지원함. • 정부는 국가기관들을 지방으로 이전하는 등 고른 발전을 위한 정책을 만듦.
노사 갈등	• 근로자와 회사의 경영자는 대화와 타협을 통해 갈등을 해결하려고 노력함. • 정부는 근로자와 경영자가 문제를 해결하도록 **중재**함.
환경 오염	• 정부는 친환경 에너지의 생산과 친환경 자동차 보급을 지원함. • 기업은 친환경 제품을 개발·판매하고 시민 단체는 정부와 기업의 친환경 정책과 제품을 살피며 환경 보호를 위해 노력함.

▶ **국내 총생산(GDP)이란?**

한 나라 안에서 일정한 기간(보통 1년)에 걸쳐 생산한 상품과 서비스의 양을 돈으로 계산해 합한 것을 말합니다.

▶ **1인당 국민 총소득(GNI)이란?**

일정 기간에 한 나라의 국민이 국내외에서 벌어들인 소득을 나라의 인구수로 나눈 것입니다.

▶ **1970년대 경부 고속 국도 개통**

▲ 경부 고속 국도 개통식

경부 고속 국도의 개통으로 서울과 부산을 이동하는 데 걸리는 시간이 크게 줄어들었습니다.

▶ **오늘날 통신 생활 모습**

스마트폰으로 전화나 문자뿐만 아니라 화상 회의, 모바일 뱅킹, 집안의 가전제품 제어 등을 할 수 있습니다.

낱말 사전

위상 어떤 사람이나 일이 처한 위치나 상태

한류 우리나라의 대중문화가 외국에서 유행하는 현상

중재 갈등에 끼어들어 양쪽을 화해시키는 것

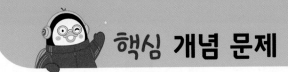

개념 1 • 경공업 중심의 경제성장

(1) **광복 직후**: 대부분의 사람들이 농업을 중심으로 임업, 어업에 종사함.

(2) **6·25 전쟁 직후**
- 다른 나라의 도움을 받아 농업 중심에서 공업 중심으로 산업 구조를 바꾸려고 노력함.
- 식료품 산업, 섬유 공업 등 소비재 산업이 발전함.

(3) **1960년대**
- 경제 개발 5개년 계획을 추진하기 시작함.
- 정부 주도로 고속 국도, 항만, 발전소, 정유 시설을 건설하고 신발, 의류 등 경공업 발전에 힘씀.
- 자원과 기술은 부족했지만 풍부한 노동력을 바탕으로 경공업을 발전시켜 경제성장을 이룸.

01 우리나라에서 다음 산업이 발달한 때는 언제입니까?
( )

> 소비재 산업 중에서도 특히 식료품 공업, 섬유 공업 등 삼백 공업이 발달했다.

① 1950년대 ② 1960년대
③ 1970년대 ④ 1980년대
⑤ 1990년대

02 1960년대 우리나라 경제 상황으로 알맞지 <u>않은</u> 것은 어느 것입니까? ( )

① 경제 개발 5개년 계획을 실시했다.
② 신발, 의류 등 경공업 발전에 힘썼다.
③ 산업 발달에 필요한 자원과 기술이 부족했다.
④ 기업이 중심이 되어 고속 국도, 항만 등을 건설했다.
⑤ 값싼 노동력을 이용해 저렴한 제품을 생산할 수 있었다.

개념 2 • 중화학 공업 중심의 경제성장

(1) **1970년대**
- 정부 주도로 중화학 공업 중심의 경제 발전을 추진함.
- 높은 기술력을 갖추기 위해 교육 시설과 연구소 등을 설립함.
- 중화학 공업 중에서도 제품 생산에 필요한 재료를 만드는 철강 산업과 석유 화학 산업을 빠르게 발전시킴.
- 조선 산업, 자동차 산업, 기계 산업 등이 발달함.

(2) **1980년대**
- 경공업보다 중화학 공업의 수출 비중이 더 커짐.
- 자동차, 전자 산업, 정밀 기계 산업 등이 발달함.
- 수출과 국민 소득이 크게 늘어나고 사람들의 생활 수준이 향상됨.

03 1970년대에 정부 주도로 발달한 산업으로 알맞은 것은 어느 것입니까? ( )

① 철강 산업   ② 관광 산업
③ 반도체 산업   ④ 자동차 산업
⑤ 인공 지능 산업

04 다음 중 2모둠에서 조사한 내용으로 알맞은 것은 어느 것입니까? ( )

> 2모둠 조사 내용
> 1970~1980년대 경제성장의 모습

① 경공업 발전에 힘썼다.
② 문화 콘텐츠의 수입액이 증가했다.
③ 첨단 산업의 기술 개발 경쟁이 치열했다.
④ 철강, 석유 화학, 자동차 산업 등이 발달했다.
⑤ 전쟁으로 국민들의 생활 수준이 크게 떨어졌다.

개념 3 첨단 산업 중심의 경제성장

(1) 1990년대
- 개인용 컴퓨터와 가전제품이 널리 보급됨.
- 컴퓨터와 가전제품의 핵심 부품인 반도체 산업이 발달함.
- 1990년대 후반 전국에 초고속 정보 통신망이 설치됨.
- 인터넷 관련 산업과 정보 통신 기술 관련 산업이 발전함.

(2) 2000년대 이후
- 첨단 산업 발달: 고도의 기술이 필요한 생명 공학, 우주 항공, 신소재 산업, 로봇 산업, 인공 지능 산업이 발달하고 있음.
- 서비스 산업 발달: 문화 콘텐츠 산업, 의료 서비스 산업, 관광 산업 등 사람들의 삶의 질을 향상시키는 다양한 서비스 산업이 발달하고 있음.

05 다음 ( ) 안에 들어갈 말로 알맞은 것은 어느 것입니까? ( )

> 1990년대 후반 전국에 ( )이/가 설치되면서 인터넷 관련 산업과 정보 통신 관련 산업이 발전했다.

① 철도　　　　　② 항만
③ 지하철　　　　④ 고속 국도
⑤ 초고속 정보 통신망

06 다음 ( ) 안에 들어갈 수 있는 산업으로 알맞지 않은 것은 어느 것입니까? ( )

> 2000년대 이후부터는 ( ) 등 고도로 발전된 기술력을 바탕으로 한 첨단 산업이 빠르게 발달하고 있다.

① 로봇 산업　　　② 신소재 산업
③ 우주 항공 산업　④ 생명 공학 산업
⑤ 석유 화학 산업

개념 4 경제성장에 따른 사회 변화와 문제점

(1) 경제성장에 따른 사회 변화
- 농림어업 중심에서 공업 중심으로 산업 구조가 변화하면서 소득이 크게 향상됨.
- 생활을 편리하게 해 주는 제품이 널리 보급됨.
- 여가 활동 시간이 늘고 종류가 다양해지는 등 여가 생활에 드는 비용이 증가함.
- 전보다 빠르고 편리한 교통·통신 시설을 이용함.

(2) 경제성장 과정에서 나타난 문제점과 해결 노력

문제점	해결 노력
빈부 격차 (경제적 양극화)	저소득층 지원 법 제정, 무료 급식소 운영 등
지역 간 불균형 발전	지역 균형 발전을 위한 보조금 지급, 국가기관 지방 이전 등
노사 갈등	대화와 타협을 통한 갈등 해결 노력, 정부 중재 등
환경 오염	친환경 제품 제작 지원 등

07 경제성장에 따른 사회 변화로 알맞은 것은 어느 것입니까? ( )

① 여가 활동 시간이 줄었다.
② 경쟁이 치열해지면서 국민 소득이 감소했다.
③ 공업에서 농업 중심으로 산업 구조가 바뀌었다.
④ 생활을 편리하게 해 주는 제품의 보급이 줄었다.
⑤ 빠르고 편리한 교통·통신 시설을 이용하게 되었다.

08 경제성장 과정에서 나타난 문제점과 해결 노력이 잘못 연결된 것은 어느 것입니까? ( )

① 기업 간 경쟁 – 생산 품목 제한
② 빈부 격차 – 저소득층 지원 법 제정
③ 환경 오염 – 친환경 자동차 생산 지원
④ 노사 갈등 – 근로자와 경영자 간 중재
⑤ 지역 간 불균형 발전 – 지방으로 국가기관 이전

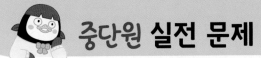

01 1950년대 우리나라 경제 상황으로 알맞은 것은 어느 것입니까? ( )

① 전국에 초고속 정보 통신망이 설치되었다.
② 경제 개발 5개년 계획을 추진하기 시작했다.
③ 식료품 공업, 섬유 공업 등 소비재 산업이 발전했다.
④ 소득 불균형 문제가 심각한 사회 문제로 대두되었다.
⑤ 공업 중심에서 농업 중심으로 산업 구조를 바꾸기 위해 노력했다.

[02~03] 다음을 읽고, 물음에 답하시오.

1960년대에는 ㉠ 정부 주도로 고속 국도, 항만을 건설했고, 제품을 수출하는 기업의 세금을 줄여 주었다. 당시 우리나라는 (   ) 등의 제품을 만들어 수출하면서 경공업 산업을 발전시켰다.

02 밑줄 친 ㉠과 같이 한 까닭으로 알맞은 것은 어느 것입니까? ( )

① 풍부한 자원을 활용하기 위해서
② 풍부한 자본을 활용하기 위해서
③ 부족한 노동력을 보완하기 위해서
④ 생산된 제품을 원활히 운반해 수출하기 위해서
⑤ 우리나라의 기술력을 다른 나라에 알리기 위해서

03 위의 ( ) 안에 들어갈 수 있는 제품으로 알맞은 것을 두 가지 고르시오. (,   )

① 로봇
② 가발
③ 신발
④ 자동차
⑤ 신소재

04 다음 ( ) 안에 들어갈 알맞은 산업을 쓰시오.

▲ 최초로 해외 주문을 받아 만든 배

1970년대에 우리나라는 대형 조선소를 만들고 선박을 만들어 수출하기 시작했다. 이후 우리나라 (   )은/는 세계에서 기술을 인정받으며 크게 성장했다.

(   )

05 1970년대에 정부가 경제성장을 위해 노력한 일로 알맞지 않은 것은 어느 것입니까? ( )

① 중화학 공업을 발전시키고자 했다.
② 교육 시설과 연구소 등을 설립했다.
③ 전국에 초고속 정보 통신망을 설치했다.
④ 철강 산업과 석유 화학 산업을 발전시키고자 했다.
⑤ 기업에 돈을 빌려주어 산업에 참여할 수 있도록 지원했다.

06 다음 그래프를 통해 알 수 있는 것으로 알맞은 것은 어느 것입니까? (　　　)

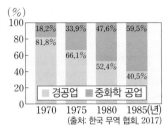

▲ 연도별 경공업과 중화학 공업의 수출 비중

① 1970년대에는 수출 총액이 많지 않았다.
② 중화학 공업과 경공업의 수출 총액은 변화가 없다.
③ 시간이 지날수록 우리나라의 수출액이 증가하고 있다.
④ 시간이 지날수록 경공업의 수출 비중이 늘어나고 있다.
⑤ 1980년대 중반이 되면서 중화학 공업의 수출 비중이 커졌다.

07 다음 (　　) 안에 들어갈 알맞은 말을 쓰시오.

> 1990년대 후반에는 정보화 사회로 발전하기 위해 전국에 (　　　)이/가 설치되었다. 이후 인터넷 관련 기업이 많이 생겨났고, 방송·은행·쇼핑 등의 산업도 정보 통신 기술의 영향으로 더욱 발전했다.

(　　　　　　　　)

08 밑줄 친 부분과 관련된 산업으로 가장 알맞은 것은 어느 것입니까? (　　　)

> 2000년대 이후 생활을 편리하게 해 주고 즐거움을 제공하는 다양한 서비스 산업이 발달하고 있다.

① 로봇 산업　　　　② 신소재 산업
③ 우주 항공 산업　④ 인공 지능 산업
⑤ 문화 콘텐츠 산업

09 다음 그래프를 통해 짐작할 수 있는 국민 생활의 변화로 알맞은 것을 보기 에서 골라 기호를 쓰시오.

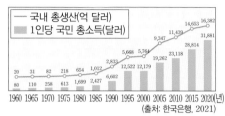

▲ 국내 총생산과 1인당 국민 총소득의 변화

보기
> ㉠ 과거에 비해 생활 수준이 낮아졌다.
> ㉡ 여가 생활에 드는 비용이 증가했다.
> ㉢ 공업보다 농림어업에 종사하는 사람이 증가했다.

(　　　　　　　　)

10 경제성장 과정에서 발생한 문제점이 아닌 것은 어느 것입니까? (　　　)

① 빈부 격차
② 노사 갈등
③ 환경 오염
④ 생활 편의 시설 증가
⑤ 지역 간 불균형 발전

서술형 평가 돋보기

학교에서 출제되는 서술형 평가를 미리 준비하세요.

연습 문제

[1~3] 다음 신문 기사를 보고, 물음에 답하시오.

문제 해결 전략

1 단계	제시된 기사의 내용과 자료 파악하기

↓

2 단계	그래프의 의미와 기사 내용 연결 짓기

↓

3 단계	소득 양극화의 뜻과 문제점을 생각하고 해결 방안과 관련지어 서술하기

핵심 키워드

- 소득 양극화
  - 빈부(소득) 격차가 커지면서 발생함.
  - 저소득층의 교육받을 권리, 인간답게 살 권리 등을 보장받지 못할 수 있음.
  - 사회 갈등의 원인이 되기도 함.
- 해결 방안
  - 국회와 정부는 사회적 약자 및 저소득층을 위한 법을 만들고 정책을 시행함.
  - 개인과 기업, 시민 단체는 기부 문화 정착을 위해 노력하며, 무료 급식소 운영 등의 봉사 활동을 함.

> 빈칸을 채우며 서술형 문제의 답안을 작성하는 연습을 해 보세요!

○○ 신문 　　　　　　　　　　　20○○년 ○○월 ○○일

소득 양극화 점점 심해져

우리나라 국민의 소득 양극화가 점점 심화되고 있는 것으로 조사되었다. 소득 양극화란 적게 버는 사람과 많이 버는 사람의 차이가 점차 커지는 것을 의미한다. 이러한 소득 양극화의 원인은 여러 가지가 있지만 임금의 차이가 커지고, 일부 산업은 크게 발달한 데에 비해 그렇지 못한 산업이 있기 때문인 것으로 보인다.

(원)

1억 2,791만　1억 3,055만　1억 3,226만
　　　　　　　　　　　　　　1억 3,673만
1억 2,244만

― 소득 상위 10 %
― 소득 하위 10 %

178만　186만　200만　207만　196만

2016　2017　2018　2019　2020(년)

(출처: 통계청/3분기 기준)

▲ 소득 상, 하위 10 % 월평균 소득 변화

---

1 위의 기사를 읽고, 다음과 같이 정리했습니다. (　) 안에 알맞은 말을 써넣으시오.

우리나라의 고소득층과 저소득층의 소득 차이는 시간이 갈수록 점차 (　　　　　　) 있습니다. 이렇게 적게 버는 사람과 많이 버는 사람의 소득 차이가 점차 커지는 것을 (　　　　　　) 문제라고 합니다.

2 위의 현상이 심해지면 어떤 문제가 발생할지 한 가지 쓰시오.

_____

_____

3 경제성장 과정에서 나타난 위의 문제를 해결하기 위한 노력을 한 가지 쓰시오.

_____

_____

실전 문제

[1~2] 다음 자료를 보고, 물음에 답하시오.

(가)

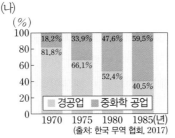

▲ 한국 과학 기술 연구소

(나)

(%)
	1970	1975	1980	1985(년)
경공업	81.8%	66.1%	52.4%	40.5%
중화학 공업	18.2%	33.9%	47.6%	59.5%

(출처: 한국 무역 협회, 2017)

▲ 연도별 경공업과 중화학
공업의 수출 비중

(다)

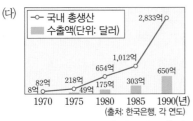

국내 총생산
수출액(단위: 달러)

2,833억
1,012억
654억
650억
218억 175억 303억
82억
8억 49억

1970 1975 1980 1985 1990(년)

(출처: 한국은행, 각 연도)

▲ 연도별 국내 총생산과 수출액

1 제시된 (가)와 (나) 자료를 통해 알 수 있는 내용을 다음과 같이 정리했습니다. (   ) 안에 알맞은 말을 써넣으시오.

(1) 1970년대에 정부가 교육 시설과 연구소 등을 설립한 까닭은 중화학 공업이 경공업보다 많은 자본과 (   )이/가 필요한 산업이기 때문입니다.

(2) 1980년대 중반 이후 우리나라의 산업 구조는 (   ) 중심에서 (   ) 중심으로 변화했습니다.

2 (다) 그래프를 보고, 1980년대 중반 이후 우리나라 경제에 어떤 변화가 있었는지 쓰시오.

_____

_____

[3~4] 다음 기사를 보고, 물음에 답하시오.

○○ 신문   20○○년 ○○월 ○○일

농촌 인구 감소, 심각 수준

농촌 인구 감소세가 여전한 것으로 나타났다. 이로 인해 농촌에 일손이 부족해지고, 더 나아가 농사를 지을 땅도 점차 줄어들고 있다. 이러한 현상이 지속되면 농촌이 사라질 뿐 아니라 국가적으로 식량을 스스로 생산해 소비하는 것이 어려워질 수 있어 대책이 시급하다.

(가구)
	1970	1980	1990	2000	2010	2019(년)
농가수 (천 가구)	2,483	2,155	1,767	1,383	1,177	1,007

(출처: 통계청, 2020)

▲ 농업 인구 변화

(천 만 원)
	1995	2000	2005	2010	2015	2026(년) (예상)
도시 소득	2,277만	2,866만	3,902만	4,809만	5,780만	8,373만
농가 소득	2,180만	2,307만	3,050만	3,212만	3,721만	4,194만

(출처: 한국농촌경제연구원)

▲ 도시와 농촌 간 소득 격차

3 위 자료를 통해 알 수 있는 내용을 다음과 같이 정리했습니다. (   ) 안에 알맞은 말을 써넣으시오.

(1) 경제 발전을 위해 농업보다 (   )을/를 육성하면서 농촌의 인구는 꾸준히 (   ) 있습니다.

(2) 도시의 소득과 농촌의 소득 차이는 점점 (   ) 것으로 예상됩니다.

4 위의 신문 기사에서 제기한 문제를 해결하기 위한 방법을 한 가지 쓰시오.

_____

_____

(3) 세계 속의 우리나라 경제

▶ 각 나라에서 더 잘 생산할 수 있는 것을 전문적으로 생산하면 좋은 점은?
• 소비자는 더 싸고 품질이 우수한 제품을 살 수 있습니다.
• 기업은 생산 비용을 줄여 제품을 생산할 수 있습니다.

1 경제 교류

(1) **경제 교류**: 지역이나 나라 간에 서로 필요한 **물자**, 기술, 문화 등을 주고받는 것을 말합니다.

(2) **경제 교류를 하는 까닭**: 나라마다 자연환경과 자원, 기술 수준, 생산 여건이 달라 더 잘 생산할 수 있는 물건이나 서비스가 다르기 때문입니다.

(3) **무역**

① 나라와 나라 사이에 물건이나 서비스를 사고파는 것을 말합니다.

수출	다른 나라에 물건이나 서비스를 파는 것
수입	다른 나라에서 물건이나 서비스를 사 오는 것

② 각 나라는 더 잘 만들 수 있는 것을 생산하고, 무역을 통해 경제적 이익을 얻습니다.

(4) **우리나라의 주요 수출국과 수입국** → 우리나라는 무역 의존도가 높은 나라입니다.

▶ 경제 교류 대상국과 경제 교류 상품을 확대해야 하는 까닭은?
• 우리나라는 특정 국가와의 **무역 의존도**가 높습니다. 주로 교류하는 나라의 경제 상황이 나빠지거나 갈등이 생기면 우리나라 무역도 어려움을 겪을 수 있습니다.
• 우리나라는 전체 무역액에서 10대 수출·수입품이 차지하는 비율이 높습니다. 주요 수출품의 가격이 하락하거나 주요 수입품의 가격이 상승하면 경제가 어려워질 수 있습니다.

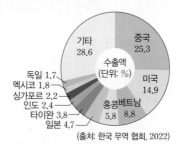

▲ 2021년 우리나라의 주요 수출국

▲ 2021년 우리나라의 주요 수입국

① 우리나라의 주요 수출국: 중국, 미국, 베트남, 홍콩, 일본 등

② 우리나라의 주요 수입국: 중국, 미국, 일본, 오스트레일리아 등

③ 전체 무역액에서 중국, 미국, 일본, 베트남 등 몇 나라가 차지하는 비율이 높습니다.

2 다른 나라와의 경제 교류

(1) **물자 교류**

▶ 반도체가 우리나라의 주요 수출품이면서 수입품인 까닭은?
우리나라는 메모리 반도체(정보 저장)를 생산해서 수출하지만 비메모리 반도체(정보 처리)는 대부분 수입하기 때문입니다.

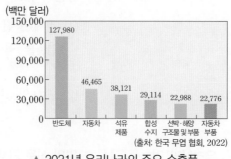

▲ 2021년 우리나라의 주요 수출품

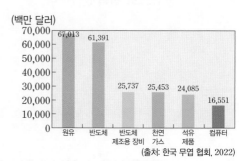

▲ 2021년 우리나라의 주요 수입품

① 우리나라의 주요 수출품: 반도체, 자동차, 석유 제품 및 다양한 기계의 부품 등

② 우리나라의 주요 수입품: 원유, 반도체, 천연가스, 석유 제품 등

③ 전체 무역액에서 몇몇 주요 수출품과 수입품이 차지하는 비율이 높습니다.

(2) **서비스 교류**: 의료 기술, 교육, 게임, 문화 등 다양한 서비스 분야에서 교류합니다.

낱말 사전

물자 경제나 생활에 필요한 여러 가지 물건이나 재료
무역 의존도 한 나라의 경제에서 무역에 의존하는 정도

3 우리나라와 다른 나라의 경제 관계

(1) 상호 의존 관계 → 교통·통신의 발달로 나라 간 경제 교류가 더욱 활발해지고 있음.

① 우리나라의 발전된 기술과 물건을 수출하고, 우리나라에 없거나 부족한 자원, 인력 등을 수입합니다. → 우리나라에서 생산되는 것보다 더 값싸게 생산된 물건을 수입하기도 함.

② 여러 나라와 자유롭게 교류할 수 있도록 자유 무역 협정(FTA)을 맺었습니다.

(2) 경쟁 관계

① 같은 종류의 물건을 생산하는 다른 나라와 기술, 가격 등에서 경쟁합니다.

② 다른 나라와 경쟁해서 이길 수 있도록 **수출 경쟁력**을 높이기 위해 꾸준히 노력하고 있습니다. → 수출 품목 다양화, 우리나라의 제품이나 기업 홍보, 새로운 시장 개척, 기술 개발 등을 위해 노력함.

4 다른 나라와의 경제 교류가 우리 경제생활에 미친 영향

개인에게 미친 영향	• 의식주 생활에서 다른 나라에서 만든 물건이나 재료를 사용함. • 우리나라 사람이 외국 기업에 취업해 일하는 등 경제활동의 범위가 전 세계로 확대됨. • 해외로 휴가를 떠나거나 다른 나라에서 만든 문화 콘텐츠를 이용할 수 있음.
기업에게 미친 영향	• 다른 나라 기업과 새로운 기술, 아이디어 등을 쉽게 교류함. • 다른 나라에 공장을 세워 그 나라의 값싼 노동력을 활용하거나 물건의 운반 비용을 절약함.

5 다른 나라와 경제 교류를 하면서 생기는 문제점과 해결 방안

(1) 문제점

▲ 한국산 물건에 대해 높은 관세를 부과함.

▲ 특정 나라 제품의 수입을 거부하면서 나라 간 갈등이 발생함.

▲ 다른 나라의 수입 제한으로 우리나라 제품의 수출이 감소함.

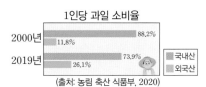

1인당 과일 소비율

2000년: 88.2% / 11.8%
2019년: 73.9% / 26.1%
(국내산 / 외국산)
(출처: 농림 축산 식품부, 2020)

▲ 외국산 물건의 수입 비중이 늘면 경쟁력이 낮은 국내 기업이나 농민들이 어려움을 겪음.

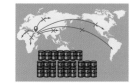

▲ 원유처럼 외국산에 의존해야 하는 물건의 수입이 제한될 경우 어려움이 발생함.

(2) 해결 방안

① 무역 문제를 해결하는 국제기구를 세우고 가입합니다. → 세계 무역 기구(WTO) 등이 있음.

② 무역 문제를 해결하는 국내 기관을 만들기도 합니다.

③ 경제 교류 대상국과 경제 교류 상품을 확대합니다.

④ 제품의 품질 개선 및 새로운 기술 개발에 노력합니다.

⑤ 갈등을 겪고 있는 나라와 협상을 합니다.

⑥ 경쟁력 있는 제품이나 농산물을 생산하도록 지원합니다.

▶ 자유 무역 협정(FTA)이란?
회원국 간에 자유롭게 무역을 할 수 있도록 관세, 법, 제도 등 무역 장벽을 줄이거나 없애기로 한 약속입니다.

▶ 자기 나라의 경제를 보호하는 까닭은?
• 경쟁력이 낮은 산업을 보호하기 위해서입니다.
• 국민의 일자리를 보호하기 위해서입니다.
• 국가 경제의 안정적인 성장을 위해서입니다.
• 다른 나라의 불공정한 거래에 대응하기 위해서입니다.

▶ 세계 무역 기구(WTO)란?
• 1995년, 나라 간에 무역이 잘 이루어지도록 하기 위해 만든 국제기구입니다.
• 회원국들 간에 무역과 관련된 다툼이 일어날 경우 이를 조정하는 역할을 하며, 판결을 통해 심판하기도 합니다.

🐤 낱말 사전

수출 경쟁력 자기 나라의 수출 상품이 다른 나라의 상품과 경쟁할 수 있는 능력
관세 수입하는 물건에 부과되는 세금

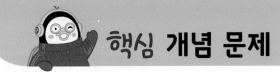

개념 1 ▸ 나라 간의 경제 교류

(1) **무역**: 나라와 나라 사이에 물건이나 서비스를 사고파는 것을 말함.
- 수출: 다른 나라에 물건이나 서비스를 파는 것
- 수입: 다른 나라에서 물건이나 서비스를 사 오는 것

(2) **무역을 하는 까닭**: 나라마다 자연환경과 자원, 기술 수준이나 생산 여건이 달라 더 잘 생산할 수 있는 물건이나 서비스가 다르기 때문임.

(3) **다른 나라와의 경제 교류 사례**
- 우리나라의 주요 수출품: 반도체, 자동차, 석유 제품 및 다양한 기계의 부품 등
- 우리나라의 주요 수입품: 원유, 반도체, 천연가스 등
- 의료 기술, 교육, 게임, 문화 등 다양한 서비스 분야에서도 교류함.

01 다음에서 설명하는 것으로 알맞은 것은 어느 것입니까? (　　)

> 나라마다 자연환경과 자원, 기술 수준이나 생산 여건이 달라 더 잘 생산할 수 있는 물건이나 서비스가 다르기 때문에 이루어진다.

① 무역　　　② 자유　　　③ 이윤
④ 가계　　　⑤ 경제

02 다음 그래프를 통해 알 수 있는 우리나라 최대 수출품은 어느 것입니까? (　　)

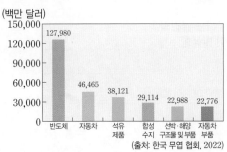

(백만 달러)
- 반도체 127,980
- 자동차 46,465
- 석유 제품 38,121
- 합성 수지 29,114
- 선박·해양 구조물 및 부품 22,988
- 자동차 부품 22,776

(출처: 한국 무역 협회, 2022)

▲ 2021년 우리나라의 주요 수출품

① 반도체　　② 자동차　　③ 석유 제품
④ 합성 수지　⑤ 기계 부품

개념 2 ▸ 우리나라와 다른 나라의 경제 관계

(1) **상호 의존 관계**
- 우리나라의 발전된 기술과 물건을 수출함.
- 우리나라에 부족한 자원과 노동력, 또는 우리나라에서 생산하는 것보다 더 저렴하게 생산한 물건 등을 수입함.
- 다른 나라와 자유롭게 경제 교류를 하기 위해 자유 무역 협정(FTA)을 맺음.

(2) **경쟁 관계**
- 같은 종류의 물건을 생산하는 다른 나라와 기술, 가격 등에서 경쟁함.
- 수출 경쟁력을 높이기 위한 노력: 수출 상품 다양화, 새로운 시장 개척, 우리나라 상품 홍보, 기술 개발 등

03 다음을 통해 알 수 있는 것은 어느 것입니까? (　　)

> 우리나라의 발전된 기술과 물건을 수출하고, 우리나라에 부족한 자원과 노동력 등을 수입한다.

① 우리나라는 자원과 노동력이 풍부하다.
② 우리나라는 다른 나라와 경쟁하기 위해 교류한다.
③ 우리나라는 다른 나라의 기술력이 필요하지 않다.
④ 우리나라와 다른 나라는 경제 교류를 하지 않는다.
⑤ 우리나라는 다른 나라와 상호 의존하면서 교류한다.

04 수출 경쟁력을 높이기 위해 할 수 있는 노력으로 알맞지 <u>않은</u> 것은 어느 것입니까? (　　)

① 수출 대상국을 넓힌다.
② 수출 상품을 다양화한다.
③ 새로운 기술을 개발한다.
④ 우리나라 상품을 다른 나라에 홍보한다.
⑤ 다른 나라에서 만든 물건을 들여오지 않는다.

개념 3 · 경제 교류가 우리 경제생활에 미친 영향

(1) 개인
- 세계 여러 나라의 물건을 쉽게 살 수 있게 됨.
- 다른 나라에서 일자리를 찾는 사람들이 많아짐.
- 다른 나라에서 만든 영화, 노래, 공연 등 다양한 문화 콘텐츠를 이용할 수 있게 됨.

(2) 기업
- 다른 나라 기업과 새로운 기술, 아이디어 등을 주고받을 수 있게 됨.
- 다른 나라에 공장을 건설해 그 나라의 값싼 노동력을 활용하거나 물건의 운반 비용을 절약함.

개념 4 · 다른 나라와 경제 교류를 하면서 생기는 문제점과 해결 방안

문제점	한국산 물건에 대해 높은 관세 부과, 경쟁력이 낮은 국내 기업들이나 농민들의 수입 감소, 다른 나라의 수입 제한으로 인한 수출 감소, 특정 나라 제품의 수입 거부로 인한 갈등, 수입에 의존하는 물건의 수입 제한으로 인한 문제 등
해결 방안	무역 문제를 해결하는 국제기구 설립과 가입, 무역 문제를 해결하는 국내 기관 설립, 품질 개선 및 새로운 기술 개발, 경쟁력 있는 제품이나 농산물 생산 지원, 갈등을 겪고 있는 나라와 협상, 경제 교류 대상국과 경제 교류 상품 확대 등

05 소라의 이야기를 통해 알 수 있는 경제 교류의 영향으로 가장 알맞은 것은 어느 것입니까? ( )

소라: 내가 사용하고 있는 책가방은 다른 나라에서 만든 것인데 가격도 싸고 튼튼해서 마음에 들어.

① 우리나라 국민의 소득이 높아졌다.
② 우리나라 제품의 인기가 시들해졌다.
③ 개인의 여가 생활 모습이 다양해졌다.
④ 다양한 나라의 물건을 쉽게 살 수 있다.
⑤ 우리나라는 책가방을 생산할 수 없게 되었다.

06 다른 나라와의 경제 교류가 우리 생활에 미친 영향으로 알맞지 <u>않은</u> 것은 어느 것입니까? ( )

① 다른 나라 기업의 일자리를 얻을 기회가 많아졌다.
② 다른 나라 기업과 아이디어를 쉽게 주고받을 수 있다.
③ 다른 나라에 직접 가지 않고도 그 나라 음식을 맛볼 수 있다.
④ 다른 나라에 공장을 세워 물건의 운반 비용을 줄일 수 있다.
⑤ 다른 나라의 영화나 음악을 들으려면 그 나라에 직접 가야 한다.

[07~08] 다음을 보고, 물음에 답하시오.

대한민국에서 들여오는 자동차에 대한 관세를 높이기로 했습니다.

07 위와 같은 상황이 우리나라에 줄 수 있는 영향으로 알맞은 것은 어느 것입니까? ( )

① 우리나라 기업의 수익이 줄어든다.
② 우리나라 기업의 일자리가 늘어난다.
③ 우리나라 기업의 기술력이 보호받는다.
④ 수입량을 제한한 나라의 수익이 줄어든다.
⑤ 수입량을 제한한 나라의 세금 부담이 늘어난다.

08 위와 같은 문제를 해결하기 위한 방법으로 가장 알맞은 것을 보기 에서 골라 기호를 쓰시오.

보기
ㄱ 자동차 생산을 중단한다.
ㄴ 자동차 종류를 더 많이 개발한다.
ㄷ 세계 무역 기구(WTO)에 분쟁 조정을 요청한다.

( )

중단원 실전 문제

01 다음 (   ) 안에 들어갈 말로 알맞은 것끼리 짝지은 것은 어느 것입니까? (   )

> 나라와 나라 사이에 물건이나 서비스를 사고파는 것을 (㉠   )(이)라고 한다. 이때, 다른 나라에 물건을 파는 것을 (㉡   ), 다른 나라에서 물건을 사 오는 것을 (㉢   )(이)라고 한다.

	㉠	㉡	㉢
①	무역	수출	수입
②	무역	수입	수출
③	시장	수출	수입
④	시장	수입	수출
⑤	교류	이윤	의존

02 나라 간에 무역을 하는 까닭으로 알맞은 것을 **두 가지** 고르시오. (,   )

① 나라마다 노동력이 비슷하기 때문
② 나라마다 기술에 차이가 있기 때문
③ 나라마다 자연환경에 차이가 있기 때문
④ 나라마다 가지고 있는 자원이 비슷하기 때문
⑤ 나라마다 잘 만들 수 있는 상품이 비슷하기 때문

03 우리나라와 다른 나라의 교류에 대한 설명으로 알맞지 <u>않은</u> 것은 어느 것입니까? (   )

① 무역을 통해 각 나라는 서로 이익을 얻는다.
② 우리나라와 다른 나라는 상호 의존 관계이다.
③ 새로운 기술이 많이 필요한 분야는 경쟁국이 없다.
④ 물건뿐만 아니라 기술이나 서비스 등을 교류하기도 한다.
⑤ 같은 종류의 물건을 생산하는 다른 나라와는 경쟁하는 관계이다.

04 다음 ㈎, ㈏ 나라에서 수출·수입할 수 있는 상품으로 알맞은 것을 각각 쓰시오.

㈎ 나라	㈏ 나라
목재, 천연고무 같은 자원과 노동력은 풍부하지만 자동차나 휴대 전화를 만드는 첨단 기술이 부족하다.	자동차나 휴대 전화를 만드는 기술은 뛰어나지만 목재, 천연고무 등의 자원이 부족하다.

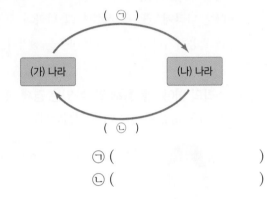

㉠ (   )
㉡ (   )

05 우리나라의 나라별 무역액 비율을 나타낸 다음 그래프를 바르게 해석한 사람은 누구입니까? (   )

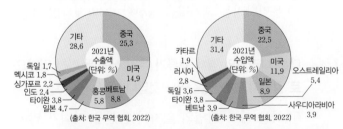

(출처: 한국 무역 협회, 2022)

① 민아: 우리나라의 최대 무역 상대국은 중국이야.
② 아름: 우리나라는 일본에 수입보다 수출을 많이 해.
③ 서정: 우리나라는 사우디아라비아와 무역을 하지 않아.
④ 동현: 우리나라는 미국에 수출을 많이 하고 수입은 하지 않아.
⑤ 민교: 우리나라가 세 번째로 수입을 많이 하는 나라는 베트남이야.

06 다음에서 밑줄 친 '이것'은 무엇인지 쓰시오.

> <u>이것</u>은 나라 간에 자유롭게 무역을 할 수 있도록 관세, 법, 제도 등 무역 장벽을 간소화하거나 없애기로 한 약속이다. 특히 회원국 간에 관세를 낮추거나 없애는 것이 주요 내용이다.

(   )

07 다른 나라와의 경제 교류가 개인의 경제생활에 미친 영향이 <u>아닌</u> 것은 어느 것입니까? (   )

①
▲ 외국 영화 관람

②
▲ 해외 여행

③
▲ 외국 기업 취업

④
▲ 다른 나라 과일 구입

⑤
▲ 해외 공장 건설

08 다음 기사를 통해 알 수 있는 것으로 알맞은 것을 골라 기호를 쓰시오.

> ○○ 신문   20○○년 ○○월 ○○일
>
> **전기 차의 시장 경쟁 더 치열해져**
>
> 세계 자동차 시장이 친환경 자동차를 중심으로 변화하면서 전기 차의 시장 경쟁이 더 치열해질 전망이다. 이에 우리나라 기업들은 전기 차의 배터리 성능을 높이기 위해 기술 개발에 집중 투자하겠다는 계획이다.

> ㉠ 나라끼리 상호 의존하며 교류하는 모습이다.
> ㉡ 우리나라 전기 차의 수출 경쟁력이 점차 떨어질 것이다.
> ㉢ 같은 종류의 상품을 생산하는 나라들과 경쟁하며 발전한다.

(   )

09 다른 나라와 무역을 하면서 발생하는 문제가 <u>아닌</u> 것은 어느 것입니까? (   )

① 우리나라 물건에 높은 관세를 부과한다.
② 다른 나라의 수입 제한으로 수출이 감소한다.
③ 우리나라의 풍족한 기술을 다른 나라에 수출한다.
④ 특정 나라 상품의 수입을 거절해 갈등이 생긴다.
⑤ 국제 경제 변화에 따라 다른 나라에 의존하는 물품의 수입이 어려워진다.

10 다른 나라와 무역을 하면서 발생하는 문제를 해결하기 위한 방법으로 알맞은 것을 골라 기호를 쓰시오.

> 다른 나라가 높은 관세로 우리나라 물건의 수입을 제한할 경우 ㉠ 세계 무역 기구(WTO)에 문제를 제기하거나 ㉡ 우리나라 물건의 가격을 강제로 낮춰 관세를 높인 효과를 낮추기, ㉢ 그 나라와 무역 전면 금지하기 등을 할 수 있다.

(   )

서술형 평가 돋보기

문제 해결 전략

1단계	제시된 자료가 무엇인지 파악하기

↓

2단계	각 나라별로 풍족한 것과 부족한 것 파악하기

↓

3단계	무역을 통해 얻을 수 있는 이점 서술하기

핵심 키워드

• 무역
  – 나라와 나라 사이에 물건이나 서비스를 사고파는 것을 말함.
  – 수출: 다른 나라에 물건이나 서비스를 파는 것
  – 수입: 다른 나라에서 물건이나 서비스를 사 오는 것
• 무역을 하는 까닭
  – 나라마다 자연환경과 자원, 기술 수준이나 생산 여건이 달라 더 잘 생산할 수 있는 것이 다르기 때문임.

빈칸을 채우며 서술형 문제의 답안을 작성하는 연습을 해 보세요!

연습 문제

[1~2] 다음 그림을 보고 물음에 답하시오.

○○ 나라
우리 나라는 전자 제품이나 자동차 등 첨단 제품을 만드는 기술이 뛰어나지만 천연자원과 노동력이 부족해요.
△△나라
ㄱ
ㄴ
원유
우리 나라는 날씨가 따뜻하고 원유, 목재 같은 천연자원은 풍부하지만 전자 제품이나 자동차를 만드는 기술은 부족해요.

1 위 그림의 ㉠, ㉡에 들어갈 알맞은 물건을 보기 에서 골라 쓰시오.

보기

반도체, 열대 과일, 원유, 자동차, 목재, 노동력, 휴대 전화

㉠ (   )

㉡ (   )

2 위 그림과 연관하여 나라와 나라 사이에 교류가 필요한 까닭을 정리하였습니다. (   ) 안에 알맞은 말을 써넣으시오.

나라마다 (   ), (   ), (   ) 등이 달라 더 잘 생산할 수 있는 상품이나 서비스가 다릅니다. 그래서 각 나라는 부족하거나 필요한 물건은 (   )하고, 풍족하거나 뛰어난 것은 (   )하여 경제적 (   )을/를 얻습니다. 이처럼 나라 사이에 물건이나 서비스를 사고파는 것을 (   )(이)라고 합니다.

실전 문제

[1~2] 다음 그래프를 보고, 물음에 답하시오.

(가)

(출처: 관세청, 2020)
▲ 우리나라 무역액 중 10대 수출입품이 차지하는 비율

(나)

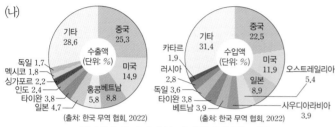

(출처: 한국 무역 협회, 2022)
▲ 2021년 우리나라의 나라별 무역액 비율

1 제시된 그래프를 보고, 다음과 같이 정리하였습니다. ( ) 안에 알맞은 말을 써넣으시오.

(1) 우리나라는 무역액 중 10대 수출품이 차지하는 비율이 ( )%, 10대 수입품이 차지하는 비율이 ( )%로 매우 높습니다.

(2) 우리나라의 무역에서 주요 수출국은 (, ,)이고, 주요 수입국은 (, ,)(으)로 몇 개국과 집중적으로 교류하고 있습니다.

2 (가), (나) 그래프와 관련하여 우리나라가 안정적으로 무역을 하기 위해 노력해야 할 것을 각각 쓰시오.

(가)	
(나)	

[3~4] 다음은 우리나라와 가장 먼저 자유 무역 협정을 맺은 칠레와의 무역 사례입니다. 물음에 답하시오.

○○ 신문   20○○년 ○○월 ○○일

한국과 칠레 간 자유 무역 협정(FTA) 반대 시위 잇따라

자동차, 반도체, 비료
구리, 포도, 포도주, 돼지고기

정부의 자유 무역 협정(FTA) 체결을 위한 협상에 반대해 농민 1천여 명이 집회를 갖는 등 농민들의 반발이 전국으로 확산되고 있다. 농민들은 한국과 칠레 간 관세 없애기를 주요 내용으로 하는 FTA가 체결되면 포도, 돼지고기 등 값싼 농축산물이 수입돼 농민 소득이 감소되고 결국 국내 농업이 무너질 수 있다며 투쟁에 나서기로 했다.

3 위의 자료를 보고 다음과 같이 정리하였습니다. ( ) 안에 알맞은 말을 써넣으시오.

(1) 우리나라는 칠레에 (, ,) 등을 수출하고 칠레로부터 (, , ,) 등을 수입하기로 했습니다.

(2) 농민들은 칠레의 값싼 ( )이/가 수입되면 소득이 감소할 것을 우려하여 투쟁하기로 했습니다.

(3) 한국과 칠레 간 자유 무역 협정(FTA)을 통해 우리나라의 자동차, 비료, ( ) 산업이 크게 발전할 것으로 기대됩니다.

4 한국과 칠레 간 자유 무역 협정(FTA) 후 우리나라의 변화된 모습을 한 가지 쓰시오.

_____

_____

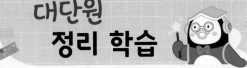
경제주체의 역할과 우리나라 경제체제의 특징

① 가계와 기업의 역할

(❶　　　)	• 기업의 생산 활동에 참여 → 소득을 얻음. • 소득으로 필요한 물건을 구입하거나 서비스를 제공받는 등의 소비 활동을 함.
기업	• 사람들에게 일자리를 제공함. • 상품을 만들어 판매하거나 서비스를 제공 → 이윤을 얻음.

② 가계와 기업의 합리적인 선택
• 가계: 적은 비용으로 가장 큰 만족감을 얻도록 합리적으로 선택함.
• 기업: 수입은 늘리고 비용은 줄여 이윤을 높이도록 합리적으로 선택함.

③ 우리나라 경제체제의 특징: 자유, (❷　　　　)

④ 불공정한 경쟁 과정에서 발생하는 문제들 (예 허위·과장 광고, 가격 담합, 환경 오염 물질 배출 등)을 해결하기 위해 정부와 시민 단체들이 노력함.

우리나라의 경제 발전

우리나라의 경제성장과 경제생활의 변화

① 광복 이후 우리나라의 경제성장

1950년대	식료품 산업, 섬유 공업 등 소비재 산업이 발전
1960년대	항만, 정유 시설 건설 등에 노력하고 신발, 의류 등 (❸　　　　) 중심의 경제 발전
1970년대	교육 시설과 연구소 등을 설립하고 (❹　　　　) 중심의 경제 발전
1980년대	자동차 산업, 전자 산업, 정밀 기계 산업 등이 발달

② 1990년대 이후 우리나라의 경제성장

1990년대	개인용 컴퓨터 보급 확대, 초고속 정보 통신망 설치 → 반도체 산업, 정보 통신 기술 관련 산업 발전
2000년대 이후	생명 공학, 우주 항공 등의 첨단 산업과 문화 콘텐츠 산업, 관광 산업 등 다양한 서비스 산업 발달

③ 경제성장에 따른 사회 변화와 문제점
• 사회 변화: 소득 증가, 생활 편의 시설 보급, 여가 활용 시간 증가 등
• 문제점: 빈부 격차, 지역 간 불균형 발전, 노사 갈등, 환경 오염 등의 문제가 발생함.
• 해결을 위한 노력: 정부, 시민 단체와 개인, 기업의 노력이 필요함.

세계 속의 우리나라 경제

① 나라 간의 경제 교류
• (❺　　　　): 나라와 나라 사이에 물건이나 서비스를 사고파는 것
• 무역을 하는 까닭: 자연환경과 자원, 기술 등이 다르기 때문임.
• (❻　　　　)하는 동시에 경쟁하기도 하며 교류함.

② 경제 교류가 우리 경제생활에 미친 영향

개인	• 세계 여러 나라의 다양한 물건과 서비스를 쉽게 이용함. • 다른 나라에서 일자리를 찾는 사람 증가함.
기업	• 다른 나라와 기술이나 아이디어를 교류함. • 다른 나라에 공장을 건설해 노동력이나 운반 비용 절약함.

③ 나라 간 경제 교류를 하며 생기는 문제점과 해결 방안
• 자기 나라의 경제를 보호하기 위해 무역 문제가 발생함.
• 국제기구 설립과 가입, 갈등 국가와의 협상 등을 통해 해결함.

정답 ❶ 가계 ❷ 경쟁 ❸ 경공업 ❹ 중화학 공업 ❺ 무역 ❻ 상호 의존

우리나라의 경제성장 과정 알아보기

1 석우네 모둠은 우리나라의 경제성장 과정을 발표하기 위해 다음과 같이 자료를 정리했습니다. 1970~1980년대의 사진 자료에 덧붙일 글을 써 봅시다.

1950년대	▲ 6·25 전쟁으로 파괴된 서울	6·25 전쟁 직후 정부와 국민들은 파괴된 시설을 복구하고, 경제적 자립을 위해 공업을 발전시키고자 힘썼습니다. 이 시기에는 다른 나라의 도움을 받아 식료품 공업, 섬유 공업 등 소비재 산업이 주로 발달했습니다.
1960년대	▲ 연도별 수출액	정부 주도로 경제 개발 5개년 계획을 추진하기 시작했고, 풍부한 노동력을 바탕으로 경공업을 통한 경제성장에 힘썼습니다. 이에 제품을 생산하고 운반하여 수출할 수 있도록 정유 시설, 고속 국도, 항만 등을 건설했습니다.
1970년대~1980년대	▲ 포항 종합 제철소 / ▲ 자동차 수출	**예시 답안** 정부는 경제를 크게 발전시키기 위해 중화학 공업 중심으로 산업 구조를 바꾸고 이를 지원하고자 교육 시설과 연구소를 설립했습니다. 특히 다른 제품을 만드는 데 재료가 되는 철강 산업과 석유 화학 산업을 빠르게 발전시켰습니다. 이 시기에는 대형 조선소를 건설하여 조선 산업이 우리나라 수출을 이끄는 산업이 되었습니다. 1980년대에는 자동차 산업이 발달하면서 본격적으로 세계 시장에 자동차를 수출했고 기계, 부품 등이 주요 수출품으로 자리 잡았습니다.
1990년대 이후	▲ 반도체 / ▲ 누리호 발사	1990년대는 개인용 컴퓨터가 보급되고 전국에 초고속 정보 통신망이 설치되면서 반도체 산업과 다양한 정보 통신 산업이 발전했습니다. 2000년대 이후에는 첨단 산업과 서비스 산업이 발달하고 있습니다.

2 2000년대 이후 우리나라의 경제성장을 위해 더 노력해야 할 산업 분야를 써 봅시다.

예시 답안
- 과학 기술이 발전하면서 고도의 기술이 필요한 첨단 산업이 주목받고 있으므로 우주 항공, 인공 지능(AI), 로봇, 생명 공학, 신소재 산업 등에 노력해야 한다.
- 한류 열풍을 타고 우리나라의 영화, 드라마, 대중가요 등이 큰 인기를 얻고 있으므로 문화 콘텐츠 산업을 발달시켜 우리 문화를 세계에 널리 알리기 위해 노력해야 한다.
- 삶의 질에 대한 관심이 점점 높아지고 있으므로 관광 산업, 의료 서비스 산업 등 다양한 분야의 서비스 산업의 발달을 위해 노력해야 한다.

대단원 마무리

01 가계에서 하는 일을 바르게 말한 **두 사람**을 보기 에서 찾아 쓰시오.

> **보기**
>
> 도현: 소득으로 필요한 물건을 구입해.
> 민준: 서비스를 제공하고 이윤을 얻어.
> 시현: 생산 활동의 대가로 소득을 얻어.
> 연우: 이윤을 얻기 위해 상품을 생산해.

(,   )

02 기업이 하는 일로 알맞은 것을 **두 가지** 고르시오.

(,   )

① 가계에 일자리를 제공한다.
② 물건을 생산해 시장에 공급한다.
③ 원하는 직업을 얻기 위해 경쟁한다.
④ 공정하지 않은 거래 활동을 감시한다.
⑤ 좋은 서비스를 제공받기 위해 합리적 선택을 한다.

03 다음은 가계와 기업의 관계를 나타낸 것입니다. 잘못 설명한 것은 어느 것입니까? (   )

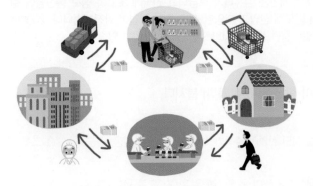

① 가계와 기업은 시장에서 만난다.
② 기업은 가계에 소득을 제공한다.
③ 시장은 기업에 상품을 제공한다.
④ 가계는 기업에 노동력을 제공한다.
⑤ 기업과 가계는 서로 도움을 주고받는다.

2. 우리나라의 경제 발전

⊏서술형⊐
04 지원이가 물건을 선택한 기준은 무엇인지 쓰시오.

_____

_____

05 기업이 경제활동을 하면서 경쟁하는 모습이 **아닌** 것은 어느 것입니까? (   )

① 분식집에서 다양한 메뉴를 개발하기 위해 노력한다.
② 미용실에서 더 좋은 서비스를 제공하기 위해 노력한다.
③ 대형 마트에서 상품을 더 싼 가격에 판매하기 위해 노력한다.
④ 학교에서 학생들이 열심히 공부하며 지식을 쌓기 위해 노력한다.
⑤ 학용품 공장에서 잘 부러지지 않는 색연필을 개발하기 위해 노력한다.

06 경제활동의 자유와 경쟁이 우리 생활에 주는 영향으로 알맞지 **않은** 것은 어느 것입니까? (   )

① 기업은 기술 개발에 힘쓸 수 있다.
② 개인은 능력과 재능을 발휘할 수 있다.
③ 소비자는 더 좋은 서비스를 받을 수 있다.
④ 개인은 원하는 직업을 무조건 가질 수 있다.
⑤ 소비자는 원하는 조건의 물건을 구할 수 있다.

07 다음에서 밑줄 친 '이곳'은 어느 기관인지 쓰시오.

> <u>이곳</u>은 기업들이 공정하고 자유로운 시장 질서를 지키는지 감시하며 가격 담합이나 과장 광고를 하는 경우 처벌함으로써 소비자의 이익을 보호해 준다.

(   )

08 다음과 같은 일이 발생할 경우 우리 경제에 미치는 영향을 [보기]에서 골라 기호를 쓰시오.

우리 두 회사만 간장 맛 치킨을 생산하니 가격을 올리도록 합시다.

보기

> ㉠ 기업들의 이윤이 높아져 경제가 발전하게 된다.
> ㉡ 공정하게 거래한 다른 기업들과 소비자가 피해를 보게 된다.
> ㉢ 가격을 올리기로 약속한 기업들 간의 기술 교류가 활발해진다.

(   )

09 1950년대 우리나라의 경제 모습으로 알맞은 것은 어느 것입니까? (   )

① 소비재 산업이 발전했다.
② 개인용 컴퓨터가 널리 보급되었다.
③ 정부 주도로 고속 국도와 항만을 건설했다.
④ 제품을 수출하는 기업의 세금을 줄여 주었다.
⑤ 높은 기술력을 갖추기 위해 교육 기관을 세웠다.

10 1960년대 우리나라가 경공업 제품을 수출할 수 있었던 까닭은 어느 것입니까? (   )

① 자원이 풍부했기 때문에
② 높은 기술력을 인정받았기 때문에
③ 값싼 노동력으로 제품을 생산했기 때문에
④ 다른 나라로부터 원료를 지원받았기 때문에
⑤ 한류로 우리나라 제품이 인기 있었기 때문에

[11~12] 다음을 읽고, 물음에 답하시오.

> 1970년대 들어 정부는 경제를 크게 발전시키기 위해 경공업보다 (㉠) 발전에 힘을 쏟았다. 이 중에서도 ㉡특히 석유 화학, 철강 산업의 발전에 노력했다. 이를 위해 포항에 제철소를 건설하고 울산에 석유 화학 단지를 설립했다.

11 ㉠에 들어갈 알맞은 말을 쓰시오.

(   )

⊏서술형⊐

12 정부가 ㉡을 발전시키기 위해 한 노력을 쓰시오.

_____

_____

13 다음 그래프를 보고 알 수 있는 것을 바르게 말한 사람은 누구인지 쓰시오.

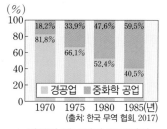

▲ 연도별 경공업과 중공업의 수출 비중

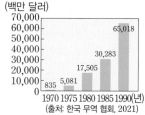

▲ 연도별 수출액

> 지후: 1980년대 중반 이후 경공업과 중화학 공업 모두 크게 성장했어.
> 단비: 우리나라의 수출액이 증가하면서 경공업 제품은 더 이상 생산하지 않게 되었어.
> 태우: 1980년대 이후 우리나라 산업 구조가 중화학 공업 중심으로 바뀌면서 수출액이 크게 증가했어.

(   )

대단원 마무리

14 다음 ( ) 안에 들어갈 알맞은 말은 어느 것입니까?
( )

> 1990년대에 개인용 컴퓨터와 가전제품이 널리 보급되면서 이러한 제품들의 핵심 부품인 ( ) 산업이 크게 성장했다.

① 섬유   ② 조선   ③ 소비재
④ 반도체   ⑤ 서비스

15 다음 중 가장 최근에 발전한 산업은 어느 것입니까?
( )

① 농업   ② 경공업
③ 첨단 산업   ④ 중화학 공업
⑤ 소비재 산업

16 경제성장에 따른 사회 변화 모습에 대한 설명으로 알맞지 <u>않은</u> 것은 어느 것입니까? ( )

① 경제성장으로 소득 격차가 줄어들게 되었다.
② 자동차, 컴퓨터 등의 제품이 널리 보급되었다.
③ 농업 중심에서 공업 중심으로 산업 구조가 변화했다.
④ 빠르고 편리한 교통·통신 시설을 이용할 수 있게 되었다.
⑤ 국민 소득이 빠르게 증가하면서 여가 활동 시간이 늘었다.

17 다음은 경제성장 과정에서 나타난 문제점 중 어떤 문제를 해결하기 위한 노력인지 쓰시오.

> • 국회와 정부는 사회적 약자 및 저소득층을 위한 법을 만들고 정책을 시행한다.
> • 개인과 기업, 시민 단체는 기부 문화 정착을 위한 노력, 무료 급식소 운영 등의 봉사 활동을 한다.

( ) 문제

[18~19] 다음을 보고, 물음에 답하시오.

○○ 나라	△△ 나라
일년 내내 더운 날씨로 열대 과일 등 농작물이 잘 자라며 인구가 많다. 천연고무, 목재, 원유 등 자원이 풍부하지만 첨단 산업을 위한 기술력이 부족하다.	일년 내내 날이 춥고 눈이 많이 내려 농작물을 재배하기 어렵다. 첨단 산업 기술과 문화 산업이 발달했지만 천연고무, 원유 등의 자원이 부족하고 인구가 감소하고 있다.

18 두 나라에 풍부한 것을 바르게 정리한 것은 어느 것입니까? ( )

	○○ 나라	△△ 나라
①	농작물	원유
②	원유, 노동력	노동력
③	노동력, 기술력	문화 산업
④	천연고무, 원유	첨단 기술
⑤	첨단 기술	천연고무, 원유

19 두 나라의 상황을 바르게 설명한 사람의 이름을 쓰시오.

> 예진: △△ 나라 사람들은 곡식을 먹지 않을 거야.
> 찬우: ○○ 나라는 자원이 부족하지만 자동차 등을 수출해 소득을 높일 수 있어.
> 준배: ○○ 나라의 자원과 △△ 나라의 기술력을 교류하면 두 나라 모두 발전할 수 있을 거야.

( )

〔서술형〕

20 무역이 필요한 까닭을 한 문장으로 쓰시오.

_____

_____

21 다음 그래프를 통해 알 수 있는 것으로 알맞지 <u>않은</u> 것은 어느 것입니까? (   )

▲ 2021년 우리나라의 주요 수출품

▲ 2021년 우리나라의 주요 수입품

① 우리나라는 원유가 풍부하다.
② 반도체는 우리나라의 수입품이다.
③ 우리나라는 첨단 산업이 발달했다.
④ 우리나라의 반도체 기술이 우수하다.
⑤ 우리나라는 원유를 수입해 가공한 후 수출한다.

22 다음 기사를 통해 알 수 있는 경제 교류의 모습으로 알맞은 것은 어느 것입니까? (   )

○○ 신문   20○○년 ○○월 ○○일

스마트폰 기술 전쟁, 더욱 치열해져

우리나라 ○○ 전자가 접는 스마트폰을 출시한 후 외국 기업들도 잇따라 비슷한 제품을 출시하고 있다. 접는 기술에 더하여 □□ 기업은 가벼운 무게로, △△ 기업은 저렴한 가격을 무기로 스마트폰 시장에 뛰어들었다.

① 우리나라는 다른 나라와 도움을 주고받는다.
② 우리나라는 비슷한 상품을 만드는 나라와 경쟁한다.
③ 우리나라 국민이 다른 나라 기업에 취업하기도 한다.
④ 우리나라와 비슷한 기술을 가진 나라들과는 교류하지 않는다.
⑤ 우리나라는 다른 나라의 도움 없이는 상품을 생산하기 어렵다.

23 다음은 다른 나라와 경제 교류로 인한 어떤 영향을 나타낸 것입니까? (   )

① 의생활 변화
② 주생활 변화
③ 식생활 변화
④ 취업 활동 변화
⑤ 여가 생활 변화

24 다음에서 설명하고 있는 국제기구는 무엇인지 쓰시오.

1995년에 설립된 국제기구로 세계 무역 분쟁을 조정하고 재판을 열기도 하며 관세 인하 요구 등의 법적인 권한을 가진 곳이다.

(   )

25 세계 여러 나라와 무역을 하면서 발생하는 문제와 관계 <u>없는</u> 것은 어느 것입니까? (   )

① 우리나라 물건에 높은 관세를 부과한다.
② 다른 나라에서 우리나라 제품의 수입을 제한한다.
③ 외국산에 의존해야 하는 물건의 수입에 문제가 생긴다.
④ 다른 나라에서 수입한 물건을 다시 가공해 우리나라가 수출한다.
⑤ 특정 나라 제품의 수입 거부 문제로 인해 그 나라와 갈등이 생긴다.

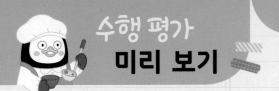

선생님의
출제 의도

이 단원에서는 세계 여러 나라와 교류하는 우리나라에 대해 공부했습니다. 무역을 통해 각 나라는 이익을 얻기도 하지만 무역 문제가 발생하기도 합니다. 지구촌이라고 불리는 지금 한 나라에서 발생한 문제는 다른 나라에도 영향을 줍니다. 이에 실제 세계에서 일어나고 있는 사례를 통해 세계 경제 흐름에 관심을 갖도록 문제를 출제하였어요.

이처럼 수행 평가에서는 실제 사례를 통해 앞서 배운 핵심 개념을 잘 이해하고 있는지를 종합적으로 묻는 문제가 출제될 수 있으니 공부한 것을 실생활에 접목시켜 생각해 보는 연습을 해 봅시다.

수행 평가 문제

1 다음 기사를 보고, 다른 나라 간의 전쟁이 우리 경제에 어떤 영향을 주는지 '경제 교류'를 넣어 쓰시오.

○○ 신문   20○○년 ○○월 ○○일

수입 곡물 가격 또 오른다

우크라이나는 세계적인 곡창 지대인데 러시아가 우크라이나를 침공한 이후 곡물 수출이 감소하면서 세계 곡물 가격이 계속 오르고 있다.

우리나라는 곡물의 절반 이상을 수입에 의존하기 때문에 수입 곡물의 가격이 오르면 이를 원료로 사용하는 국내 식품, 사료 등의 가격도 오를 수밖에 없다. 이 때문에 곡물을 수입해 제품을 생산하는 식품 기업이나 외식업 자영업자, 농가 등의 부담이 커지고 있다. 실제 밀 가격이 크게 올라 국수·자장면·과자 등 밀가루를 사용하는 제품들의 가격은 이미 크게 올랐다.

402 달러

단위: 달러(톤 당)

1월 3 5 7 9 11 1월 3
2021년   2022년
(출처: 관세청)

▲ 밀 수입 가격

나라	수출량
러시아	37,003,000
미국	26,001,000
캐나다	26,001,000
프랑스	19,008,000
우크라이나	18,001,000
호주	10,004,000
아르헨티나	10,002,000
독일	9,003,000
인도	7,000,000
카자흐스탄	5,002,000

단위: 톤
(출처: 유엔식량농업기구(FAO))

▲ 세계 밀 수출 순위

---

2 앞으로 밀의 수입 가격이 계속 오른다면 우리나라는 어떻게 대비하면 좋을지 쓰시오.

_____

_____

세계 경제와 우리나라

우리나라는 다른 나라와 경제 교류를 하면서 상호 의존합니다. 세계 여러 나라와의 경제 교류 활동이 점점 활발해지면서 다른 나라의 상황이 우리 생활에 많은 영향을 주고 있습니다. 경제 교류 과정에서 문제가 발생하면 이를 해결하기 위해 다양한 노력을 합니다.

평가 기준

잘함	보통	노력 요함
경제 교류로 세계 여러 나라가 밀접하게 연결되어 있음을 조리 있게 설명한다.	경제 교류로 세계 여러 나라가 밀접하게 연결되어 있음을 설명할 수 있다.	경제 교류로 세계 여러 나라가 밀접하게 연결되어 있음을 설명하지 못한다.

수행 평가 예시 답안

1. • 경제 교류로 세계 여러 나라가 밀접하게 연결되어 있기 때문에 다른 나라 간의 전쟁이 일어나면 그 나라에서 수입하는 물건의 가격이 오르거나 수입할 수 없게 되기도 한다.
    • 경제 교류를 통해 밀을 수입하는 우리나라는 밀 수입 가격이 오르면 밀을 재료로 만든 제품 가격도 올라 물가가 오르게 된다.
2. 예 • 특정 나라에 밀 수입을 의존하지 않는다.
    • 밀을 대체할 수 있는 다른 곡물을 다른 나라에서 수입하거나 우리나라에서 재배한다.

🗨 수행 평가 꿀팁

그래프를 해석하는 방법은?

여러 교과에서 그래프를 해석하는 문제가 종종 출제되는데 그래프를 잘 해석하기 위해서는 먼저 그래프의 제목을 통해 무엇을 조사한 자료인지 파악해야 합니다. 다음으로는 그래프의 가로축과 세로축이 나타내는 것이 무엇인지, 그래프의 자료는 어떻게 변화하고 있는지, 최소량과 최대량의 차이나 연관 관계는 어떠한지 등 그래프를 통해 알 수 있는 정보를 파악합니다.

BOOK 1

개념책

BOOK 1 개념책으로 **학습 개념을**
확실하게 공부했나요?

예습, 복습, 숙제까지 해결되는

교과서 완전 학습서

만점왕

BOOK 2
실전책

사회 6-1

EBS

연산 드릴
일일 학습서
만점왕 연산

슈웅~

단/계/별/구/성

하루 2쪽	주제별 원리와 연산 드릴 문제	군더더기 없는 구성
▼	▼	▼
가벼운 학습	반복 훈련	연산 최적화

만점왕 연산

BOOK 2
실전책

만점왕 사회
6-1

BOOK

2

실전책

시험 2주 전 공부

핵심을 복습하기

시험이 2주 남았네요. 이럴 땐 먼저 핵심을 복습해 보면 좋아요.

만점왕 북2 실전책을 펴 보면

각 단원별로 핵심 정리와 쪽지 시험이 있습니다.

정리된 핵심 복습을 읽고 쪽지 시험을 풀어 보세요.

문제가 어렵게 느껴지거나 자신 없는 부분이 있다면

북1 개념책을 찾아서 다시 읽어 보는 것도 도움이 돼요.

시험 1주 전 공부

시간을 정해 두고 연습하기

앗, 이제 시험이 일주일 밖에 남지 않았네요.

시험 직전에는 실제 시험처럼 시간을 정해 두고 문제를 푸는 연습을 하는 게 좋아요.

그러면 시험을 볼 때에 떨리는 마음이 줄어드니까요.

이때에는 **만점왕 북2의 중단원 확인 평가, 학교 시험 만점왕, 서술형 평가**를

풀어 보면 돼요.

시험 시간에 맞게 풀어 본 후 맞힌 개수를 세어 보면

자신의 실력을 알아볼 수 있답니다.

이 책의 차례

CONTENTS

BOOK
2
실전책

1 4·19 혁명과 시민들의 노력

(1) 3·15 부정 선거(1960년)
- 이승만 대통령이 헌법을 바꿔 가며 연이어 대통령이 되어 독재 정치를 이어감.
- 이승만 정부는 정부통령 선거에서 부정 선거를 실행해 선거에서 이김(3·15 부정 선거).

(2) 4·19 혁명의 과정(1960년)

> 마산에서 부정 선거에 항의하는 시위가 일어남. → 시위 도중 실종된 김주열 학생의 시신이 발견됨. → 전국에서 대규모 시위가 일어났고, 이승만 정부가 무력으로 진압함. → 대학교수들뿐만 아니라 초등학생들도 시위에 동참함. → 이승만이 대통령 자리에서 물러남.

(3) 4·19 혁명의 의의: 학생과 시민들이 자발적으로 나서서 독재 정권을 무너뜨렸으며, 민주주의의 밑거름이 됨.

2 5·18 민주화 운동의 과정과 의미

(1) 박정희 정부의 독재 정치

5·16 군사 정변(1961년)	박정희를 중심으로 한 일부 군인들이 정변을 일으켜 정권을 잡음.
3선 개헌 (1969년)과 유신 헌법 (1972년)체제	• 대통령이 된 박정희는 자신이 계속 대통령을 하려고 헌법을 바꿔 대통령을 세 번까지 할 수 있게 함(3선 개헌). • 헌법을 또 고쳐 대통령을 할 수 있는 횟수 제한을 없애고 대통령 직선제를 간선제로 바꿈(유신 헌법).
박정희 정부의 붕괴	• 1979년에 부산과 마산에서 독재에 반대하는 대규모 시위가 일어남. • 박정희가 피살됨. • 국민들은 민주주의 사회가 될 것이라고 기대함.

(2) 5·18 민주화 운동(1980년) 진행 과정

> 전두환을 중심으로 한 신군부가 군사 정변을 일으킴. → 전국에서 민주화를 요구하는 시위가 일어남. → 전라남도 광주(현재 광주광역시)에서 대규모 시위가 일어남. → 계엄군이 폭력적으로 시위를 진압하자 시민들은 시민군을 조직해 계엄군에 맞섬. → 계엄군이 시민군을 진압하면서 많은 희생자가 생김.

(3) 5·18 민주화 운동의 의의
- 민주주의를 지키려는 학생과 시민의 의지를 보여 주었고, 세계 여러 나라의 민주화 운동에 영향을 줌.
- 5·18 민주화 운동 관련 기록물이 유네스코 세계 기록 유산에 등재됨.

3 6월 민주 항쟁에서 시민들의 노력

(1) 6월 민주 항쟁의 배경: 간선제로 대통령이 된 전두환은 언론을 통제하고, 민주화를 요구하는 국민들을 탄압함.

(2) 6월 민주 항쟁(1987년)의 과정

> 대학생인 박종철이 고문을 받아 사망함. → 국민은 책임자 처벌과 대통령 직선제를 요구함. → 전두환 정부는 국민의 요구를 받아들이지 않겠다고 발표함. → 대학생인 이한열이 경찰이 쏜 최루탄을 맞고 의식을 잃음. → 학생과 시민들이 전국에서 대통령 직선제와 민주화를 요구하며 대규모 시위를 벌임. → 당시 여당 대표가 대통령 직선제를 포함한 민주화 요구를 받아들이겠다고 발표함(6·29 민주화 선언).

(3) 6월 민주 항쟁 이후의 노력: 대통령 직선제, 지방 자치제 등이 실시되고 각 분야에서 민주적인 제도를 만들기 위해 노력함.

4 6월 민주 항쟁 이후 민주주의의 발전

대통령 직선제	• 6월 민주 항쟁 이후 지금까지 대통령을 국민이 직접 뽑음. • 대통령 직선제가 시행되면서 정권이 평화적으로 교체됨.
지방 자치제	• 6월 민주 항쟁 이후 지방 자치제가 다시 시행됨. • 지역 주민과 이들이 직접 선출한 지방 의회 의원, 지방 자치 단체장이 그 지역의 일을 스스로 처리하는 제도임. • 주민들의 정치 참여 기회가 확대됨.

5 오늘날 시민들이 사회 공동의 문제 해결에 참여하는 모습

(1) 선거나 투표, 공청회에 참여함.
(2) 집회, 서명 운동, 1인 시위, 캠페인 등에 참여함.
(3) 시민 단체나 정당에 가입해 활동함.
(4) 누리 소통망 서비스(SNS)를 활용해 자신의 의견을 제시함.

정답과 해설 *26*쪽

01 이승만 정부가 독재 정권을 이어가기 위해 여러 가지 부정한 방법으로 계획하고 실행한 선거를 무엇이라고 합니까?

(   )

02 이승만을 대통령 자리에서 물러나게 한 사건을 무엇이라고 합니까?

(   )

03 박정희를 중심으로 한 일부 군인들이 무력으로 정권을 잡은 사건을 무엇이라고 합니까?

(   )

04 6월 민주 항쟁의 결과, 당시 여당 대표였던 노태우가 대통령 직선제를 포함한 민주화 요구를 받아들이겠다고 발표한 것을 무엇이라고 합니까?

(   )

05 시민들이 사회 공동의 문제를 해결하기 위해 참여하는 다음과 같은 활동을 무엇이라고 합니까?

(   )

[06~07] 다음 (   ) 안에 들어갈 알맞은 말을 쓰시오.

06 (   )은/는 1980년 전라남도 광주(현재 광주광역시)에서 일어난 민주화 운동입니다. 당시 계엄군의 진압으로 많은 학생과 시민들이 희생당했습니다.

07 6·29 민주화 선언으로 다시 시행된 (   ) 은/는 지역의 주민과 이들이 직접 선출한 지방 의회 의원, 지방 자치 단체장이 그 지역의 일을 스스로 처리하는 제도입니다.

[08~10] 다음을 읽고, 알맞은 내용에 ○표를 하시오.

08 (박정희 , 전두환)이/가 피살되자, 국민들은 민주주의 사회가 될 것이라고 기대했습니다.

09 6월 민주 항쟁은 박종철이 고문으로 사망한 사건과 전두환 대통령이 국민의 요구를 받아들이지 않겠다고 발표한 것이 계기가 되어 대통령 (직선제 , 간선제)와 민주화를 요구하며 일어난 민주화 운동입니다.

10 6월 민주 항쟁 때 시위 도중 대학생 (박종철 , 이한열)이 경찰이 쏜 최루탄에 맞아 의식을 잃었고, 결국 사망했습니다.

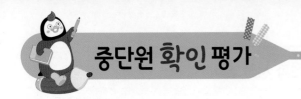
중단원 확인 평가

1 (1) 민주주의의 발전과 시민 참여

01 다음에서 설명하는 인물은 누구입니까? (　　)

> 우리나라 첫 번째 대통령으로 헌법을 여러 번 고쳐 계속 대통령이 되어 독재 정치를 이어 나갔다.

① 김구
② 윤봉길
③ 안중근
④ 이회영
⑤ 이승만

02 3·15 부정 선거 당시 이승만 정부가 실행한 일로 알맞지 <u>않은</u> 것은 어느 것입니까? (　　)

① 투표함을 바꿔치기 했다.
② 특정 인물을 뽑도록 강요했다.
③ 모든 시민들의 비밀 투표를 보장했다.
④ 돈이나 물건을 주고 자유당 후보자에게 투표를 하게 했다.
⑤ 3명 또는 5명씩 짝을 지어 자유당 후보자에게 투표하도록 했다.

03 다음 대화와 관련된 역사적 사건은 무엇인지 쓰시오.

마산에서 시위에 참여했던 김주열 학생의 시신이 바다에서 발견되었다고 하더군요.

정부에게 그 책임을 물어야 합니다.

(　　　　　　　)

04 박정희 정부가 유신 헌법을 만들어 발표하면서 대통령의 권한은 어떻게 되었는지 쓰시오.

_____

_____

05 다음 퀴즈 정답으로 알맞은 어느 것입니까? (　　)

오늘의 1분 사회 퀴즈

> 1단계: 전라남도 광주(현재 광주광역시)에서 일어난 민주화 운동을 말합니다.

> 2단계: 계엄군이 학생과 시민들을 향해 총을 쏘며 폭력적으로 시위를 진압했습니다.

> 3단계: 분노한 시민들은 시민군을 조직해 계엄군에 맞섰습니다.

① 3·1 운동
② 4·19 혁명
③ 6·25 전쟁
④ 5·16 군사 정변
⑤ 5·18 민주화 운동

06 5·18 민주화 운동 당시 볼 수 있는 모습으로 알맞지 않은 것은 어느 것입니까? (   )

① 의료 봉사를 하는 의사들
② 계엄군에 대항하는 시민군
③ 교통과 통신을 차단하는 계엄군
④ 군사 정변을 일으키는 박정희와 군인들
⑤ 시위에 참여한 사람들에게 주먹밥을 만들어 나누어 주는 시민들

07 다음 문화 해설사의 설명과 관련된 역사적 사건이 무엇인지 쓰시오.

1987년, 이곳 명동 성당에서 학생과 시민들이 대통령을 직선제로 뽑아야 한다고 요구하며 시위를 벌였어요.

(   )

08 6·29 민주화 선언으로 우리나라에 나타난 변화를 두 가지 쓰시오.

_____

_____

09 다음 밑줄 친 부분에 해당하는 두 사람을 고르시오.
(,   )

> 6월 민주 항쟁의 결과 당시 여당 대표가 시민들의 민주화 요구를 받아들여 6·29 민주화 선언이 발표되었다. 이에 따라 대통령 직선제와 지방 자치제가 다시 실시되었다. 지역 주민들은 지역의 일을 스스로 처리할 지역의 대표를 직접 선출했다.

① 국무총리
② 교육부 장관
③ 전교 학생회장
④ 지방 의회 의원
⑤ 지방 자치 단체장

10 오늘날 시민들이 사회 공동의 문제 해결에 참여하는 사례로 알맞지 않은 것은 어느 것입니까? (   )

① 과도한 휴대 전화 요금을 내려달라고 1인 시위를 했다.
② 시민 단체에 가입해 양성평등을 요구하는 활동을 벌였다.
③ 소음 방지 시설을 만들기 위해 구청에서 연 공청회에 참석했다.
④ 국가의 교육 정책이 마음에 들지 않아 무력을 이용한 시위를 벌였다.
⑤ 장애인 인권을 보호해 달라고 누리 소통망 서비스(SNS)에 의견을 올렸다.

1 민주주의의 의미와 중요성

(1) 정치
- 사회 구성원 간의 대립과 갈등을 조정하며 문제를 원만하게 해결해 가는 과정
- 정치의 사례는 일상생활에서도 찾을 수 있음.

(2) 민주주의의 의미와 중요성
- 모든 국민이 국가의 주인으로서 권리를 갖고, 그 권리를 자유롭고 평등하게 행사하는 정치 형태
- 민주주의의 기본 정신: 인간의 존엄성, 자유, 평등
- 민주주의는 국민의 자유와 평등을 보장해서 인간의 존엄성을 실현하는 것을 목표로 함.

(3) 일상생활에서 민주주의를 실천하는 모습

가정	가족 구성원이 모여 집안의 중요한 일을 결정함. 예 집안일 분담을 위한 가족회의
학교	학생들이 모여 학급이나 학교 문제를 해결함. 예 학급의 규칙을 정하는 학급 회의, 전교 임원 선거
지역	주민들이 주민 자치 위원회를 열어 지역의 일을 의논함. 예 층간 소음 문제를 해결하기 위한 주민 회의
국가	국민의 의견을 들어 국가의 중요한 일을 결정함. 예 국가의 중요한 일을 결정하기 위해 국민과 전문가의 의견을 듣는 공청회

(4) 선거
- 뜻: 국민들이 자신을 대표할 사람을 투표로 뽑는 일
- 의미: 국민들의 가장 기본적인 정치 참여 방법이기 때문에 민주주의의 꽃이라고 함.
- 민주 선거의 기본 원칙

보통 선거	선거일 기준으로 18세 이상의 국민이면 누구나 투표할 수 있음.
평등 선거	누구나 한 사람이 한 표 씩만 행사할 수 있음.
직접 선거	투표는 본인이 직접해야 함.
비밀 선거	누구에게 투표했는지 다른 사람이 알 수 없음.

- 선거 관리 위원회: 선거와 국민 투표의 공정한 관리 및 정당에 관한 일을 담당하는 독립적인 기관임.

2 생활 속에서 민주주의를 실천하는 태도

(1) 공동의 문제에 대해 구성원들이 함께 의견을 모으면 많은 사람이 만족할 수 있는 결과를 가져옴.

(2) 생활 속에서 민주주의를 실천하는 바람직한 태도
- 관용: 나와 다른 의견을 인정하고 받아들임.
- 비판적 태도: 사실이나 의견의 옳고 그름을 객관적으로 따져 살펴봄.
- 양보와 타협: 상대방에게 어떤 일을 배려하고 서로 협의함.
- 실천: 여럿이 함께 결정한 일은 잘 따르고 적극적으로 실천함.

3 민주적 의사 결정 원리와 합리적인 문제 해결

대화와 타협	• 다양한 갈등이나 문제를 해결하기 위해 충분한 대화를 하면서 의견을 조정하고 타협하여 결정함. • 대화와 타협으로 문제 해결이 어려울 때에는 다수결의 원칙을 따름.
다수결의 원칙	• 다수의 의견이 소수의 의견보다 합리적일 것으로 생각하고 다수의 의견에 따름. • 다수결의 원칙을 적용하면 문제를 빠르게 해결할 수 있음.
소수의 의견 존중	다수결로 의사 결정을 할 때에도 소수의 의견을 존중하려는 노력이 필요함.

4 민주적 의사 결정 원리에 따라 문제 해결하기

문제 확인하기	해결해야 하는 문제를 확인함.
↓	
문제 원인 파악하기	문제가 발생한 원인을 파악함.
↓	
문제 해결 방안 탐색하기	문제를 해결할 수 있는 다양한 방법을 탐색함.
↓	
문제 해결 방안 결정하기	민주적 의사 결정 원리에 따라 해결 방법을 결정함.
↓	
문제 해결 방안 실천하기	결정한 해결 방안을 실천함.

정답과 해설 26쪽

01 사회 구성원 간의 대립과 갈등을 조정하여 문제를 원만하게 해결해 가는 과정을 무엇이라고 합니까?

(   )

02 다음은 어디에서 찾아볼 수 있는 정치의 사례입니까?

> 집안일 분담을 위한 가족회의

(   )

03 다음에 해당하는 민주 선거의 기본 원칙은 무엇입니까?

> 누구나 한 사람이 한 표씩만 행사할 수 있다.

(   )

04 다음에서 설명하는 국가기관은 무엇입니까?

> 선거와 국민 투표의 공정한 관리 및 정당에 관한 일을 담당하는 독립적인 기관이다.

(   )

05 다수의 의견이 소수의 의견보다 합리적일 것이라고 생각하는 민주적 의사 결정 원칙은 무엇입니까?

(   )

06 다음은 민주적 의사 결정 원리에 따라 문제를 해결하는 과정에서 어떤 단계에 해당합니까?

> 문제를 해결할 수 있는 다양한 방법을 생각하고, 그 방법의 장점과 단점을 알아본다.

(   )

[07~10] 다음 ( ) 안에 들어갈 알맞은 말을 쓰시오.

07 (   )은/는 모든 국민이 국가의 주인으로서 권리를 갖고, 그 권리를 자유롭고 평등하게 행사하는 정치 형태입니다.

08 민주주의의 기본 정신은 인간의 존엄성, (   ), 평등입니다.

09 일상생활에서 부딪히는 다양한 문제와 갈등을 해결하려면 충분한 (   )와/과 타협을 바탕으로 관용과 비판적 태도 등의 자세를 가져야 합니다.

10 다수결의 원칙으로 문제를 해결할 때에도 (   )의 의견을 존중하려는 노력이 필요합니다.

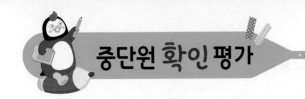

중단원 확인 평가

01 생활 속에서 민주주의를 실천하는 모습으로 볼 수 없는 것은 어느 것입니까? (   )

① 집안일 분담을 위한 가족회의
② 학급의 규칙을 정하는 학급 회의
③ 학교의 행사를 의논하는 전교 어린이 회의
④ 층간 소음 문제를 해결하기 위한 주민 회의
⑤ 범죄를 저지른 사람에게 형벌을 내리는 재판

02 두 학생의 대화를 보고, (   ) 안에 들어갈 알맞은 말을 쓰시오.

(   )

03 다음과 관련 있는 민주주의의 기본 정신은 어느 것입니까? (   )

① 평등   ② 자유
③ 타협   ④ 양보
⑤ 배려

04 민주주의의 기본 정신에 대한 설명으로 가장 알맞은 것은 어느 것입니까? (   )

① 실력이 중요한 사회를 만든다.
② 성별에 따른 차별을 인정한다.
③ 모든 사람이 같은 내용의 교육을 받는다.
④ 태어날 때부터 지닌 인간의 존엄성을 실현한다.
⑤ 국가의 이익을 위해 개인의 자유를 희생하게 한다.

05 다음 자료에 나타난 민주 선거의 기본 원칙은 어느 것입니까? (   )

① 직접 선거   ② 보통 선거
③ 평등 선거   ④ 비밀 선거
⑤ 공개 선거

06 선거를 민주주의의 꽃이라고 하는 까닭이 무엇인지 쓰시오.

_____

_____

09 다음 ( ) 안에 들어갈 알맞은 말에 ○표를 하시오.

> (대화와 타협 , 다수결의 원칙)으로 문제 해결이 어려울 때에는 (대화와 타협 , 다수결의 원칙)으로 의사 결정을 한다. 다수결의 원칙은 (다수 , 소수)의 의견이 (다수 , 소수)의 의견보다 합리적일 것이라고 생각해 (다수 , 소수)의 의견을 따르는 것이다. 이때에도 (다수 , 소수)의 의견이 무시되지 않도록 해야 한다.

07 다음 주제에 대한 토론 내용으로 알맞지 <u>않은</u> 것은 어느 것입니까? ( )

> **토론 주제**
>
> 일상생활에서 부딪히는 다양한 문제와 갈등을 해결할 때 필요한 바람직한 태도

① 나와 다른 사람의 의견을 존중한다.
② 함께 결정한 일을 적극적으로 실천한다.
③ 서로 양보하고 타협하는 태도를 지닌다.
④ 자기 주장이 강한 사람의 의견을 따른다.
⑤ 다른 사람의 의견을 비판적으로 검토한다.

10 다음은 민주적 의사 결정 원리에 따라 문제를 해결하는 과정 중 어느 단계에 해당합니까? ( )

> 사랑이네 반에서는 체육 대회 종목을 놓고 의견이 나뉘었다. 그래서 체육 대회 종목을 정하기 위해 다음과 같이 투표를 하기로 했다.

08 다음 문제를 해결하는 방법으로 가장 알맞은 것은 어느 것입니까? ( )

> ○○시 △△구에서는 도로 건설을 놓고 주민 간의 다툼이 벌어졌다. 도로를 건설하려면 숲의 일부를 훼손해야 하는데, 환경을 위해 숲을 보존해야 한다는 입장과 지역 발전을 위해 도로를 건설해야 한다는 입장으로 주민의 의견이 나뉘었다.

① 건설 업체의 주장을 따른다.
② 지방 자치 단체장이 결정한다.
③ 국회에 청원하여 해결 방법을 찾는다.
④ 지역 주민들을 모아 놓고 공청회를 연다.
⑤ 이웃 지역 주민들의 의견에 따라 결정한다.

① 문제 확인하기
② 문제 원인 파악하기
③ 문제 해결 방안 탐색하기
④ 문제 해결 방안 결정하기
⑤ 문제 해결 방안 실천하기

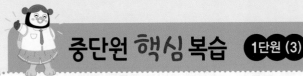

1 민주정치의 기본 원리

(1) 국민 주권의 원리

- 국가의 의사를 결정하는 최고의 권력인 주권이 국민에게 있음.
- 국민이 한 나라의 주인으로서 국가의 중요한 일을 스스로 결정함.
- 우리나라는 헌법에 주권이 국민에게 있음을 분명히 밝히고 있으며 국민의 자유와 권리를 법으로 보장함.

(2) 국민 주권을 실현하는 방법

- 국민 투표, 정책 제안, 집회 참여 등이 있음.
- 4·19 혁명, 5·18 민주화 운동, 6월 민주 항쟁은 국민이 주권을 지키기 위한 노력이었음.

(3) 권력 분립의 원리

- 국가의 권력을 여러 국가기관이 나누어 맡도록 하는 것임.
- 우리나라에서는 국가 권력을 국회, 정부, 법원이 나누어 맡고 있음.

(4) 권력 분립이 필요한 까닭

- 국가 권력을 여러 국가기관이 나누어 가지면 서로를 견제하고 감시하면서 권력의 균형을 이룰 수 있음.
- 국민의 자유와 권리를 보장할 수 있음.

2 국회(입법부)에서 하는 일

(1) **국회**: 국회 의원들이 나라의 중요한 일을 의논하고 결정하는 국가기관

(2) **국회 의원**: 국민이 선거를 통해 4년마다 선출한 국민의 대표로 국민의 뜻에 따라 일해야 함.

(3) 하는 일

법 제정	법을 만들고, 현실에 맞게 법을 고치거나 없애기도 함.
예산안 심의·확정	정부가 나라 살림에 쓰겠다고 계획한 예산안을 심의하여 확정하며, 정부가 예산을 제대로 사용했는지 검토함.
국정 감사	정부가 법에 따라 일을 제대로 하고 있는지 살피려고 국정 감사를 실시함.

3 정부(행정부)에서 하는 일

(1) 정부

- 법에 따라 나라의 살림을 맡아 하는 국가기관
- 대통령을 중심으로 국무총리와 여러 개의 부, 처, 청, 위원회로 구성됨.

(2) 하는 일

대통령	• 우리나라를 대표함. • 정부의 최고 책임자로 법을 집행하고, 국가의 중요한 일을 결정함.
국무총리	• 대통령을 도와 정부의 각 부를 관리함. • 대통령이 자리를 비울 때 대통령의 임무를 대신함.
각 부	• 각 부 장관, 차관을 비롯한 많은 공무원들이 국민의 안전과 행복을 위해 여러 가지 일을 함.

4 법원(사법부)에서 하는 일

(1) **법원**: 법에 따라 재판을 하는 국가기관

(2) 법원에서 하는 일

- 개인과 개인 간의 다툼을 해결해 줌.
- 법을 어긴 사람을 처벌해 사회 질서를 유지함.
- 개인과 국가, 지방 자치 단체 사이에서 생긴 갈등을 해결해 줌.

(3) 헌법재판소가 하는 일

- 법률이 헌법에 어긋나지 않는지 판단함.
- 국가기관이 국민의 기본권을 침해했는지 판단함.
- 국회에서 큰 잘못을 저지른 대통령이나 국무총리와 같은 지위가 높은 공무원의 파면을 요구하면 이를 심판함.

(4) 공정한 재판을 위한 원칙

- 법원은 외부 간섭을 받지 않고, 법관은 헌법과 법률에 따라 공정하게 판결함.
- 특정한 경우를 제외한 모든 재판 과정과 결과를 공개해야 함.
- 한 사건은 세 번까지 재판받을 수 있음(3심 제도).

5 국가기관에서 하는 일 체험하기

(1) **국회**: 법률안 제안서 작성해 보기

(2) **정부**: 가상 국무 회의 개최하기

(3) **법원**: 재판 과정 역할극 하기

정답과 해설 27쪽

[01~05] 다음 (　　) 안에 들어갈 알맞은 말을 쓰시오.

01 국민이 한 나라의 주인으로서 나라의 중요한 일을 스스로 결정하는 권리를 (　　　　　)(이)라고 합니다.

02 우리나라는 우리나라 최고의 법인 (　　　　)에서 주권이 국민에게 있음을 분명히 밝히고 있습니다.

03 국회는 국민의 대표인 (　　　　　)들이 나라의 중요한 일을 의논하고 결정하는 국가기관입니다.

04 정부는 법에 따라 나라의 살림을 맡아 하는 국가기관으로 최고 책임자인 (　　　　)은/는 우리나라를 대표합니다.

05 우리나라에서는 국가 권력을 (　　　　), (　　　　), (　　　　)이/가 나누어 맡고 있습니다. 이를 삼권분립이라고 합니다.

06 국회에서 하는 일 중 정부가 법에 따라 일을 제대로 하고 있는지 확인하는 것을 무엇이라고 합니까?

(　　　　　　　　)

07 대통령을 도와 정부의 각 부를 관리하고, 대통령이 외국을 방문하거나 특별한 이유로 일하지 못할 때 대통령의 임무를 대신하는 사람은 누구입니까?

(　　　　　　　　)

08 법에 따라 재판을 하여 사회 질서를 유지하는 국가기관은 무엇입니까?

(　　　　　　　　)

09 국민이 공정한 재판을 받을 수 있도록 한 사건에 대해 원칙적으로 세 번까지 재판받을 수 있게 한 제도를 무엇이라고 합니까?

(　　　　　　　　)

10 법률이 헌법에 어긋나지 않는지, 국가기관이 국민의 기본권을 침해했는지를 판단하는 기관은 무엇입니까?

(　　　　　　　　)

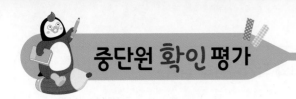
01 민주정치의 기본 원리 두 가지를 쓰시오.

(,   )

02 우리나라 헌법에 다음과 같은 조항을 둔 까닭으로 알맞은 어느 것입니까? (   )

> 제1조 제2항
> 대한민국의 주권은 국민에게 있고, 모든 권력은 국민으로부터 나온다.

① 상황에 따라 헌법이 바뀌기 때문에
② 국민의 권리는 시대에 따라 변하기 때문에
③ 헌법의 내용을 언제나 고칠 수 있기 때문에
④ 대통령에 따라 국민의 권리가 달라지기 때문에
⑤ 국민의 자유와 권리를 법으로 보장하기 위해서

03 다음 그림과 같이 각각 다른 국가기관이 국가의 권력을 나누어 맡은 까닭을 두 가지 고르시오.

(,   )

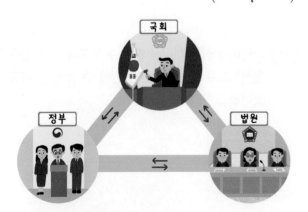

① 국가의 경제 발전을 위해서
② 막강한 권력을 행사하기 위해서
③ 국민의 자유와 권리를 보장하기 위해서
④ 대통령의 뜻대로 국가의 일을 처리하기 위해서
⑤ 어느 한 기관이 국가의 중요한 일을 마음대로 처리할 수 없게 하기 위해서

04 국회 의원에 대한 설명으로 알맞지 않은 것은 어느 것입니까? (   )

① 임기는 4년이다.
② 국민이 선거로 선출한다.
③ 청렴의 의무를 지켜야 한다.
④ 국민의 뜻에 따라 일해야 한다.
⑤ 대통령이 일하지 못할 때 임무를 대신한다.

05 다음 질문에 대한 답변으로 알맞은 것은 어느 것입니까? (   )

국회에서 하는 일은 무엇입니까?

① 은아: 법을 만들고 고칩니다.
② 주호: 법에 따라 재판을 합니다.
③ 명민: 법에 따라 나라의 살림을 합니다.
④ 하나: 법률이 헌법에 어긋나는지 판단합니다.
⑤ 지윤: 정부 최고 책임자로 국가를 대표합니다.

06 국회에서 하는 일 중 다음 자료와 관련된 일은 무엇인지 쓰시오

○○ 신문　　　　　　　　　20○○년 ○○월 ○○일

○○○ 의원, 「어린이 보호 구역 내 교통안전 시설 설치 의무화 법안」 발의

○○○ 의원은 어린이 보호 구역 내에서 발생하는 교통사고를 방지하려고 「어린이 보호 구역 내 교통안전 시설 설치 의무화 법안」을 내놓았다. 이 법안에 따르면 속도 제한용 안전표지, 무인 교통 단속용 장비, 과속 방지 시설 등을 어린이 보호 구역에 의무적으로 설치해야 한다.

_____

_____

07 다음 설명에 해당하는 국가기관을 쓰시오.

> 대통령을 중심으로 국무총리와 여러 개의 부, 처, 청, 위원회로 구성된다.

(　　　　　　　)

08 정부에서 하는 일로 알맞은 것을 **두 가지** 고르시오.

(　　,　　)

① 법을 만든다.
② 법에 따라 재판을 한다.
③ 나라의 살림을 맡아 한다.
④ 국민의 안전과 행복을 위해 일한다.
⑤ 한 해 동안 나라의 살림에 쓰겠다고 계획한 예산안을 심의하고 확정한다.

09 다음과 같은 일을 하는 국가기관에 대한 설명으로 알맞지 <u>않은</u> 것은 어느 것입니까? (　　　)

① 법을 어긴 사람을 처벌하는 일을 한다.
② 개인과 개인 간의 다툼을 해결해 준다.
③ 헌법과 법률에 따라 공정하게 판결한다.
④ 외부 기관이 자신의 목적을 위해 간섭할 수 있다.
⑤ 특정한 경우를 제외하고 모든 재판 과정을 공개해야 한다.

 10 한 사건에 대해 원칙적으로 세 번까지 재판받을 수 있게 한 3심 제도를 두는 까닭이 무엇인지 쓰시오.

_____

_____

[01~02] 다음 자료를 보고, 물음에 답하시오.

이것은 3·15 부정 선거에 항의하며 일어난 이 역사적 사건에 참여한 초등학생들의 시위 모습입니다.

01 밑줄 친 '이 역사적 사건'으로 알맞은 것은 어느 것입니까? (　　)

① 6·25 전쟁
② 4·19 혁명
③ 6월 민주 항쟁
④ 5·16 군사 정변
⑤ 5·18 민주화 운동

02 위 사건의 결과로 알맞은 것을 두 가지 고르시오.
(　　,　　)

① 박정희가 사망했다.
② 전두환이 쿠데타를 일으켰다.
③ 6·29 민주화 선언이 발표되었다.
④ 이승만이 대통령 자리에서 물러났다.
⑤ 민주주의에 대한 국민들의 관심이 높아졌다.

03 다음에서 설명하는 인물은 누구입니까? (　　)

• 군사 정변을 일으켜 정권을 잡고 대통령이 되었다.
• 유신 헌법을 만들어 막강한 권력을 행사하고 독재 정치를 했다.

① 이승만
② 박정희
③ 전두환
④ 노태우
⑤ 박종철

04 다음 내용에 해당하는 당시 시민들의 모습으로 알맞지 않은 것은 어느 것입니까? (　　)

5·18 민주화 운동 당시 시민들은 계엄군에 맞서 싸우며 민주주의를 지키기 위해 노력했다.

① 시민군을 조직했다.
② 시민들 스스로 질서와 치안을 유지했다.
③ 대통령 직선제를 간선제로 바꾸자고 요구했다.
④ 주먹밥을 만들어 시위에 참여한 사람들에게 나누어 주었다.
⑤ 계엄군이 광주에서 저지른 만행을 외부에 알리려고 노력했다.

05 다음 (　　) 안에 들어갈 알맞은 말은 어느 것입니까?
(　　)

이것은 5·18 민주화 운동 당시의 모습이 담긴 고등학생의 일기장이다. 이 일기장을 비롯한 5·18 민주화 운동 관련 기록물은 세계 여러 나라의 민주화 운동에 영향을 준 점 등을 인정받아 유네스코 (　　)(으)로 등재되었다.

① 보물
② 국보
③ 세계 유산
④ 무형 문화재
⑤ 세계 기록 유산

06 다음 주제에 대한 발표 내용으로 알맞지 <u>않은</u> 것은 어느 것입니까? (   )

〈학습 주제〉
6월 민주 항쟁의 배경과 과정

① 주민: 전두환 정부의 언론 통제로 국민들의 불만이 쌓여 있었어.
② 민아: 김주열 학생의 시신이 발견되자 시위는 더욱 확산되었어.
③ 선아: 시민과 학생들이 거리로 나와 대통령 직선제를 요구하며 시위를 벌였어.
④ 호영: 이한열이 최루탄에 맞아 의식을 잃자 더 많은 시민들이 시위에 참여하게 되었어.
⑤ 명진: 민주화 운동에 참여했다 경찰에게 끌려간 박종철이 고문을 받아 사망하는 사건이 일어났어.

07 다음 자료와 관련 있는 역사적 사건으로 알맞은 것은 어느 것입니까? (   )

다시 국민이 직접 대통령을 뽑을 수 있게 되었어.

① 4·19 혁명
② 유신 헌법 제정
③ 6월 민주 항쟁
④ 5·16 군사 정변
⑤ 5·18 민주화 운동

08 주민 소환 제도에 대한 설명으로 알맞은 것은 어느 것입니까? (   )

① 국민이 직접 대통령을 선출하는 것이다.
② 주민이 지방 의회 의원을 직접 선출하는 것이다.
③ 대통령이 잘못했을 때 헌법 규정에 따라 처벌하는 것이다.
④ 한 사건은 원칙적으로 세 번까지 재판받을 수 있는 제도이다.
⑤ 지방 의회 의원이나 지방 자치 단체장을 물러나게 할 수 있는 제도이다.

09 정치에 대한 설명으로 알맞지 <u>않은</u> 것은 어느 것입니까? (   )

① 일상생활 속에서도 이루어진다.
② 정당에서만 주로 이루어지는 행위이다.
③ 선거와 투표는 정치에 참여하는 대표적인 방법이다.
④ 사회 구성원 간의 갈등이나 문제를 원만히 해결하는 과정이다.
⑤ 오늘날에는 신분, 성별, 재산에 관계 없이 정치 활동에 참여할 수 있다.

10 생활 속에서 민주주의를 실천하는 모습으로 알맞지 <u>않은</u> 것은 어느 것입니까? (   )

① 집안일 분담을 위한 가족회의
② 급식 순서를 정하는 학급 회의
③ 소음 방지 시설 설치를 위한 공청회
④ 영화를 보고 감상평을 나누는 토론회
⑤ 지역의 쓰레기 문제를 해결하기 위한 주민 회의

11 평등 선거에 대한 설명으로 알맞은 것은 어느 것입니까? ( )

① 여자는 투표에 참여할 권리를 주지 않는다.
② 본인이 직접 투표장에 가서 투표해야 한다.
③ 누구나 한 사람이 한 표씩만 행사할 수 있다.
④ 누구에게 투표했는지 다른 사람이 알 수 없다.
⑤ 선거일 기준으로 18세 이상의 국민이면 누구나 투표할 수 있다.

12 민주주의를 실천하는 바람직한 태도에 대해 바르게 말한 사람끼리 짝지은 것은 어느 것입니까? ( )

> • 가영: 양보하고 타협하는 자세가 필요해.
> • 준혁: 어른들이 한 이야기는 비판하지 말아야 해.
> • 가람: 다른 사람들의 의견보다는 자신의 의견이 가장 중요해.
> • 미정: 여럿이 함께 결정한 일은 적극적으로 실천해야 해.

① 가영, 준혁   ② 가영, 미정
③ 준혁, 가람   ④ 준혁, 미정
⑤ 가람, 미정

13 다수결의 원칙에 따라 의사 결정을 할 때 소수의 의견을 존중해야 하는 까닭으로 가장 알맞은 것은 어느 것입니까? ( )

① 소수의 의견도 합리적일 수 있기 때문에
② 대체로 소수의 의견이 더 합리적이기 때문에
③ 소수 의견을 낸 사람들이 기분 나쁘기 때문에
④ 소수 의견을 낸 사람 중 주장이 강한 사람이 있기 때문에
⑤ 소수 의견을 낸 사람들이 단체 행동을 할 가능성이 있기 때문에

14 다음은 민주적 의사 결정 원리에 따른 문제 해결 과정 중 어느 단계에 해당합니까? ( )

① 문제 확인하기
② 문제 원인 파악하기
③ 문제 해결 방안 탐색하기
④ 문제 해결 방안 결정하기
⑤ 문제 해결 방안 실천하기

15 다음 (가)에 들어갈 내용으로 가장 알맞은 것은 어느 것입니까? ( )

> 4·19 혁명, 5·18 민주화 운동, 6월 민주 항쟁은 모두 [(가)] 노력이었다.

① 국민의 주권을 지키기 위한
② 남북 분단을 극복하기 위한
③ 경제적 발전을 추구하기 위한
④ 지방 자치제를 실현하기 위한
⑤ 국가 교육 정책을 변화시키기 위한

16 국가 권력을 각각 다른 국가기관이 나누어 맡도록 한 까닭으로 알맞은 것은 어느 것입니까? (   )

① 국가기관의 권력을 강화하기 위해서
② 국민의 자유와 권리를 제한하기 위해서
③ 국가의 일을 빠른 시간 안에 해결하기 위해서
④ 모든 기관이 통합적으로 업무를 수행하기 위해서
⑤ 국가기관들이 서로 견제하고 감시하면서 권력 균형을 이루게 하기 위해서

17 국회에 대한 설명으로 알맞지 <u>않은</u> 것은 어느 것입니까? (   )

① 입법부라고도 한다.
② 국정 감사를 진행한다.
③ 최고 책임자는 대통령이다.
④ 정부, 법원과 국가 권력을 나누어 맡는다.
⑤ 국민의 대표들이 모여 국가의 일을 의논하고 결정한다.

18 다음은 국회에서 하는 일 중 어떤 것을 나타낸 것입니까? (   )

문구, 장난감 등 어린이가 사용하는 모든 제품의 안전 기준을 높이는 법률안을 제안합니다.

① 국정 감사
② 법을 만들거나 고치기
③ 법을 어긴 사람 처벌하기
④ 예산안을 심의하여 확정하기
⑤ 법에 따라 나라의 살림 맡아 하기

19 다음과 같은 일정을 진행하고 있는 사람에 대한 설명으로 알맞은 것을 **두 가지** 고르시오. (,   )

4월

일요일	월요일	화요일	수요일	목요일	금요일	토요일
	1 국무회의 참석	2	3 ○○부 장관 임명	4	5 프랑스 총리와의 만남	6
7	8 세계 정상 회담 참여	9	10	11	12	13

① 국가를 대표한다.
② 정부의 최고 책임자이다.
③ 국민의 대표로 임기는 4년이다.
④ 헌법과 법률에 따라 판결을 내린다.
⑤ 정부가 예산을 제대로 사용했는지 검토한다.

20 다음 대화에 나온 제도를 두는 까닭은 무엇입니까? (   )

저 사람 억울하겠어요.
그래서 세 번까지 재판을 받을 수 있는 제도가 있어.

① 공정한 재판을 하기 위해서
② 국민의 뜻을 대표하기 위해서
③ 정부의 기능을 확대하기 위해서
④ 재판부의 권한을 강화하기 위해서
⑤ 지방 자치제를 튼튼히 하기 위해서

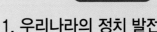
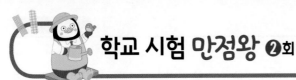

01 4·19 혁명의 원인으로 알맞은 것은 어느 것입니까?
( )

① 6·25 전쟁　　　② 박종철의 사망
③ 3·15 부정 선거　　④ 5·16 군사 정변
⑤ 지방 자치제 실시

02 다음 질문에 대한 대답으로 알맞지 <u>않은</u> 것은 어느 것입니까? ( )

4·19 혁명 당시 있었던 일에 대해 말해 볼까요?

① 마산에서 시위를 벌였다.
② 정부가 유신 헌법을 제정했다.
③ 대학교수들이 시위에 참여했다.
④ 이승만이 대통령 자리에서 물러났다.
⑤ 3·15 선거는 불법 선거라는 구호를 외쳤다.

03 박정희 정부가 다음과 같은 일을 한 까닭으로 가장 알맞은 것은 어느 것입니까? ( )

> 헌법을 고쳐 대통령을 할 수 있는 횟수 제한을 없앴고, 대통령 직선제를 간선제로 바꾸었다.

① 국가 경제의 발전을 위해서
② 평등한 사회를 만들기 위해서
③ 독재 권력을 강화하기 위해서
④ 언론 활동의 자유를 보장하기 위해서
⑤ 국민의 자유와 권리를 보장하기 위해서

04 다음 민주화 운동과 관련된 설명으로 알맞은 것을 두 가지 고르시오. (,)

> 전라남도 광주(현재 광주광역시)에서 많은 시민과 학생들이 전두환 정권의 독재에 맞서 "민주주의"를 외치며 시위를 벌였다.

① 김주열 학생이 사망했다.
② 계엄군의 폭력적인 진압이 있었다.
③ 3·15 부정 선거에 반대해 일어났다.
④ 시민들이 시민군을 조직해 저항했다.
⑤ 정부는 언론을 통해 광주의 상황을 국민에게 알렸다.

05 6월 민주 항쟁 시기에 볼 수 있었던 모습으로 알맞지 <u>않은</u> 것은 어느 것입니까? ( )

① 이한열의 사망에 분노하는 시민들
② 대통령 직선제를 요구하는 학생들
③ 박종철 사망 사건을 알리는 기자들
④ 6·29 민주화 선언을 발표하는 여당 대표
⑤ 시위하는 시민들을 향해 총을 쏘는 계엄군들

06 다음의 발표에 포함된 내용으로 알맞지 <u>않은</u> 것은 어느 것입니까? ( )

> 6월 민주 항쟁으로 당시 여당 대표이던 노태우는 6·29 민주화 선언을 발표했다.

① 언론의 자유 보장
② 지방 자치제 시행
③ 국민의 기본권 보장
④ 대통령 직선제 시행
⑤ 대통령을 할 수 있는 횟수 제한 폐지

07 오늘날 시민들이 사회 공동의 문제 해결에 참여하는 다음 방법은 어느 것입니까? ( )

① 투표
② 서명 운동
③ 집회와 시위
④ 공청회 참석
⑤ 누리 소통망 서비스에 의견 제시

08 일상생활에서 민주주의를 실천하는 모습으로 알맞지 <u>않은</u> 것은 어느 것입니까? ( )

① 주민 회의에서 층간 소음 문제를 의논했다.
② 전통 시장을 방문해 필요한 물건을 구입했다.
③ 가족회의를 통해 가족 여행 장소를 결정했다.
④ 전교 어린이 회의에서 체육 대회 종목을 의논했다.
⑤ 학급 회의를 열어 자리를 어떻게 정하면 좋을지 의논했다.

09 다음은 민주주의에 대해 나눈 대화입니다. 바르게 말한 사람끼리 짝지은 것은 어느 것입니까? ( )

> 지민: 모든 일을 권력이 강한 사람의 뜻에 따라 해결하는 거야.
> 민정: 일상생활 속에서 민주주의를 실천하는 일은 중요하지 않아.
> 기영: 모든 국민이 국가의 주인으로서 가진 권리를 자유롭고 평등하게 행사하는 거야.
> 영호: 공동체 생활에서 발생하는 갈등을 대화와 타협으로 원만히 해결하는 생활 방식이야.

① 지민, 민정
② 지민, 영호
③ 민정, 기영
④ 민정, 영호
⑤ 기영, 영호

10 다음 질문에 대한 대답으로 알맞은 것은 어느 것입니까? ( )

민주주의를 실현하려면 무엇이 가장 기본이 되어야 할까요?

① 경제 발전을 이루어야 합니다.
② 과학 기술이 발전해야 합니다.
③ 인간의 존엄과 가치를 존중받아야 합니다.
④ 성별과 재산에 따라 권리를 구분해야 합니다.
⑤ 권력이 강한 사람이 국가를 통치해야 합니다.

11 민주주의의 기본 정신이 잘 실현된 사례로 알맞은 것은 어느 것입니까? ( )

① 국가에서 직업을 정해 주었다.
② 부모님께서만 원하는 학교에 입학했다.
③ 우리 가족이 가 보고 싶던 곳으로 여행을 갔다.
④ 장애가 있어 도서관을 제대로 이용하지 못했다.
⑤ 가장 나이 많은 사람이 지역의 문제를 결정했다.

12 선거를 민주주의의 꽃이라고 하는 이유로 알맞은 것은 어느 것입니까? ( )

① 역사가 오래되었기 때문이다.
② 자주 하는 행사이기 때문이다.
③ 지켜야 할 규칙이 까다롭기 때문이다.
④ 국민이면 누구나 할 수 있는 일이기 때문이다.
⑤ 국민의 가장 기본적인 정치 참여 방법이기 때문이다.

13 민주주의를 실천하는 바람직한 태도로 알맞지 <u>않은</u> 것을 두 가지 고르시오. (,)

① 양보하고 타협하는 태도
② 나이 많은 사람의 의견만 따르는 태도
③ 자신에게 이익이 되는 것만 중시하는 태도
④ 다른 사람의 의견을 존중하고 받아들이는 태도
⑤ 의견의 옳고 그름을 객관적으로 따져 살펴보는 태도

14 다음 주제에 대한 학생들의 대화 내용으로 알맞지 <u>않은</u> 것은 어느 것입니까? ( )

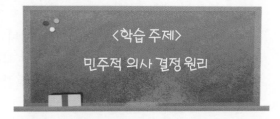

① 혜진: 대화와 타협의 과정을 충분히 거쳐야 해.
② 영일: 다수결의 원칙에 따라 의사 결정을 하기도 해.
③ 희정: 소수의 의견이 합리적일 수 있으니 존중해야 해.
④ 동준: 전원이 동의하지 않으면 절대 의사 결정을 할 수 없어.
⑤ 민경: 지위가 높은 사람의 의견과 주장이라고 해서 무조건 따를 필요는 없어.

15 다음 국가기관에서 하는 일을 보기 에서 골라 각각 기호를 쓰시오.

> 보기
>
> ㉠ 법을 만들거나 고친다.
> ㉡ 법을 어긴 사람을 처벌한다.
> ㉢ 예산안을 심의하여 확정한다.
> ㉣ 사람들 사이의 다툼을 해결해 준다.
> ㉤ 법에 따라 나라의 살림을 맡아 한다.
> ㉥ 여러 부, 처, 청, 위원회에서 국민의 안전과 행복을 위해 여러 가지 일을 한다.

(1) 국회: ( )
(2) 정부: ( )
(3) 법원: ( )

16 다음과 같은 일을 하는 사람들에 대한 설명으로 알맞은 것은 어느 것입니까? ( )

① 국무 회의에 참석한다.
② 법에 따라 재판을 한다.
③ 4년마다 투표로 선출된다.
④ 대통령을 도와 각 부를 관리한다.
⑤ 대통령이 일하지 못하면 그 임무를 대신한다.

17 다음 ( ) 안에 들어갈 국가기관에 대한 설명으로 알맞지 <u>않은</u> 것은 어느 것입니까? ( )

이곳에는 ( )을/를 구성하는 여러 부, 처가 모여 있어.

① 대통령이 최고 책임자이다.
② 법에 따라 나라의 살림을 맡아 한다.
③ 예산안을 심의하고 확정하는 일을 한다.
④ 각 부의 장관, 차관 등 공무원들이 일한다.
⑤ 국무총리가 대통령을 도와 각 부를 관리한다.

18 다음 기관에서 공정한 재판을 위해 하는 일로 알맞은 것은 어느 것입니까? ( )

▲ 법원

① 외부 기관의 간섭을 허용한다.
② 모든 재판이 비공개로 이루어진다.
③ 대통령의 명령에 따라 판결을 하기도 한다.
④ 법관이 개인적인 의견에 따라 판결을 내린다.
⑤ 한 사건에 대해 원칙적으로 세 번까지 재판을 받을 수 있다.

19 다음 퀴즈의 정답은 어느 것입니까? ( )

이 국가기관의 이름은 무엇일까요?

법률이 헌법에 어긋나지 않는지, 국가나 지방 자치 단체가 국민의 권리를 침해하였는지를 판단합니다. 국회에서 큰 잘못을 저지른 대통령이나 국무총리와 같은 지위가 높은 공무원의 파면을 요구하면 이를 심판하는 일도 합니다.

① 국회   ② 감사원
③ 경찰청   ④ 헌법재판소
⑤ 선거 관리 위원회

20 다음 사례를 보고 알 수 있는 내용으로 알맞지 <u>않은</u> 것은 어느 것입니까? ( )

〈문제 발생〉
어린이 보호 구역에서 어린이가 교통사고로 사망하자 운전자 처벌 정도를 높여야 한다는 여론이 높아졌다.

〈해결 과정〉
국회: 「도로 교통법」과 「특정 범죄 가중 처벌 등에 관한 법률」을 고쳐 처벌 기준을 높였다.
정부: 어린이 보호 구역 내 모든 도로의 자동차 통행 속도를 시속 30Km 이하로 조정하는 교통안전 강화 대책을 내놓았다.
법원: 고쳐진 법률에 따라 법을 위반했는지를 판단하기로 했다.

① 사회 문제를 해결하기 위해 국가기관들이 협력한다.
② 정부는 국회에서 마련한 법을 바탕으로 정책을 마련한다.
③ 국회는 사회 문제를 해결하기 위해 법을 고치기도 한다.
④ 법원은 국회에서 법을 고치더라도 원래 법에 따라 재판한다.
⑤ 국민의 자유와 권리를 보장하기 위해 여러 국가기관들이 노력한다.

서술형 평가 1단원

[01~03] 다음 자료를 보고, 물음에 답하시오.

이곳은 1960년 이승만 정부 시기에 일어난 민주화 운동 당시 희생된 분들이 묻혀 있는 곳입니다.

01 위 자료와 관련된 민주화 운동은 무엇인지 쓰시오.

_____

_____

02 01에서 답한 민주화 운동이 일어난 원인이 무엇인지 쓰시오.

_____

_____

03 위 민주화 운동의 의의를 쓰시오.

_____

_____

[04~05] 다음 자료를 보고, 물음에 답하시오.

04 시민들이 위와 같은 활동을 하는 까닭은 무엇인지 쓰시오.

_____

_____

05 위 자료에 제시된 방법 외에 04에서 답한 것을 위해 시민들은 어떤 행동을 하는지 두 가지 쓰시오.

_____

_____

[06~07] 다음 자료를 보고, 물음에 답하시오.

(가)

나는 빨래를 맡아 할게.

저는 신발 정리를 할게요.

나는 맛있는 반찬을 만들게.

(나)

오늘은 시장과 구청장 등을 내 손으로 뽑았어.

기표소 기표소

투표함

06 위 자료에 나타난 모습은 각각 어떤 방법으로 민주주의를 실천하는 것인지 쓰시오.

(가): _____

(나): _____

07 위의 두 사례 외에 일상생활에서 찾을 수 있는 민주주의의 실천 모습을 한 가지 쓰시오.

_____

_____

08 일상생활에서 민주주의를 실천하는 바람직한 태도 중 관용이란 어떤 태도를 뜻하는지 쓰시오.

_____

_____

09 다음과 관련된 국가기관이 하는 일을 쓰시오.

▲ 국회 의사당

_____

_____

10 재판에서 다음 대화에 나타난 원칙을 두는 까닭을 쓰시오.

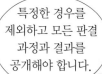

특정한 경우를 제외하고 모든 판결 과정과 결과를 공개해야 합니다.

한 사건은 원칙적으로 세 번까지 재판을 받을 수 있습니다.

_____

_____

1. 우리나라의 정치 발전 **25**

1 가계와 기업이 하는 일

(1) 경제주체로서 가계와 기업

가계	가정 살림을 같이하는 생활 공동체
기업	물건이나 서비스를 생산·공급해 이윤을 얻는 공동체

(2) 가계와 기업의 경제적 역할

가계	• 기업의 생산 활동에 참여해 소득을 얻음. • 소득으로 필요한 물건이나 서비스를 소비함.
기업	• 물건이나 서비스를 생산하고 판매해 이윤을 얻음. • 생산을 위해 가계에 일자리를 제공함.

(3) 가계와 기업의 관계

- 시장에서 만나 물건과 서비스를 거래함.
- 경제활동에서 서로 도움을 주고받는 관계임.

2 가계의 합리적 선택

(1) **의미**: 한정된 소득의 범위 안에서 가장 적은 비용으로 가장 큰 만족감을 얻을 수 있도록 소비하는 것을 말함.

(2) **방법**: 우선순위 정하기 → 선택 기준 세우기(가격, 품질, 디자인 등) → 비교·평가하기 → 선택하기

(3) 우선순위 및 선택 기준은 사람마다 다를 수 있음.

(4) 가치 소비(윤리적 소비)를 하는 사람이 늘고 있음.

3 기업의 합리적 선택

(1) **의미**: 생산 활동에서 많은 이윤을 얻기 위해 적은 비용으로 큰 수입을 얻을 수 있도록 의사 결정을 하는 것을 말함.

(2) **방법**: 시장 및 소비자 분석하기 → 상품 연구·개발하기 → 생산 방법 정하기 → 홍보 계획 세우기

4 우리나라 경제체제의 특징

(1) 경제활동의 자유

개인	• 능력과 적성에 따라 자유롭게 직업을 선택하고, 직업 활동을 함. • 경제활동으로 얻은 소득을 자유롭게 사용함.
기업	• 어떤 물건이나 서비스를 얼마나 생산, 판매할지 결정함. • 이윤을 어디에 어떻게 사용할지 자유롭게 결정함.

(2) 경제활동의 경쟁

개인	원하는 일자리를 얻기 위해 다른 사람들과 경쟁함.
기업	더 많은 이윤을 얻기 위해 다른 기업과 경쟁함.

(3) 경제활동의 자유와 경쟁이 우리 생활에 주는 도움

개인	자신의 재능을 더 잘 발휘할 수 있음.
기업	더 좋은 물건이나 서비스를 개발해 많은 이윤을 얻을 수 있음.
소비자	원하는 조건의 물건이나 서비스를 선택할 수 있음.

➡ 개인과 기업, 국가 발전에 도움을 줌.

5 바람직한 경제활동

(1) 기업의 불공정한 경제활동

- 같은 종류의 물건을 만드는 몇몇 기업끼리 가격을 합의하여 결정하는 경우(가격 담합)
- 상품이나 서비스의 허위·과장 광고를 하는 경우
- 생산비를 아끼려고 환경 오염 물질을 그대로 배출하는 경우
- 몸에 해로운 값싼 재료로 물건을 만들어 판매하는 경우
  ➡ 소비자와 다른 기업에 피해를 줌.

(2) 바람직한 경제활동을 위한 노력

국회 및 정부	• 공정한 경제활동을 위한 법이나 제도를 만듦(공정 거래법). • 불공정한 경제활동을 감시하고 규제함(공정 거래 위원회). • 더 많은 기업이 물건을 만들 수 있도록 지원함.
시민 단체	• 기업의 불공정한 경제활동을 감시함. • 불공정한 경제활동을 사람들에게 알리고 정부에 해결을 요구함.

정답과 해설 32쪽

01 가정 살림을 같이하는 생활 공동체를 무엇이라고 합니까?

(   )

[02~03] 다음을 읽고, 알맞은 내용에 ○표를 하시오.

02 가계는 생산 활동에 참여하여 얻은 소득을 필요한 물건이나 서비스를 (소비 , 판매)하는 데 사용합니다.

03 기업은 (생산 , 소비)한 물건이나 서비스를 판매하여 이윤을 얻습니다.

[04~05] (   ) 안에 들어갈 알맞은 말을 쓰시오.

04 가계의 합리적 선택이란, 소득의 범위 안에서 가장 적은 비용으로 가장 큰 (   )을/를 얻을 수 있는 소비를 의미합니다.

05 기업의 합리적 선택이란, 많은 (   )을/를 얻기 위해 적은 비용으로 큰 수입을 얻을 수 있는 의사 결정을 하는 것을 의미합니다.

[06~08] 다음을 읽고, 알맞은 내용에 ○표를 하시오.

06 개인은 자신의 능력에 따라 (강제로 , 자유롭게) 직업을 선택합니다.

07 기업은 광고, 가격 내리기, 품질이나 서비스 개선 등을 통해 다른 기업과 (경쟁 , 협력)하며 더 많은 이윤을 얻기 위해 노력합니다.

08 기업의 (공정한 , 불공정한) 경제활동은 소비자와 다른 기업에 피해를 줄 수 있습니다.

09 같은 종류의 물건을 만드는 몇몇 기업이 가격을 합의하여 마음대로 정하는 불공정한 거래 행위를 무엇이라고 합니까?

(   )

10 기업의 공정하고 자유로운 경쟁을 보장하고, 불공정한 경제활동을 감시하는 정부 기관은 무엇입니까?

(   )

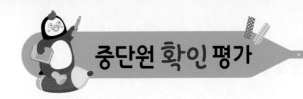
01 가계의 경제적 역할에 해당하는 것끼리 바르게 짝지은 것은 어느 것입니까? (   )

> ㉠ 음식점에서 종업원을 고용한다.
> ㉡ 문구점에서 필요한 학용품을 구매한다.
> ㉢ 돈을 벌기 위해 슈퍼마켓에서 일을 한다.
> ㉣ 한 달에 한 번 직원들에게 월급을 지급한다.

① ㉠, ㉡   ② ㉠, ㉢
③ ㉡, ㉢   ④ ㉡, ㉣
⑤ ㉢, ㉣

02 다음 설명과 관련된 경제주체는 무엇인지 쓰시오.

> • 이윤을 얻기 위해 생산 활동을 한다.
> • 사람들에게 일자리를 제공하고 대가를 지급한다.
> • 사람들이 생활하는 데 필요한 물건이나 서비스를 판매한다.

(   )

03 다음 ㉠~㉢에 들어갈 말로 알맞은 것끼리 짝지은 것은 어느 것입니까? (   )

> 가계의 합리적 선택이란, 한정된 (㉠)의 범위 안에서 가장 적은 (㉡)으로 가장 큰 (㉢)을 얻을 수 있는 소비를 하는 것을 말한다.

	㉠	㉡	㉢
①	수입	비용	이윤
②	소득	비용	만족감
③	만족감	소득	비용
④	소득	비용	이윤
⑤	비용	소득	만족감

04 가계가 합리적으로 소비하지 않으면 생기는 문제점을 쓰시오.

_____

_____

_____

05 기업의 합리적 선택 과정을 순서대로 나열한 것은 어느 것입니까? (   )

㉠ 홍보 계획 세우기   ㉡ 생산 방법 정하기

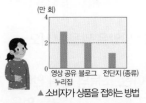

▲ 소비자가 상품을 접하는 방법

▲ 생산 방법에 따른 생산 비용

㉢ 상품 연구·개발하기   ㉣ 시장 및 소비자 분석하기

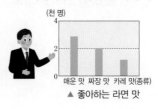

▲ 좋아하는 라면 맛

① ㉠ - ㉡ - ㉢ - ㉣
② ㉠ - ㉢ - ㉣ - ㉡
③ ㉣ - ㉠ - ㉢ - ㉡
④ ㉣ - ㉡ - ㉢ - ㉠
⑤ ㉣ - ㉢ - ㉡ - ㉠

[06~07] 다음 자료를 보고, 물음에 답하시오.

○○치킨 회사는 새로운 치킨을 개발하기 위한 시장 및 소비자 조사를 통해 다음과 같은 결과를 얻었다.

▲ 전국 치킨 가맹점 수

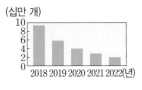

▲ ○○치킨 회사 판매량

▲ 좋아하는 치킨 종류

▲ 좋아하는 치킨 소스

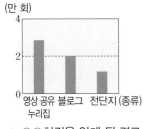

▲ ○○치킨을 알게 된 경로

06 위의 시장 조사 결과를 바르게 분석한 것은 어느 것입니까? ( )

① 소비자들은 기름에 튀긴 치킨을 더 좋아한다.
② 텔레비전 광고를 많이 하면 홍보 효과가 가장 높을 것이다.
③ 소비자 선호도에 따라 구운 치킨에 어울리는 매콤한 소스를 개발해야 한다.
④ 전국 치킨 가게 수가 늘어나는 만큼 ○○치킨 회사의 판매량도 늘어났다.
⑤ ○○치킨 회사의 치킨은 잘 팔리니까 새로운 제품을 개발할 필요가 없다.

07 ○○치킨 회사가 새로운 치킨을 개발한 후 이윤을 높이기 위해 할 수 있는 홍보 계획을 한 가지 쓰시오.

_____

_____

08 경제활동에서의 자유에 해당하지 <u>않는</u> 것은 어느 것입니까? ( )

① 직업을 자유롭게 선택한다.
② 소득을 자유롭게 사용한다.
③ 기업의 이윤을 자유롭게 사용한다.
④ 생산하고 싶은 제품을 자유롭게 결정한다.
⑤ 원하는 일자리를 얻기 위해 면접에서 경쟁한다.

09 불공정한 경제활동의 모습이 <u>아닌</u> 것은 어느 것입니까? ( )

① 중국산 재료로 만든 음식을 국내산이라고 광고를 하는 경우
② 특정 음료수를 만드는 몇몇 기업이 품질을 마음대로 정하는 경우
③ 밀가루 가격이 내려가자 과자 회사에서 과자 가격을 낮추는 경우
④ 마스크를 만드는 기업끼리 합의하여 가격을 마음대로 올리는 경우
⑤ 자기 회사의 샤프를 쓰면 시험을 잘 볼 수 있다고 광고를 하는 경우

10 공정한 경제활동을 위한 시민 단체의 노력에 대해 말한 사람은 누구인지 쓰시오.

• 현우: 공정 거래 위원회를 만들어서 거짓·과장 광고를 하지 못하도록 감시해.
• 지훈: 기업끼리 상의해 물건 가격을 마음대로 올리지 못하도록 감시하고 정부에 해결을 요구해.
• 미주: 공정한 거래를 위한 법이나 제도를 만들어서 불공정한 경제활동을 하지 못하도록 막아.

( )

1 경공업 중심의 경제성장

(1) 광복 직후
- 농업 중심의 산업 구조였음.
- 농림어업에 종사하는 사람의 비중이 매우 높았음.

(2) 6·25 전쟁 이후 경제적 자립을 위한 노력
- 전쟁으로 파괴된 여러 산업 시설을 복구하기 위해 노력함.
- 농업 중심의 산업을 공업 중심의 산업으로 변화시키려고 노력함.
- 식료품, 섬유 등 생활에 필요한 물품을 만드는 소비재 산업이 발달함.

(3) 1960년대 경제성장을 위한 정부의 노력
- 경제 개발 5개년 계획을 추진하기 시작함.
- 수출을 통해 경제 발전을 이루려고 노력함.
- 정유 시설, 발전소, 고속 국도, 항만 등을 건설함.
- 기업이 수출을 늘릴 수 있도록 많은 지원을 함.

(4) 경공업의 발달
- 기술과 자원은 부족했지만, 노동력은 풍부했음.
- 신발, 가발, 의류 등 가벼운 물건을 만드는 경공업 제품을 낮은 가격에 생산해 수출함.

2 중화학 공업 중심의 경제성장

(1) 1970년대 경제성장 모습
- 더 큰 경제성장을 위해 정부는 많은 자본과 높은 기술력이 필요한 중화학 공업을 육성함.
- 교육 시설과 연구소 등을 설립함.
- 기업에 낮은 이자로 돈을 빌려줌.
- 항구를 중심으로 중화학 공업 단지를 조성함.
- 제품 생산에 필요한 재료를 만드는 철강 산업, 석유 화학 산업과 조선 산업이 발달함.

(2) 1980년대 경제성장 모습
- 많은 기업이 연구와 개발에 힘써 높은 기술력을 갖게 됨.
- 자동차 산업과 전자 산업이 크게 성장함.

(3) 산업 구조의 변화
- 경공업 중심에서 중화학 공업 중심으로 변화함.
- 세계에서 인정받는 제품을 만들 수 있게 됨.
- 수출과 국민 소득의 증가로 사람들의 생활 수준이 높아짐.

3 반도체 산업, 첨단 산업과 서비스업 중심의 경제성장

(1) 1990년대 반도체 산업의 발달
- 개인용 컴퓨터가 널리 보급됨.
- 전자 제품의 생산 증가: 반도체 산업이 발달함.
- 초고속 정보 통신망 설치: 정보 통신 산업이 발달하고, 인터넷 관련 기업이 증가함.

(2) 2000년대 이후 첨단 산업과 서비스 산업의 발달
- 고도의 기술이 필요한 첨단 산업 발달: 생명 공학, 우주 항공, 신소재, 로봇, 인공 지능(AI) 산업 등
- 즐거움이나 편리함을 제공하는 서비스 산업 발달: 관광, 의료, 문화, 금융 산업 등

4 경제성장에 따른 사회의 변화

(1) 산업 구조와 소득의 변화: 농업에서 공업 중심으로 산업 구조가 바뀌고, 1인당 국민 총소득 등이 증가함.

(2) 주거 생활의 변화: 공동 주택이 많이 생겨나고, 가전제품이 보급되면서 생활이 편리해짐.

(3) 여가 생활의 변화: 여가 활동이 확대되고, 해외여행자 수가 증가함.

(4) 교통과 통신의 발달: 자동차 보유 대수가 증가하고, 인터넷 이용률이 높아짐.

(5) 우리나라 위상의 변화: 한류가 확산되고, 우리나라에서 여러 국제 행사를 개최함.

5 경제성장 과정에서 나타난 문제점과 해결 방안

문제점	해결 방안
빈부 격차 (경제적 양극화)	• 저소득층을 위한 법률이나 제도 시행 • 사회적 약자에 대한 복지 지원 확대 • 나눔, 봉사, 기부 활동 참여
지역 간 불균형 발전	• 국가 균형 발전을 위한 정책 시행 • 농어촌 지역 지원 정책 추진 • 공공 기관 지방 이전
환경 오염	• 환경 관련 법률 제정 • 친환경 자동차 보급 지원 정책 추진 • 환경 보호 및 자원 절약 캠페인 참여
노사 갈등	• 노사 간 존중하는 문화 조성 • 대화와 타협으로 갈등 해결 • 근무 환경 개선 운동 추진

정답과 해설 33쪽

[01~04] 다음 ( ) 안에 들어갈 알맞은 말을 쓰시오.

01 광복 이후 우리나라는 (　　　　) 중심의 산업 구조를 공업 중심의 산업 구조로 변화시키기 위해 노력했습니다.

02 1960년대에 정부는 (　　　　　　　) 계획을 수립하여 경제성장을 추진했습니다.

03 1960년대에 주로 발달한 산업으로, 신발, 가발, 의류 등 비교적 가벼운 물건을 만드는 공업은 (　　　) 입니다.

04 1970년대부터 발달한 산업으로, 철강, 배 등 무거운 제품이나 플라스틱, 고무 등 석유 화학 제품을 만드는 공업은 (　　　)입니다.

[05~10] 다음을 읽고, 알맞은 내용에 ○표를 하시오.

05 1980년대에는 (로봇 , 자동차), 기계 등의 산업이 발전하고 수출액이 증가해 우리나라 경제가 크게 성장했습니다.

06 1990년대에는 전자 제품 생산의 핵심 부품인 (반도체 , 인터넷) 산업이 발달했습니다.

07 2000년대 이후에는 인간의 지능이 가지는 학습, 추리 등의 기능을 갖춘 (신소재 , 인공 지능)을/를 활용한 산업이 성장하고 있습니다.

08 경제가 성장함에 따라 일정 기간 한 나라의 국민이 벌어들인 소득을 그 나라의 인구수로 나눈 (국내 총생산 , 1인당 국민 총소득)이 증가했습니다.

09 경제성장 과정에서 잘사는 사람과 그렇지 못한 사람 사이의 소득 격차가 (커지는 , 작아지는) 문제가 생겼습니다.

10 (노사 갈등 , 지역 간 불균형 발전) 문제를 해결하기 위해서는 노동자와 경영자가 서로 존중하는 문화와 대화와 타협을 통해 문제를 해결하는 태도가 필요합니다.

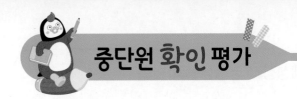

중단원 확인 평가

2 (2) 우리나라의 경제성장과 경제생활의 변화

01 다음 설명에 해당하는 산업은 무엇인지 쓰시오.

> • 1950년대 주로 발달한 산업
> • 생활에 필요한 물품을 만드는 산업

( )

02 1960년대에 발달한 산업으로 아래 보기 와 관련된 것은 어느 것입니까? ( )

> 보기
>
> 신발   가발   의류

① 경공업
② 서비스업
③ 첨단 산업
④ 중화학 공업
⑤ 정보 통신 산업

03 정부가 다음과 같은 시설을 세운 시기의 우리나라 경제 모습으로 알맞은 것을 모두 고르시오.

(,)

▲ 울산 정유 공장

▲ 춘천 수력 발전소

① 철강 산업과 석유 화학 산업이 발달했다.
② 정부가 중화학 공업 육성 계획을 발표했다.
③ 자동차 산업과 전자 산업이 크게 성장했다.
④ 풍부한 노동력을 바탕으로 경공업이 발달했다.
⑤ 정부 주도로 경제 개발 5개년 계획을 실시하기 시작했다.

04 다음 그래프에서 각각의 색이 의미하는 공업은 무엇인지 쓰시오.

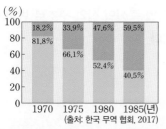
(출처: 한국 무역 협회, 2017)

▲ 연도별 경공업과 중화학 공업의 생산 비중

주황색	연두색

05 다음 ( ) 안에 들어갈 산업으로 알맞은 것은 어느 것입니까? ( )

> 정부는 원료 수입과 제품 수출에 유리한 항구를 중심으로 중화학 공업 단지를 조성했다. 기업들이 기술력을 갖추고 대형 선박을 해외에 판매하면서 우리나라 ( )이 크게 발전했다.

① 조선 산업
② 철강 산업
③ 자동차 산업
④ 석유 화학 산업
⑤ 정밀 기계 산업

06 우리나라 경제성장 과정에서 다음과 관련된 시기로 알맞은 것은 어느 것입니까? (　　)

> • 개인용 컴퓨터 보급
> • 전자 제품의 생산 증가
> • 초고속 정보 통신망 설치로 관련 산업 발달

① 1950년대   ② 1960년대
③ 1970년대   ④ 1980년대
⑤ 1990년대

07 다음 신문 기사와 관련된 산업으로 알맞은 것은 어느 것입니까? (　　)

○○ 신문   20○○년 ○○월 ○○일

누리호 발사 성공과 한국 과학 기술의 미래

지난 2022년 6월 21일, 한국형 발사체 누리호를 성공적으로 발사했다. 그동안 강대국만 보유해 왔던 우주 발사체를 우리 기술로 개발했다는 자긍심을 갖게 되었다.

① 관광   ② 금융
③ 생명 공학   ④ 우주 항공
⑤ 의료 서비스

08 다음 자료와 관련지어 우리 생활에 어떤 변화가 있었는지 쓰시오.

▲ 고속 국도 개통   ▲ 고속 철도 개통

_____

_____

[09~10] 다음을 읽고, 물음에 답하시오.

> 경제성장 과정에서 수도권과 비수도권 또는 도시와 촌락의 차이가 커지는 문제가 발생했다.

09 위 자료는 경제성장 과정에서 발생한 어떤 문제에 대한 설명입니까? (　　)

① 노사 갈등
② 빈부 격차
③ 자원 부족
④ 환경 오염
⑤ 지역 간 불균형 발전

10 위 자료에 나타난 문제를 해결하기 위한 정부의 노력에는 어떤 것이 있는지 한 가지 쓰시오.

_____

_____

1 경제 교류

(1) 다른 나라와의 경제 교류
- 무역: 나라와 나라 사이에 물건이나 서비스를 사고파는 것
- 수출: 다른 나라에 물건이나 서비스를 파는 것
- 수입: 다른 나라에서 물건이나 서비스를 사 오는 것

(2) 경제 교류를 하는 까닭
- 나라마다 자연환경, 자원, 기술 등이 달라 더 잘 만들 수 있는 물건이나 서비스가 다르기 때문임.
- 각 나라는 자기 나라에서 부족한 것은 수입하고 풍부한 것은 수출하면서 서로 경제적 이익을 얻음.

2 우리나라와 다른 나라의 경제 교류 모습

(1) 우리나라의 주요 수출품과 수입품
- 반도체, 자동차 등 높은 기술력이 필요한 물건을 수출함.
- 원유, 천연가스 등 천연자원을 수입함.
- 몇몇 주요 수출품과 수입품이 차지하는 비율이 높음.

2021년 우리나라의 주요 수출품과 수입품

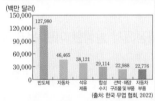
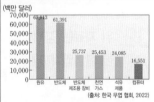

(2) 우리나라와 다른 나라의 무역
- 중국, 미국, 베트남 등에 많이 수출함.
- 중국, 미국, 일본 등에서 많이 수입함.
- 무역에서 몇몇 나라가 차지하는 비율이 높음.

2021년 우리나라의 나라별 무역액 비율

(3) 우리나라는 물건뿐만 아니라 기술, 문화, 의료, 교육 등 다양한 분야에서 여러 나라와 경제 교류를 하고 있음.

3 우리나라와 다른 나라의 경제 관계

상호 의존 관계	• 우리나라의 우수하거나 풍족한 물건 등을 수출하고, 우리나라에 없거나 부족한 자원 등을 수입함. • 나라 간에 물건이나 서비스 등의 자유로운 이동을 위해 다른 나라와 자유 무역 협정(FTA)을 맺음.
경쟁 관계	• 우리나라와 같은 종류의 물건이나 서비스를 생산하는 다른 나라와 판매 경쟁을 함. • 기술 경쟁을 통해 높은 품질의 제품을 만들어 수출하려고 노력함.

➡ 다른 나라들과 서로 밀접한 관계를 맺고 있음.

4 다른 나라와의 경제 교류가 우리 경제생활에 미친 영향

(1) 개인에게 미친 영향
- 다른 나라의 물건이나 서비스를 이용할 수 있음.
- 소비자는 다양한 제품을 선택할 기회가 늘어남.
- 다른 나라에 가지 않아도 그 나라의 문화를 경험할 수 있음.
- 외국 기업에서 일자리를 얻는 등 개인의 경제활동 범위가 넓어짐.

(2) 기업에게 미친 영향
- 다른 나라의 기업과 기술, 아이디어를 주고받음.
- 다른 나라에 공장을 세워 그 나라의 값싼 노동력을 이용하거나 운반 비용을 줄임.

5 다른 나라와 경제 교류를 하면서 생기는 문제점과 해결 방안

문제점	• 한국산 물건에 대해 높은 관세를 부과함. • 다른 나라의 수입 제한으로 우리나라 제품의 수출이 감소함. • 외국산에 비해 국산 농수산물이나 제품의 경쟁력이 약화됨. • 다른 나라에 의존하는 물건의 수입이 어려워짐.
해결 방안	• 경제 교류 상대국 및 품목을 확대함. • 제품 품질 개선을 통해 경쟁력을 높임. • 무역 문제를 담당하는 국내 기관을 설립함. • 세계 무역 기구(WTO)와 같은 국제기구에 가입함. • 갈등 관계의 나라끼리 협상하고 합의를 도출함.

정답과 해설 **34**쪽

01 나라와 나라 사이에 물건이나 서비스를 사고파는 것을 무엇이라고 합니까?

（　　　　　　）

[02~05] 다음을 읽고, 알맞은 내용에 ○표를 하시오.

02 다른 나라와 경제 교류를 할 때 물건이나 서비스를 파는 것을 (수입 , 수출)이라고 합니다.

03 나라 간에 경제 교류를 하는 까닭은 나라마다 (언어 , 자연환경)에 차이가 있어 더 잘 생산할 수 있는 물건이나 서비스가 다르기 때문입니다.

04 우리나라는 주로 (높은 기술력 , 많은 노동력)이 필요한 물건을 수출하고, 천연자원을 수입합니다.

05 우리나라는 같은 종류의 물건을 생산하는 다른 나라와 경제적으로 (경쟁 , 상호 의존) 관계에 있습니다.

[06~07] 다음 (　　) 안에 들어갈 알맞은 말을 쓰시오.

06 다른 나라와의 경제 교류로 세계 여러 나라의 물건이나 서비스를 이용할 수 있을 뿐만 아니라, 직접 가지 않더라도 그 나라의 음식, 영화, 음악 공연 등 (　　　　)을/를 경험할 수 있습니다.

07 다른 나라와의 경제 교류로 외국 기업에 취업해 (　　　　)을/를 얻는 등 개인의 경제활동 범위가 넓어지기도 합니다.

08 다른 나라에서 수입하는 물건에 부과하는 세금을 무엇이라고 합니까?

（　　　　　　）

09 나라 간에 물건이나 서비스 등의 자유로운 이동을 위해 관세를 낮추거나 법과 제도의 문제를 줄이기로 한 약속을 무엇이라고 합니까?

（　　　　　　）

10 나라 간에 발생하는 무역 문제를 공정하게 심판하기 위해 설립된 국제기구를 무엇이라고 합니까?

（　　　　　　）

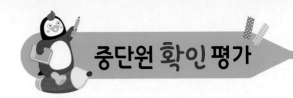
[01~02] 다음 그림을 보고 물음에 답하시오.

우리 △△ 나라는 반도체와 휴대 전화, 배, 자동차를 만드는 기술이 뛰어나지만 원유, 목재 등의 자원이 부족해요.

우리 ○○ 나라는 원유, 목재, 천연고무 등의 자원이 풍부하지만 휴대 전화, 배, 자동차를 만드는 기술이 부족해요.

01 다음 ( ) 안에 공통으로 들어갈 말을 쓰시오.

> △△ 나라는 원유와 목재를 ○○ 나라에서
> ( )하고, ○○ 나라는 휴대 전화나 배,
> 자동차를 △△ 나라에서 ( )한다.

( )

02 나라와 나라 사이에 교류를 하는 까닭으로 알맞지 않은 것은 어느 것입니까? ( )

① 나라마다 자원이 다르기 때문에
② 나라마다 인종이 다르기 때문에
③ 나라마다 기술력이 다르기 때문에
④ 나라마다 노동력이 다르기 때문에
⑤ 나라마다 자연환경이 다르기 때문에

03 다음 ㉠과 ㉡에 들어갈 말을 가장 알맞게 짝지은 것은 어느 것입니까? ( )

> 우리나라는 (㉠)이/가 필요한 반도체,
> 자동차 등을 수출하고, 우리나라에 없거나 부족
> 한 (㉡)을/를 수입한다.

	㉠	㉡
①	자본	문화
②	기술력	문화
③	기술력	천연자원
④	노동력	천연자원
⑤	노동력	기술력

04 다음은 우리나라의 수출액과 수입액 비율을 나타낸 그래프입니다. 바르게 해석한 사람은 누구인지 쓰시오.

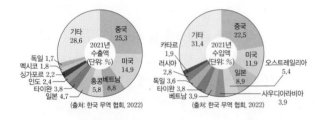

> • 소민: 일본은 우리나라 수출액 비율이 세 번째
>   로 많은 나라야.
> • 경훈: 우리나라의 무역 규모가 점점 커지고 있
>   다는 것을 알 수 있어.
> • 주연: 중국과 미국은 우리나라의 수출과 수입에
>   큰 비중을 차지하고 있어.

( )

05 다른 나라와의 경제 교류로 달라진 식생활 모습을 한 가지 쓰시오.

_____

_____

06 다음 ( ) 안에 들어갈 알맞은 내용은 어느 것입니까? (   )

슬기네 모둠에서는 다른 나라와의 경제 교류가 우리 경제생활에 미친 영향을 조사했다. 다음은 (   )을 나타낸 것이다.

프랑스 ○○ 기업의 취업 정보를 더 알고 싶어요.

① 외국 기업과 기술을 교류할 수 있다는 것
② 마트에서 다른 나라의 물건을 살 수 있다는 것
③ 외국 기업에 취업해 일자리를 얻을 수 있다는 것
④ 우리나라 기업이 다른 나라에 공장을 세울 수 있다는 것
⑤ 다른 나라에 가지 않더라도 그 나라의 문화를 경험할 수 있다는 것

07 다음 사례와 관련된 우리나라와 다른 나라 간의 경제적 관계로 알맞은 것은 어느 것입니까? (   )

한국과 미국 자유 무역 협정(FTA)체결

① 경쟁   ② 자유
③ 지원   ④ 갈등
⑤ 상호 의존

08 경제 교류를 할 때 자기 나라 경제를 보호하려는 까닭으로 알맞은 것을 보기 에서 두 가지 골라 기호를 쓰시오.

보기
㉠ 수입액을 더 늘리기 위해서
㉡ 나라 간의 무역 장벽을 없애기 위해서
㉢ 경쟁력이 낮은 국내 산업을 보호하기 위해서
㉣ 나라의 기본이 되는 산업을 보호하기 위해서

(,   )

[09~10] 다음 자료를 보고 물음에 답하시오.

○○ 신문   20○○년 ○○월 ○○일

중국, "한국 물품 수입 NO"

우리나라의 최대 무역 상대국인 중국이 우리나라 물품을 수입하지 않겠다고 발표했다.

09 위와 같은 일이 발생할 때 우리 경제에 미치는 영향을 한 가지 쓰시오.

_____

_____

10 위 문제를 해결하기 위한 방법으로 알맞은 것끼리 바르게 짝지은 것은 어느 것입니까? (   )

㉠ 경제 교류 상대국을 확대한다.
㉡ 중국 물품의 수입량을 제한한다.
㉢ 중국 물품에 높은 관세를 부과한다.
㉣ 세계 무역 기구(WTO)와 같은 국제기구에 도움을 요청한다.

① ㉠, ㉡   ② ㉠, ㉢
③ ㉠, ㉣   ④ ㉡, ㉣
⑤ ㉢, ㉣

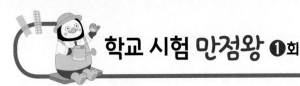 
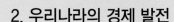
01 다음 그림을 보고, 가계의 경제활동에 대해 바르게 설명한 것을 두 가지 고르시오. (,   )

열심히 일해서 돈을 많이 벌어야지.

이번 달 월급으로 필요한 물건을 사야지.

① 지우: 시장에 서비스를 공급해.
② 재훈: 기업의 생산 활동에 참여해.
③ 민규: 생산을 위해 일자리를 제공해.
④ 유현: 소득으로 필요한 물건을 소비해.
⑤ 누리: 물건을 생산하고 판매해서 이윤을 얻어.

02 다음 (   ) 안에 들어갈 알맞은 말을 쓰시오.

기업은 (   )을/를 얻기 위해 사람들이 생활하는 데 필요한 물건이나 서비스를 생산하여 판매한다.

(   )

03 다음을 보고, 친구들이 선택할 것으로 예상되는 노트북으로 알맞은 것은 어느 것입니까? (   )

	㉠ 노트북	㉡ 노트북	㉢ 노트북
화면 크기	40cm	40cm	50cm
무상 수리	1년	2년	1년
가격	80만 원	70만 원	90만 원

지현: 난 화면이 큰 노트북이 좋아.
경수: 난 가격이 싼 걸 고르려고 해.
유미: 난 무상 수리 기간이 긴 것이 중요해.

① 지현 – ㉠   ② 지현 – ㉡   ③ 경수 – ㉢
④ 유미 – ㉡   ⑤ 유미 – ㉢

04 기업의 합리적 선택에 대한 설명으로 알맞은 것끼리 짝지은 것은 어느 것입니까? (   )

㉠ 생산 비용을 낮추는 방법을 생각해야 한다.
㉡ 홍보 전략을 세울 때는 가장 익숙한 방법으로 계획한다.
㉢ 시장과 소비자 분석을 통해 많이 팔리는 물건을 조사해야 한다.
㉣ 잘 팔리지 않는 제품이라도 끝까지 믿고 판매하는 것이 중요하다.

① ㉠, ㉡   ② ㉠, ㉢   ③ ㉠, ㉣
④ ㉡, ㉢   ⑤ ㉢, ㉣

05 다음 상황에 나타난 우리나라 경제체제의 특징이 아닌 것은 어느 것입니까? (   )

새로 나온 냉장고인데 무료 배송해 드려요.
내가 원하는 디자인이 어디 있지?
가격이 가장 싼 걸 사야지.

① 같은 물건을 만드는 기업끼리 경쟁한다.
② 소비자는 능력과 적성을 발휘할 수 있다.
③ 기업은 더 많은 이윤을 얻기 위해 새로운 기술을 개발한다.
④ 기업 간의 경쟁으로 소비자는 더 좋은 서비스를 받을 수 있다.
⑤ 소비자는 자신이 원하는 조건에 맞는 물건을 구매할 수 있다.

[06~07] 다음 기사를 읽고, 물음에 답하시오.

○○ 신문   20○○년 ○○월 ○○일

치킨, 왜 비싸나 했더니 …

닭고기를 가공하는 업체 여섯 곳이 지난 10년 간 판매 가격과 생산량 등을 합의해 부당하게 경쟁한 것이 드러났다. (㉠)에서는 해당 기업들에 과징금 60억 원을 부과한다고 밝혔다.

06 위와 같은 불공정 거래 행위를 무엇이라고 합니까?
(   )

① 담합　　　　② 경쟁
③ 허위 광고　　④ 과장 광고
⑤ 이윤 창출

07 위 기사의 ㉠에 들어갈 알맞은 국가기관은 어느 것입니까? (   )

① 농림 축산 식품부
② 공정 거래 위원회
③ 국가 인권 위원회
④ 선거 관리 위원회
⑤ 식품 의약품 안전처

08 1950년대 우리나라 경제 상황에 대한 설명으로 알맞은 것끼리 짝지은 것은 어느 것입니까? (   )

┌─────────────────────────────────────┐
㉠ 공업에 종사하는 사람이 많았다.
㉡ 다른 나라의 도움을 받아 산업을 발전시켰다.
㉢ 경제가 성장하여 사람들의 생활 수준이 높았다.
㉣ 6·25 전쟁으로 산업 시설 대부분이 파괴되었다.
└─────────────────────────────────────┘

① ㉠, ㉡　　　　② ㉠, ㉢
③ ㉡, ㉢　　　　④ ㉡, ㉣
⑤ ㉢, ㉣

09 1960년대에 우리나라에서 경공업이 발달한 까닭으로 알맞은 것은 어느 것입니까? (   )

① 노동력이 풍부했기 때문이야.

② 천연자원이 많았기 때문이지.

③ 자연환경이 뛰어났기 때문이야.
④ 자본과 기술이 풍부했기 때문이야.

⑤ 다른 나라보다 잘살았기 때문이야.

10 1970년대~1980년대 경제성장을 위한 정부의 노력으로 알맞은 것은 어느 것입니까? (   )

① 경공업 육성 계획을 발표했다.
② 교육 시설과 연구소를 설립했다.
③ 기업에 높은 이자로 돈을 빌려주었다.
④ 전국에 초고속 정보 통신망을 설치했다.
⑤ 공업 중심에서 농업 중심의 산업 구조로 변화시키기 위해 노력했다.

11 중화학 공업과 관련된 산업은 어느 것입니까? (   )

① 가발 산업   ② 섬유 산업
③ 신발 산업   ④ 철강 산업
⑤ 식료품 산업

12 다음 (   ) 안에 공통으로 들어갈 말은 어느 것입니까?
(   )

> 1970년대부터 우리나라 기업들은 (   )을/를 연구하기 시작했다. 꾸준한 노력의 결과로, 1990년대에는 뛰어난 성능의 (   )을/를 생산할 수 있게 되었다. 1990년대 이후 전자 제품 생산이 늘어나면서 핵심 부품인 (   )은/는 그 중요성이 커졌다. 우리나라에서 생산된 (   )은/는 세계적으로 인정을 받게 되었으며, 1996년 세계 판매량 2위를 달성하게 되었다.

① 로봇   ② 선박
③ 반도체   ④ 디스플레이
⑤ 이동식 저장 장치

13 2000년대 이후 발달한 첨단 산업끼리 알맞게 짝지은 것은 어느 것입니까? (   )

① 신소재, 섬유
② 우주 항공, 철강
③ 인공 지능, 조선
④ 생명 공학, 신소재
⑤ 생명 공학, 석유 화학

14 다음 그래프를 보고 알 수 있는 것은 어느 것입니까?
(   )

▲ 국내 총생산과 1인당 국민 총소득의 변화

① 우리나라 경제는 꾸준히 성장해 왔다.
② 1인당 국민 총소득은 전체적으로 감소했다.
③ 앞으로 우리나라 국내 총생산은 줄어들 것으로 예상된다.
④ 1990년 1인당 국민 총소득은 1970년에 비해 약 3배 늘었다.
⑤ 국내 총생산은 1990년~1995년 사이에 가장 크게 증가했다.

15 다음은 경제성장 과정에서 나타난 문제 중 어떤 문제를 해결하기 위한 방안입니까? (   )

▲ 전기 차 충전소 확대

▲ 친환경 제품 생산

① 노사 갈등
② 농촌 문제
③ 빈부 격차
④ 환경 오염
⑤ 지역 간 불균형 발전

16 다른 나라와의 경제 교류에 대한 설명으로 알맞은 것은 어느 것입니까? (   )

① 우리나라에 부족한 것을 다른 나라에 판다.
② 우리나라에 풍부한 것을 다른 나라에서 산다.
③ 다른 나라에 물건을 파는 것을 수입이라고 한다.
④ 다른 나라에서 물건을 사 오는 것을 수출이라고 한다.
⑤ 나라와 나라 사이에 물건이나 서비스를 사고 파는 것을 무역이라고 한다.

17 다른 나라와의 교류로 달라진 생활 모습을 설명한 것으로 알맞지 않은 것은 어느 것입니까? (   )

① 외국 기업에 취업할 기회가 줄어든다.
② 베트남 음식을 우리나라에서 먹을 수 있다.
③ 소비자가 물건을 살 때 선택의 폭이 넓어진다.
④ 영국에서 만든 뮤지컬을 우리나라에서 관람할 수 있다.
⑤ 외국 기업과의 교류를 통해 기술을 발전시킬 수 있다.

18 다음 지도를 보고, 바르게 해석한 것은 어느 것입니까? (   )

▲ 우리나라와 다른 나라의 수출·수입 물품

① 경제 교류로 얻는 이익이 적다.
② 우리나라에 없는 천연자원을 수출한다.
③ 다른 나라와 상호 의존하며 경제적으로 교류한다.
④ 위 지도에서 다른 나라와 경쟁하는 모습이 나타난다.
⑤ 우리나라의 뛰어난 기술로 만든 커피를 콜롬비아에 수출한다.

[19~20] 다음을 읽고, 물음에 답하시오.

2011년, 인도는 태양광 발전 사업에서 인도산 태양 전지만을 사용하겠다고 발표했다. 인도의 정책으로 인해 관련 물품 수출이 90% 정도 줄어든 미국은 (㉠   )에 이 문제에 대해 판정해 달라고 요청했다.

19 인도가 위와 같은 무역 정책을 발표한 까닭을 바르게 추측한 사람은 누구입니까? (   )

① 민호: 미국과의 관계가 나쁘기 때문이야.
② 나경: 인도에 부족한 자원을 수입하기 위해서야.
③ 희영: 인도는 다른 나라와 경제 교류를 하지 않기 때문이야.
④ 세훈: 미국과 자유 무역 협정(FTA)을 맺지 않았기 때문이야.
⑤ 주미: 인도의 태양광 발전 관련 산업을 발전시키기 위해서야.

20 위 글의 ㉠에 들어갈 알맞은 국제기구는 어느 것입니까? (   )

① 국제 연합(UN)
② 국제 통화 기금(IMF)
③ 자유 무역 협정(FTA)
④ 세계 무역 기구(WTO)
⑤ 국제 사법 재판소(ICJ)

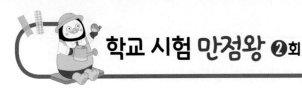

01 가계와 기업의 경제적 역할에 대한 설명으로 알맞은 것은 어느 것입니까? ( )

① 가계는 사람들에게 일자리를 제공한다.
② 기업은 생산 활동에 참여해 소득을 얻는다.
③ 가계와 기업의 경제적 역할은 서로 관련이 없다.
④ 기업은 물건과 서비스를 생산하여 판매해 이윤을 얻는다.
⑤ 가계와 기업은 직접 만나야만 물건이나 서비스를 거래할 수 있다.

[02~03] 다음 자료를 보고, 물음에 답하시오.

	㉠ 라면	㉡ 라면	㉢ 라면	㉣ 라면	㉤ 라면
맛	매운맛	짜장 맛	고소한 맛	매운맛	짜장 맛
용량	50g	60g	45g	55g	50g
가격	1000원	1200원	1100원	1100원	1000원
형태	국물	비빔	국물	비빔	비빔

▲ ○○ 라면 회사 제품 분석

02 위 자료를 바르게 해석한 것은 어느 것입니까? ( )

① 국물 라면은 세 가지이다.
② 고소한 맛 라면이 인기가 많다.
③ ㉣ 라면보다 ㉢ 라면이 100원 더 비싸다.
④ 가장 가격이 비싼 라면은 ㉠ 라면과 ㉤ 라면이다.
⑤ 용량을 중요하게 생각하는 소비자는 ㉡ 라면을 선택할 것이다.

03 다음과 같은 선택 기준을 가진 수진이가 구입할 것으로 예상되는 라면은 어느 것입니까? ( )

나는 라면을 고를 때 맛을 먼저 봐. 매운맛을 좋아하고 요즘 유행하는 비빔 라면을 먹고 싶어.

수진

① ㉠   ② ㉡   ③ ㉢
④ ㉣   ⑤ ㉤

04 다음 조사 결과를 바탕으로 ○○ 라면 회사가 합리적 선택을 하려고 할 때 알맞지 <u>않은</u> 것은 어느 것입니까? ( )

〈소비자 선호도 조사 결과〉
• 짜장 맛보다는 매운맛에 선호도가 더 높다.
• 3년 전부터 국물 라면보다는 비빔 라면에 대한 선호가 높아지고 있다.

〈생산 및 홍보 방법에 대한 조사 결과〉
• 라면 1개를 생산하는 데 A 공장은 300원, B 공장은 400원의 비용이 든다.
• 홍보 효과가 가장 좋은 것은 순서대로 동영상 사이트 광고, 텔레비전 광고, 전단지 광고, 누리 소통망 서비스(SNS) 광고이다.

① 비빔 라면 제품을 개발한다.
② 매운맛 라면을 주력 상품으로 정한다.
③ 이윤을 높이기 위한 방법을 찾아야 한다.
④ 홍보 효과가 큰 누리 소통망 서비스(SNS)로 홍보한다.
⑤ B 공장보다는 A 공장에서 생산하면 비용을 낮출 수 있다.

05 경제활동의 자유와 경쟁이 우리 생활에 주는 영향으로 알맞은 것은 어느 것입니까? ( )

① 개인의 능력을 발휘하기 어렵다.
② 기업은 기술 개발을 할 필요가 없다.
③ 소비자는 원하는 서비스를 받을 수 없다.
④ 기업은 정해진 만큼만 물건을 생산할 수 있다.
⑤ 개인, 기업뿐만 아니라 국가 전체 경제 발전에 도움이 된다.

06 기업의 허위·과장 광고로 인한 문제점을 바르게 말한 사람은 누구입니까? (　　)

> • 동근: 소비자가 올바른 판단을 하는 것을 방해해.
> • 성훈: 같은 종류의 물건을 생산하는 기업이 피해를 보게 돼.
> • 지윤: 물건의 품질이 향상되어 소비자가 높은 가격을 지불해야 해.

① 지윤
② 동근
③ 성훈
④ 동근, 성훈
⑤ 지윤, 동근

07 바람직한 경제활동을 위해 국회와 정부가 하는 노력으로 알맞지 <u>않은</u> 것은 어느 것입니까? (　　)

① 공정 거래법을 만든다.
② 공정 거래 위원회를 운영한다.
③ 불공정한 경제활동을 감시한다.
④ 기업이 독과점을 할 수 있도록 돕는다.
⑤ 더 많은 기업이 물건을 만들 수 있도록 지원한다.

08 1950년대 우리나라 경제성장의 모습으로 알맞은 것은 어느 것입니까? (　　)

① 중화학 공업 육성 계획을 수립했다.
② 자동차, 정밀 기계가 주요 수출품이 되었다.
③ 다른 나라에 도움을 주며 경제가 성장하도록 노력했다.
④ 생활에 필요한 물품을 만드는 소비재 산업을 발전시켰다.
⑤ 공업 중심의 산업 구조를 농업 중심으로 바꾸려고 노력했다.

09 다음 자료를 보고 바르게 설명한 학생끼리 짝지은 것은 어느 것입니까? (　　)

▲ 1960년대에 발전한 산업

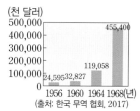
▲ 연도별 수출액
(출처: 한국 무역 협회, 2017)

> • 건호: 노동력이 필요한 제품을 수출했어.
> • 수현: 수출액이 증가하면서 경제도 성장했어.
> • 민지: 1960년대에는 중화학 공업이 발달했어.
> • 혜원: 수출 기업이 이윤을 얻지 못했을 것 같아.

① 건호, 수현
② 건호, 민지
③ 수현, 민지
④ 수현, 혜원
⑤ 민지, 혜원

10 다음 시설이 세워진 시기의 경제성장 모습으로 알맞은 것은 어느 것입니까? (　　)

▲ 포항 종합 제철소

① 개인용 컴퓨터가 널리 보급되었다.
② 전국에 초고속 정보 통신망을 설치했다.
③ 전쟁으로 대규모 산업 시설이 파괴되었다.
④ 미국의 원조를 바탕으로 삼백 공업이 발달했다.
⑤ 기술력을 갖추기 위해 교육 시설과 연구소를 설립했다.

11 다음 (가), (나) 자료를 통해 알 수 있는 것으로 알맞지 않은 것은 어느 것입니까? (   )

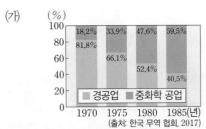

(가)

▲ 연도별 경공업과 중화학 공업 수출 비중
(출처: 한국 무역 협회, 2017)

(나)

▲ 연도별 국내 총생산과 수출액
(출처: 한국은행, 각 연도)

① 우리나라 경제가 성장했다.
② 점차 수출액이 늘어나고 있다.
③ 수출액과 함께 국내 총생산도 증가했다.
④ 중화학 공업 제품에 대한 수출이 늘어났다.
⑤ 우리나라 산업 구조가 중화학 공업에서 경공업으로 바뀌었다.

12 1990~2000년대 경제성장 모습을 바르게 짝지은 것은 어느 것입니까? (   )

> ㉠ 많은 노동력이 필요한 첨단 산업이 발달했다.
> ㉡ 편리함을 제공하는 다양한 서비스 산업이 발달했다.
> ㉢ 개인용 컴퓨터가 보급되면서 중화학 공업이 발달했다.
> ㉣ 정보 통신 산업의 발달로 기존 산업이 더욱 발전했다.

① ㉠, ㉡   ② ㉠, ㉣
③ ㉡, ㉢   ④ ㉡, ㉣
⑤ ㉢, ㉣

13 다음은 우리나라 경제성장 연표를 만들기 위해 모은 자료입니다. 잘못 정리한 자료는 어느 것입니까?
(   )

시대	사진	설명
① 1960년대		가발 공장에서 일하는 모습
② 1970년대		제철소에서 철을 만드는 모습
③ 1980년대		인공 지능 로봇이 안내하는 모습
④ 1990년대		반도체를 만드는 모습
⑤ 2000년대		비대면 콘서트를 하는 모습

14 경제성장에 따른 생활 모습의 변화로 알맞은 것은 어느 것입니까? (   )

① 해외여행을 자제하게 되었다.
② 도시에 거주하는 인구가 줄어들었다.
③ 통신의 발달로 정보를 주고받기 어려워졌다.
④ 국민 소득은 낮아졌지만 생활 수준은 높아졌다.
⑤ 교통의 발달로 쉽고 빠르게 이동할 수 있게 되었다.

15 경제성장 과정에서 생긴 문제점과 해결 방안을 바르게 짝지은 것은 어느 것입니까? (   )

① 빈부 격차 – 환경 보호 캠페인 열기
② 노사 갈등 – 국가 균형 발전 정책 실시
③ 환경 오염 – 저소득층을 위한 제도 시행
④ 빈부 격차 – 사회적 약자를 위한 지원 확대
⑤ 지역 간 불균형 발전 – 친환경 차량 지원 정책 실시

16 다른 나라와 경제 교류를 하면 좋은 점으로 알맞은 것을 두 가지 고르시오. (,   )

① 개인의 경제활동 범위를 제한할 수 있다.
② 외국산 제품이나 농산물에 대한 의존도가 높아진다.
③ 우리나라에 부족하거나 없는 자원이나 물건을 수출할 수 있다.
④ 우리나라의 발전된 기술과 제품을 수출해 이익을 얻을 수 있다.
⑤ 다른 나라에 공장을 세워 운반 비용을 줄이고, 값싼 노동력을 활용할 수 있다.

17 다음 그림과 관련된 다른 나라와의 경제 교류가 우리 생활에 미치는 영향으로 알맞은 것은 어느 것입니까? (   )

정말 보고 싶었던 ○○ 나라의 만화야.

이 식당에서 피자를 먹으면 정말 이탈리아에 온 것 같아.

① 국내 기업의 경쟁력이 떨어진다.
② 다른 나라에 공장을 세울 수 있다.
③ 다른 나라에서 일자리를 구할 수 있다.
④ 값싸고 질 좋은 물건을 구매할 수 있다.
⑤ 다른 나라에 가지 않아도 그 나라의 문화를 경험할 수 있다.

18 나라 간에 경제적으로 경쟁하는 까닭으로 가장 알맞은 것은 어느 것입니까? (   )

① 서로 도움을 주고받기 위해서
② 자유 무역 협정을 맺기 위해서
③ 세계 경제에서는 협력이 중요하기 때문에
④ 더 많이 수출하여 더 큰 이윤을 얻기 위해서
⑤ 부족한 것은 수입하고 풍부한 것은 수출하기 위해서

19 다른 나라와 무역을 하면서 문제가 발생한 사례로 알맞지 않은 것은 어느 것입니까? (   )

① 사례 1 우리나라는 칠레와 자유 무역 협정을 맺어 포도를 값싸게 수입했다.
② 사례 2 우리나라는 방사능 오염이 우려되는 일본의 수산물 수입을 거부했다.
③ 사례 3 세계적으로 커피 재배가 흉작이라 커피 원두 수입이 어려워졌다.
④ 사례 4 일본에서 우리나라에 반도체 부품 수출을 거부했다.
⑤ 사례 5 미국이 우리나라 세탁기에 더 높은 관세를 부과했다.

20 무역 문제를 해결하는 방안으로 가장 알맞은 것은 어느 것입니까? (   )

① 국제 연합에 가입한다.
② 갈등 관계의 나라와 교류를 단절한다.
③ 수입액보다 수출액을 높이기 위해 노력한다.
④ 무역 문제를 담당하는 국내 기관을 설립한다.
⑤ 다른 나라보다는 국내 시장에 제품을 판매한다.

서술형 평가 2단원

01 다음은 가계와 기업의 경제적 관계를 나타낸 것입니다. ㉡~㉢에 들어갈 알맞은 말을 쓰시오.

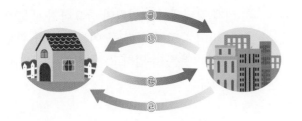

㉠	소득으로 물건이나 서비스를 소비한다.
㉡	
㉢	
㉣	일자리를 제공하고 임금을 지급한다.

02 우리나라 경제활동에서 경쟁이 없다면 어떤 문제가 생길 수 있을지 쓰시오.

_____

_____

03 다음 기사를 보고, 공정한 경제활동을 위해 정부와 시민 단체가 할 수 있는 노력을 쓰시오.

○○ 신문   20○○년 ○○월 ○○일

이동 통신 3사 '요금 담합' 의혹

이동통신 3사의 무제한 데이터 요금제 중 가장 저렴한 것은 65,000원으로 모두 동일하다. 거기에다 해당 서비스를 비슷한 시기에 내놓아서 3사가 가격 담합을 한 것이 아니냐는 의혹이 제기되고 있다.

정부	
시민 단체	

[04~05] 다음은 경제성장 과정을 나타낸 연표의 일부입니다. 물음에 답하시오.

1960년대	㉠
1970년대	포항 종합 제철소 등 중화학 공업 단지를 조성했다.
1980년대	자동차 산업이 발달했다.
1990년대	㉡ 정보 통신 산업이 발달했다.

(출처: 정보 통신부, 2001)

04 ㉠에 들어갈 내용을 쓰시오.

_____

_____

05 밑줄 친 ㉡으로 인해 우리의 생활 모습이 어떻게 변화했는지 쓰시오.

_____

_____

06 다음 보고서에 나타난 문제를 해결하기 위해 정부는 어떤 노력을 해야 하는지 쓰시오.

〈기후 위기에 관한 보고서〉

　지구 전체의 온도가 산업 혁명 이전과 비교하여 1℃ 높아졌다. 이상 기후가 발생하여 지구 곳곳에서 폭염이 계속되고, 극지방의 얼음이 녹아 해수면이 상승하고 있다.
　이제 기후 위기는 경고를 넘어 인류에게 재앙으로 다가오고 있다.

_____

_____

07 다음을 읽고, ⑺ 나라는 어떻게 경제 교류를 하면 좋을지 쓰시오.

　⑺ 나라는 1년 내내 덥고 습한 나라이다. 그래서 바나나, 카사바와 같은 열대 과일이 많이 생산된다. 반면에 기술력이 부족해 휴대 전화, 자동차와 같은 물건은 만들지 못한다.

_____

_____

_____

_____

[08~09] 다음 신문 기사를 읽고 물음에 답하시오.

○○ 신문　　　　　　　　　　　　20○○년 ○○월 ○○일

**미국의 수입 제한,
한국 세탁기에 높은 관세 붙는다**

　미국이 다음 달부터 우리나라 세탁기에 높은 관세를 부과하기로 하면서 미국에 수출하고 있는 우리나라 세탁기 산업에 빨간불이 켜졌다. 미국이 우리나라 세탁기를 많이 수입하면서 미국의 세탁기 생산 기업이 피해를 본다고 판단한 까닭이다. 이에 우리나라 세탁기 수출이 어려워질 것으로 예상된다.

08 우리나라와 미국 간에 어떤 무역 문제가 생겼는지 간략하게 쓰시오.

_____

_____

09 위의 무역 문제를 해결할 수 있는 방법을 한 가지 쓰시오.

_____

_____

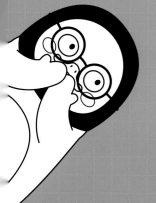

효과가 상상 이상입니다.

예전에는 아이들의 어휘 학습을 위해 학습지를 만들어 주기도 했는데,
이제는 이 교재가 있으니 어휘 학습 고민은 해결되었습니다.
아이들에게 아침 자율 활동으로 할 것을 제안하였는데,
"선생님, 더 풀어도 되나요?"라는 모습을 보면,
아이들의 기초 학습 습관 형성에도 큰 도움이 되고 있다고 생각합니다.

ㄷ초등학교 안OO 선생님

어휘 공부의 힘을 느꼈습니다.

학습에 자신감이 없던 학생도 이미 배운 어휘가 수업에 나왔을 때 반가워합니다.
어휘를 먼저 학습하면서 흥미도가 높아지고
동기 부여가 되는 것을 보면서 어휘 공부의 힘을 느꼈습니다.

ㅂ학교 김OO 선생님

학생들 스스로 뿌듯해해요.

처음에는 어휘 학습을 따로 한다는 것 자체가 부담스러워했지만,
공부하는 내용에 대해 이해도가 높아지는 경험을 하면서
스스로 뿌듯해하는 모습을 볼 수 있었습니다.

ㅅ초등학교 손OO 선생님

앞으로도 활용할 계획입니다.

학생들에게 확인 문제의 수준이 너무 어렵지 않으면서도
교과서에 나오는 낱말의 뜻을 확실하게 배울 수 있었고,
주요 학습 내용과 관련 있는 낱말의 뜻과 용례를
정확하게 공부할 수 있어서 효과적이었습니다.

ㅅ초등학교 지OO 선생님

학교 선생님들이 확인한 어휘가 문해력이다의 학습 효과! 직접 경험해 보세요

학기별 교과서 어휘 완전 학습
<어휘가 문해력이다>
—— 예비 초등 ~ 중학 3학년 ——

2024 강원
동계청소년올림픽대회

WINTER YOUTH OLYMPIC GAMES GANGWON 2024

01.19–02.01

GET YOUR TICKETS
GANGWON2024.COM

경기티켓
무료예매

GANGWON
2024
YOUTH
OLYMPIC
GAMES

GROW
TOGETHER
SHINE
FOREVER

뭉초
MOONGCHO

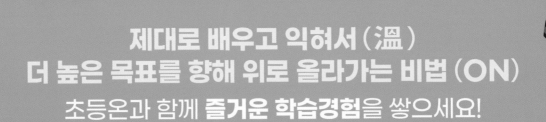

아직 기초가 부족해서 차근차근 공부하고 싶어요.

조금 어려운 내용에 **도전해보고 싶어요.**

영어의 모든 것! 체계적인 영어공부를 원해요.

조금 어려운 내용에 **도전해보고 싶어요.**

학습 고민이 있나요?
초등온에는 친구들의 **고민에 맞는** **다양한 강좌**가 준비되어 있답니다.

학교 진도에 맞춰 공부하고 싶어요.

초등ON 이란?

EBS가 직접 제작하고 분야별 전문 교육업체가 개발한 다양한 콘텐츠를 바탕으로,

대표강좌

초등 목표달성을 위한 **<초등온>** 서비스를 제공합니다.

예습, 복습, 숙제까지 해결되는

교과서 완전 학습서

만점왕

BOOK 3
해설책

사회 6-1

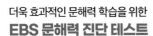

BOOK 3
해설책

만점왕 사회
6-1

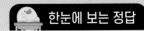

Book 1 개념책

 우리나라의 정치 발전

(1) 민주주의의 발전과 시민 참여

 핵심 개념 문제 12~13쪽

01 4·19 혁명 02 ④ 03 박정희 04 ⑤ 05 ㉢
06 6·29 민주화 선언 07 지방 자치제 08 ①

 중단원 실전 문제 14~15쪽

01 ① 02 ② 03 유신 헌법 04 ⑤ 05 ④ 06 ①, ④
07 ㉡, ㉣ 08 ①, ⑤ 09 ④ 10 ④

 서술형 평가 돋보기 16~17쪽

연습 문제

1 이승만 2 이승만, 마산, 김주열, 4, 19 3 ⑩ 이승만은 대통령 자리에서 물러나고 3·15 부정 선거는 무효가 되었다. 등

실전 문제

1 (1) 계엄군 (2) 시민군 2 ⑩ 부당한 정권에 맞서 민주주의를 지키려는 시민과 학생들의 노력과 의지를 보여 주었다. 등
3 6월 민주 항쟁 4 ⑩ 당시 여당 대표였던 노태우가 6·29 민주화 선언을 발표했다. 등 5 ⑩ 투표, 1인 시위, 시민 단체 활동 등

(2) 일상생활과 민주주의

 핵심 개념 문제 20~21쪽

01 민주주의 02 ⑤ 03 ① 04 비판 05 ㉢ 06 ⑤
07 ① 08 ㉠, ㉡, ㉤, ㉣, ㉢

 중단원 실전 문제 22~23쪽

01 ㉠ 02 평등 03 ② 04 정훈 05 ⑤ 06 다수결
07 ③ 08 ③ 09 ③ 10 ⑤

 서술형 평가 돋보기 24~25쪽

연습 문제

1 민주주의 2 민주주의, 주인, 민주주의, 평등 3 ⑩ 선거에서 유권자라면 누구나 한 표씩 행사할 수 있다. / 도서관에서 책은 누구나 똑같이 다섯 권씩만 빌릴 수 있다. 등

실전 문제

1 관용 2 비판적 태도, 양보와 타협 등 3 다수결 또는 다수결의 원칙 4 ⑩ 의견을 빠르고 쉽게 결정할 수 있다. 등
5 ⑩ 소수의 의견이 무시될 수 있으므로 소수의 의견을 존중하려는 노력이 필요하다. 등

(3) 민주정치의 원리와 국가기관의 역할

 핵심 개념 문제 29~31쪽

01 국민 주권 02 ①, ④ 03 권력 분립 04 ⑤ 05 ㉠
06 국정 감사 07 ② 08 ③ 09 ④ 10 3심 제도
11 국회 12 ③

중단원 실전 문제   32~33쪽

01 ⑤   02 ⑤   03 ⓒ   04 ②   05 국무총리   06 ②

07 법원   08 ③   09 ②   10 ③

서술형 평가 돋보기   34~35쪽

연습 문제

1 국민 주권   2 국민 주권, 국민, 국민   3 예 투표에 참여할 수 없다. / 우리 지역의 문제를 해결하는 데 참여할 수 없다. 등

실전 문제

1 (1) 권력 분립 (2) 국회, 정부, 법원   2 예 서로를 견제하고 감시하면서 권력의 균형을 이루어 국민의 자유와 권리를 보호하기 위해서이다. 등   3 예 법을 만드는 일을 한다. / 국정 감사를 한다. 등   4 대통령   5 예 정부의 최고 책임자로 국가의 중요한 정책을 결정한다. 등

대단원 마무리   38~41쪽

01 ①   02 ⓒ, ㉣, ㉡, ㉠   03 ④   04 ④   05 전두환

06 ⓛ   07 ③, ⑤   08 ⑤   09 예 대통령 직선제와 지방 자치제가 시행되었다. 등   10 ②   11 ②   12 자유   13 ②

14 예 일상생활에서 의사를 결정할 때, 선거로 대표를 결정할 때 사용한다. 등   15 ㉠, ㉡   16 ④   17 국민 주권   18 ③

19 ②   20 ①   21 국무 회의   22 국방부   23 ④

24 예 국민이 공정한 재판을 받을 수 있도록 하기 위해서이다. 등   25 ②

② 우리나라의 경제 발전

(1) 경제주체의 역할과 우리나라 경제체제의 특징

핵심 개념 문제   49~50쪽

01 ⓛ   02 시장   03 ⑤   04 ③, ⑤   05 ③   06 ⓒ

07 ③   08 ②, ③

중단원 실전 문제   51~52쪽

01 ①   02 합리적   03 ③   04 ⑤   05 ⑤   06 ⑤

07 (가)   08 ③, ⑤   09 ⑤   10 ㉠

서술형 평가 돋보기   53~54쪽

연습 문제

1 자유, 경쟁   2 서비스, 가격, 맛 / 종류 / 메뉴 등

실전 문제

1 (1) 선택 기준/ 우선순위 (2) 만족, 만족

2 예 의류를 만드는 기업은 가장 많은 소비자가 고려하는 디자인과 가격을 생각하여 옷을 만든다. / 제품에 불만족하는 이유를 분석해 제품의 질을 보완한다. 등

3 (1) 허위 (2) 공정 거래 위원회

4 예 불공정한 경제활동을 한 기업을 알리고 그 기업의 제품을 사지 않는다. / 허위·과장 광고 등과 같이 불공정한 경제활동을 감시한다. / 공정하지 못한 경제활동을 보면 관련 기관에 신고한다. 등

(2) 우리나라의 경제성장과 경제생활의 변화

핵심 개념 문제   58~59쪽

01 ①   02 ④   03 ①   04 ④   05 ⑤   06 ⑤   07 ⑤
08 ①

중단원 실전 문제   60~61쪽

01 ③   02 ④   03 ②, ③   04 조선업 / 조선 산업   05 ③
06 ⑤   07 초고속 정보 통신망   08 ⑤   09 ⓛ   10 ④

서술형 평가 돋보기   62~63쪽

연습 문제

1 예 증가하고 / 늘어나고 / 커지고, 빈부 격차 / 소득 격차 /
소득 양극화 등   2 예 재산에 따라 원하는 교육을 받을 수 있
는 기회가 달라진다. / 가난으로 인해 인간다운 삶을 살지 못
할 수도 있다. / 사회 갈등이 심화된다. 등   3 예 정부에서 저
소득층에게 생계비, 양육비, 학비를 지원해 준다. / 교육 기회
의 불평등이 발생하지 않도록 한다. / 국회에서 여러 복지 정
책을 법률로 정한다. / 개인과 기업, 시민 단체는 기부 문화
정착을 위해 노력한다. 무료 급식소 운영 등의 봉사 활동을
한다. 등

실전 문제

1 (1) 기술 (2) 경공업, 중화학 공업
2 예 연도별 국내 총생산이 크게 증가했다. / 연도별 국내 수
　출액이 크게 증가했다. 등
3 (1) 공업, 감소하고 / 줄어들고 (2) 커질 / 벌어질
4 예 정부에서 귀농을 지원한다. / 정부에서 농촌 지역 발전
　기금을 만들어 제공한다. / 농업 연구소를 만들어 경쟁력
　있는 농산품을 생산한다. 등

(3) 세계 속의 우리나라 경제

핵심 개념 문제   66~67쪽

01 ①   02 ①   03 ⑤   04 ⑤   05 ④   06 ⑤   07 ①
08 ⓒ

중단원 실전 문제   68~69쪽

01 ①   02 ②, ③   03 ③   04 ㉠ 목재 / 천연고무 / 노동
력, ㉡ 자동차 / 휴대 전화 / 첨단 기술   05 ①   06 자유 무
역 협정(FTA)   07 ⑤   08 ⓒ   09 ③   10 ㉠

서술형 평가 돋보기   70~71쪽

연습 문제

1 ㉠ 열대 과일, 원유, 목재 등
　㉡ 반도체, 자동차, 휴대 전화 등
2 자연 환경, 자원, 기술, 수입, 수출, 이익, 무역

실전 문제

1 (1) 58, 42.8
　(2) 중국 미국 베트남, 중국 미국 일본
2 예 (가) 수출품의 종류를 다양화한다. / 수입품의 국내 경쟁
　력을 높여 국내 생산한다. 등
　(나) 여러 나라에서 수입과 수출할 수 있도록 한다. / 무역 상
　대국을 넓힌다. / 세계 무역 시장을 확대한다. 등
3 (1) 자동차 / 반도체 / 비료, 구리 / 포도 / 포도주 / 돼지고
　기 (2) 농축산물 (3) 반도체
4 예 칠레산 포도를 저렴한 가격에 사먹을 수 있다. / 우리나
　라의 자동차 산업이 더욱 발달했다. / 농민 피해를 줄이기
　위해 다양한 노력이 이루어지고 있다. 등

대단원 마무리

01 도현, 시현 02 ①, ② 03 ③ 04 ⑩ 환경을 생각한 제품인가? / 자원을 재활용한 제품인가? 등 05 ④ 06 ④ 07 공정 거래 위원회 08 ㉡ 09 ① 10 ③ 11 중화학 공업 12 ⑩ 중화학 공업 중에서도 다른 산업에서 제품을 만드는 데 필요한 재료를 공급하는 산업이기 때문에 등 13 태우 14 ④ 15 ③ 16 ① 17 소득 격차 / 빈부 격차 / 경제적 양극화 18 ④ 19 준배 20 ⑩ 나라마다 기술력에 차이가 있기 때문에 / 나라마다 자연환경과 자원이 다르기 때문에 / 각 나라마다 더 잘 생산할 수 있는 물건이나 서비스가 다르기 때문에 등 21 ① 22 ② 23 ③ 24 세계 무역 기구 / WTO 25 ④

Book 2 실전책

① 우리나라의 정치 발전

1단원 (1)   중단원 쪽지 시험

01 3·15 부정 선거 02 4·19 혁명 03 5·16 군사 정변 04 6·29 민주화 선언 05 투표(선거) 06 5·18 민주화 운동 07 지방 자치제 08 박정희 09 직선제 10 이한열

중단원 확인 평가   1 (1) 민주주의의 발전과 시민 참여

01 ⑤ 02 ③ 03 4·19 혁명 04 ⑩ 국민의 기본권을 제한할 수 있어 대통령은 막강한 권력을 갖게 되었다. 등 05 ⑤ 06 ④ 07 6월 민주 항쟁 08 ⑩ 국민이 선거를 하여 직접 대통령을 뽑을 수 있게 되었다. 지방 자치제가 시행되었다. 등 09 ④, ⑤ 10 ④

1단원 (2)   중단원 쪽지 시험

01 정치 02 가정 03 평등 선거 04 선거 관리 위원회 05 다수결의 원칙 06 문제 해결 방안 탐색하기 07 민주주의 08 자유 09 대화 10 소수

중단원 확인 평가   1 (2) 일상생활과 민주주의

01 ⑤ 02 민주주의 03 ② 04 ④ 05 ② 06 ⑩ 국민을 대표할 사람을 투표로 뽑는 일로 시민들의 가장 기본적인 정치 참여이기 때문이다. 등 07 ④ 08 ④ 09 대화와 타협, 다수결의 원칙, 다수, 소수, 다수, 소수 10 ④

1단원 (3) 중단원 쪽지 시험 13쪽

01 국민 주권   02 헌법   03 국회 의원   04 대통령
05 국회, 정부, 법원(입법부, 행정부, 사법부)   06 국정 감사
07 국무총리   08 법원   09 3심 제도   10 헌법재판소

중단원 확인 평가   1 (3) 민주정치의 원리와 국가기관의 역할 14~15쪽

01 국민 주권, 권력 분립   02 ⑤   03 ③, ⑤   04 ⑤
05 ①   06 ⑩ 법을 만든다. 등   07 정부(행정부)   08 ③,
④   09 ④   10 ⑩ 공정한 재판을 위해서이다.

학교 시험 만점왕 ❶회   1. 우리나라의 정치 발전 16~19쪽

01 ②   02 ④, ⑤   03 ②   04 ③   05 ⑤   06 ②   07 ③
08 ⑤   09 ②   10 ④   11 ③   12 ②   13 ①   14 ③
15 ①   16 ⑤   17 ③   18 ②   19 ①, ②   20 ①

학교 시험 만점왕 ❷회   1. 우리나라의 정치 발전 20~23쪽

01 ③   02 ②   03 ③   04 ②, ④   05 ⑤   06 ⑤   07 ③
08 ②   09 ⑤   10 ③   11 ③   12 ⑤   13 ②, ③   14 ④
15 (1) ㉠, ㉢ (2) ㉢, ㉣ (3) ㉡, ㉣   16 ③   17 ③   18 ⑤
19 ④   20 ④

1단원 서술형 평가 24~25쪽

01 4·19 혁명   02 ⑩ 이승만 정부의 독재 정치와 3·15 부정
선거 때문이다.   03 ⑩ 학생과 시민들이 자발적으로 나서서
독재 정권을 무너뜨렸다. / 민주주의를 지켜내는 밑거름이 되
었다. 등   04 ⑩ 사회 공동의 문제를 해결하기 위해서이다.
등   05 ⑩ 서명 운동, 1인 시위, 캠페인, 누리 소통망(SNS)
활용, 시·도청 누리집 활용, 선거나 투표, 시민 단체나 정당
가입, 공청회 참석 등   06 ㈎ 가족회의, ㈏ 투표(선거)
07 ⑩ 학급 회의, 전교 임원 선거 등   08 ⑩ 나와 다른 의견
을 인정하고 받아들이는 태도이다. 등   09 ⑩ 국가를 다스리
는 법을 만든다. 등   10 ⑩ 공정한 재판을 하기 위해서이다.
등

❷ 우리나라의 경제 발전

2단원 (1) 중단원 쪽지 시험 27쪽

01 가계   02 소비   03 생산   04 만족감   05 이윤
06 자유롭게   07 경쟁   08 불공정한   09 담합   10 공정
거래 위원회

중단원 확인 평가   2 (1) 경제주체의 역할과 우리나라 경제체제의 특징 28~29쪽

01 ③   02 기업   03 ②   04 ⑩ 필요하지 않은 물건을
살 수도 있다. / 사용하기에 불편한 물건을 살 수도 있다. / 물
건을 구매하고 후회할 수도 있다. 등   05 ⑤   06 ③
07 ⑩ ○○ 치킨 영상 공유 누리집에 신제품 홍보 영상을 올
리거나 신제품과 관련한 이벤트를 열어 사람들의 관심을 끈
다. 등   08 ⑤   09 ③   10 지훈

2단원 (2) 중단원 쪽지 시험
31쪽

01 농업 02 경제 개발 5개년 03 경공업 04 중화학 공업 05 자동차 06 반도체 07 인공 지능 08 1인당 국민 총소득 09 커지는 10 노사 갈등

중단원 확인 평가 2 (2) 우리나라의 경제성장과 경제생활의 변화
32~33쪽

01 소비재 산업 02 ① 03 ④, ⑤ 04 중화학 공업, 경공업 05 ① 06 ⑤ 07 ④ 08 예 지역 간에 보다 빠르게 이동할 수 있게 되었다. / 예전보다 편리하게 이동을 할 수 있게 되었다. 등 09 ⑤ 10 예 국가 균형 발전을 위한 정책을 시행한다. / 공공 기관을 지방에 이전한다. / 농어촌 지역에 대한 지원 정책을 추진한다. 등

2단원 (3) 중단원 쪽지 시험
35쪽

01 무역 02 수출 03 자연환경 04 높은 기술력 05 경쟁 06 문화 07 일자리 08 관세 09 자유 무역 협정 (FTA) 10 세계 무역 기구(WTO)

중단원 확인 평가 2 (3) 세계 속의 우리나라 경제
36~37쪽

01 수입 02 ② 03 ③ 04 주연 05 예 베트남에 가지 않아도 베트남 음식을 먹을 수 있다. / 식당의 식재료 원산지 안내판을 보면 다양한 나라에서 수입한 재료를 사용하고 있음을 알 수 있다. 등 06 ③ 07 ⑤ 08 ㉢, ㉣ 09 예 우리나라 수출액에서 높은 비중을 차지하는 중국과 무역이 어려워져 경제가 어려워질 수도 있다. / 중국을 상대로 수출하는 기업이 어려움을 겪게 된다. 등 10 ③

학교 시험 만점왕 ❶회 2. 우리나라의 경제 발전
38~41쪽

01 ②, ④ 02 이윤 03 ④ 04 ② 05 ② 06 ① 07 ② 08 ④ 09 ① 10 ② 11 ④ 12 ③ 13 ④ 14 ① 15 ④ 16 ⑤ 17 ① 18 ③ 19 ⑤ 20 ④

학교 시험 만점왕 ❷회 2. 우리나라의 경제 발전
42~45쪽

01 ④ 02 ⑤ 03 ④ 04 ④ 05 ⑤ 06 ④ 07 ④ 08 ④ 09 ① 10 ⑤ 11 ⑤ 12 ⑤ 13 ③ 14 ⑤ 15 ④ 16 ④, ⑤ 17 ⑤ 18 ④ 19 ① 20 ④

2단원 서술형 평가
46~47쪽

01 ㉡ 예 물건이나 서비스를 판매하고 이윤을 얻는다. 등 / ㉢ 예 기업의 생산 활동에 참여하여 소득을 얻는다. 등

2 예 기업이 좋은 품질의 물건을 만들지 않아서 소비자는 원하는 품질의 상품을 살 수 없다. 등

3 정부 예 공정 거래 위원회가 불공정한 경제활동을 조사하고 규제한다. 등 / 시민 단체 예 불공정한 경제활동을 감시하고 정부에 해결을 요구한다. 등

4 예 신발 산업 등 경공업이 발달했다. 등

5 예 해외 소식을 빠르게 알 수 있다. / 정보를 쉽게 이용할 수 있다. 등

6 예 전기 자동차 보급 정책을 추진한다. / 환경 관련 제도를 마련한다. 등

7 예 자신의 나라에서 풍부한 열대 과일은 수출하고, 기술력이 필요한 물건은 수입한다. 등

8 예 미국이 우리나라 세탁기에 높은 관세를 부과하여 수입량을 줄이려고 한다. / 미국이 우리나라 세탁기에 높은 관세를 매겨서 우리나라 세탁기 수출에 어려움을 겪게 되었다. 등

9 세계 무역 기구(WTO)에 판단을 요청한다. / 미국과 대화를 통해 관세 협상을 한다. 등

① 단원 우리나라의 정치 발전

(1) 민주주의의 발전과 시민 참여

핵심 개념 문제   12~13쪽

01 4·19 혁명   **02** ④   **03** 박정희   **04** ⑤   **05** ㉢
06 6·29 민주화 선언   **07** 지방 자치제   **08** ①

01 전국에서 이승만 정부의 독재와 3·15 부정 선거를 비판하는 시위는 4·19 혁명입니다.

02 4·19 혁명의 결과 이승만은 대통령 자리에서 물러났고, 3·15 부정 선거는 무효가 되었습니다.

> **오답 피하기**
> ①, ②, ③ 6월 민주 항쟁의 결과입니다.
> ⑤ 5·18 민주화 운동 과정 중에 있었던 일입니다.

03 박정희는 일부 군인들과 정변을 일으켜 정권을 잡았습니다(5·16 군사 정변, 1961년). 1972년에는 유신 헌법을 공포하여 대통령이 되는 횟수를 제한하지 않았으며, 대통령 직선제를 간선제로 바꾸는 등 독재 체제를 더욱 강화했습니다.

04 전라남도 광주(현재 광주광역시)에서 일어난 대규모 민주화 시위는 5·18 민주화 운동입니다. 전두환이 보낸 계엄군이 폭력적으로 시위를 진압하자, 이에 맞서 광주 시민들은 시민군을 만들어 계엄군에 대항했습니다.

> **오답 피하기**
> ③ 4·19 혁명, ④ 6월 민주 항쟁과 관련 있습니다.

05 시민들과 학생들은 전두환 정부의 독재에 반대하고 대통령 직선제를 요구하며 전국 곳곳에서 시위를 벌였습니다(6월 민주 항쟁, 1987년).

06 6월 민주 항쟁으로 당시 여당 대표였던 노태우는 대통령 직선제를 포함한 민주화 요구를 받아들이겠다고 발표했습니다(6·29 민주화 선언, 1987년).

07 지방 자치제를 실시해 주민들은 지역의 문제를 스스로 해결하려고 의견을 제시하고, 지역의 대표들은 주민들의 의견을 수렴해 여러 가지 문제를 민주적으로 해결하고 있습니다.

08 시민들은 투표에 참여함으로써 자신의 의견을 제시할 수 있습니다.

중단원 실전 문제   14~15쪽

01 ①   **02** ②   **03** 유신 헌법   **04** ⑤   **05** ④   **06** ①, ④
07 ㉡, ㉣   **08** ①, ⑤   **09** ④   **10** ④

01 우리나라의 첫 번째 대통령이었던 이승만은 헌법을 바꿔 가며 계속 대통령이 되어 독재 정치를 이어 나갔습니다.

02 1960년 4월 19일, 수많은 시민들과 학생들은 이승만 정부의 독재와 3·15 부정 선거에 항의하고 민주화를 요구하며 시위를 벌였습니다.

03 박정희 정부가 1972년 10월에 발표한 유신 헌법에는 대통령이 국회 해산권, 정치 활동 금지권, 긴급 조치권 등을 갖는다는 내용이 담겨 있습니다. 유신 헌법은 이처럼 대통령의 지위와 권한을 강화하고 국회의 권한과 국민의 기본권을 제한해 대통령의 독재가 더욱 심해지게 되었습니다.

04 전라남도 광주(현재 광주광역시)에서 대규모 민주화 시위가 일어나자 전두환은 시위를 진압할 계엄군을 광주에 보냈습니다. 계엄군이 폭력적으로 시위를 진압하자 분노한 시민들은 시민군을 만들어 군인들에게 대항했습니다(5·18 민주화 운동, 1980년).

05 박종철이 고문으로 사망한 사건은 6월 민주 항쟁으로 이어졌습니다.

06 전두환 정부는 언론을 통제하고 민주화를 요구하는 시민들을 탄압했습니다. 또 국민들의 요구를 받아들이지 않고 대통령 간선제를 유지한다고 발표했습니다. 이에 시민과 학생들은 대통령 직선제와 민주화를 외치며 전국에서 시위를 벌였습니다(6월 민주 항쟁, 1987년).

② 1961년에 박정희는 5·16 군사 정변으로 정권을 잡았습니다.
③ 1980년 5·18 민주화 운동과 관련 있습니다.
⑤ 1960년 4·19 혁명과 관련 있습니다.

07 6·29 민주화 선언은 대통령 직선제, 지방 자치제 시행, 언론의 자유 보장, 지역감정 없애기 등의 내용을 담고 있습니다.

08 대통령 직선제는 국민이 직접 대통령을 뽑는 선거 제도입니다. 6·29 민주화 선언에 따라 대통령 직선제로 헌법이 바뀌었습니다.

09 3·15 부정 선거 → 4·19 혁명 → 5·16 군사 정변 → 5·18 민주화 운동 → 6월 민주 항쟁의 순서입니다.

10 오늘날 시민들이 사회 공동의 문제 해결에 참여하는 방법에는 투표, 공청회 참석, 정당 활동, 시민 단체 활동, 캠페인, 서명 운동, 1인 시위, 누리 소통망 서비스(SNS)에 의견 올리기 등이 있습니다.

서술형 평가 돋보기   16~17쪽

연습 문제

1 이승만 **2** 이승만, 마산, 김주열, 4, 19 **3** 예 이승만은 대통령 자리에서 물러나고 3·15 부정 선거는 무효가 되었다. 등

실전 문제

1 (1) 계엄군 (2) 시민군 **2** 예 부당한 정권에 맞서 민주주의를 지키려는 시민과 학생들의 노력과 의지를 보여 주었다. 등 **3** 6월 민주 항쟁 **4** 예 당시 여당 대표였던 노태우가 6·29 민주화 선언을 발표했다. 등 **5** 예 투표, 1인 시위, 시민 단체 활동 등

1 이승만 정부는 1960년 3월 15일에 치러질 정부통령 선거에서 이기려고 부정 선거를 계획하고 실행했습니다.

2 1960년 4월 19일, 전국에서 많은 시민과 학생들이 이승만 정부의 독재와 3·15 부정 선거로 짓밟힌 민주주의를 바로 세우고자 시위에 참여했습니다.

3 4·19 혁명의 결과 이승만이 대통령 자리에서 물러났고, 3·15 부정 선거는 무효가 되었습니다.

4·19 혁명의 결과(이승만이 대통령 자리에서 물러남, 3·15 부정 선거 무효 처리)에 대해 바르게 썼으면 정답으로 합니다.

1 (1) 계엄군은 전쟁이나 내란 등 국가의 비상사태가 일어났을 때, 전국 또는 일부 지역을 경계하는 임무를 맡은 군대입니다. 계엄군은 학생과 시민들을 향해 총을 쏘며 폭력적으로 시위를 진압했습니다.
(2) 시민군은 시민들이 스스로 조직한 군대입니다. 계엄군이 폭력적으로 시위를 진압해 많은 사람이 죽거나 다치자 분노한 시민들이 시민군을 조직해 계엄군에 대항했습니다.

2 5·18 민주화 운동은 민주화에 대한 시민들의 의지를 보여 주었습니다. 또한 다른 나라의 민주화 운동에 영향을 미쳤습니다.

5·18 민주화 운동의 의의(민주화에 대한 시민과 학생들의 의지, 다른 나라의 민주화 운동에 영향)에 대해 바르게 썼으면 정답으로 합니다.

3 민주화를 요구하는 시위 도중 대학생 이한열이 경찰이 쏜 최루탄에 맞아 의식을 잃었습니다. 이 사건에 분노한 시민과 학생들은 전국에서 민주화 시위를 벌였습니다(6월 민주 항쟁, 1987년).

4 6월 민주 항쟁으로 당시 여당 대표였던 노태우는 대통령 직선제를 포함한 민주화 요구를 받아들이겠다는 6·29 민주화 선언을 발표했습니다.

채점 기준

6월 민주 항쟁 결과(대통령 직선제, 민주화)에 대해 바르게 썼으면 정답으로 합니다.

5 오늘날 시민들이 사회 공동의 문제 해결에 참여하는 방법에는 투표, 공청회 참석, 정당 활동, 시민 단체 활동, 캠페인, 서명 운동, 1인 시위, 누리 소통망 서비스(SNS)에 의견 올리기 등이 있습니다.

채점 기준

오늘날 시민들이 사회 공동의 문제 해결에 참여하는 방법을 두 가지 썼으면 정답으로 합니다.

(2) 일상생활과 민주주의

핵심 개념 문제 20~21쪽

01 민주주의 **02** ⑤ **03** ① **04** 비판 **05** ⓒ **06** ⑤
07 ① **08** ㉠, ㉡, ㉢, ㉣, ㉢

01 민주주의는 모든 국민이 국가의 주인으로서 권리를 갖고, 그 권리를 자유롭고 평등하게 행사하는 정치 제도입니다.

02 인간의 존엄성은 우리 모두는 인간으로서 소중한 가치를 지니고 있기 때문에 태어날 때부터 존중받을 권리가 있다는 것입니다.

03 관용은 나와 다른 의견을 인정하고 받아들이는 것입니다.

04 비판적 태도는 사실이나 의견의 옳고 그름을 객관적으로 따져 살펴보는 것입니다.

05 다수결의 원칙은 다수의 의견이 소수의 의견보다 합리적일 것으로 생각하고 다수의 의견에 따르는 것입니다.

06 민주적 의사 결정의 원리에는 대화와 타협, 다수결의 원칙, 소수의 의견 존중 등이 있습니다. 상대방의 의견을 비판 없이 무조건 수용하는 것은 민주적 의사 결정 원리가 아닙니다.

07 문제 확인하기는 해결해야 할 문제를 확인하는 것입니다.

08 민주적 의사 결정 원리에 따라 문제를 해결하는 순서는 '문제 확인하기 → 문제 원인 파악하기 → 문제 해결 방안 탐색하기 → 문제 해결 방안 결정하기 → 문제 해결 방안 실천하기'입니다.

01 ㉠   02 평등   03 ②   04 정훈   05 ⑤   06 다수결

07 ③   08 ③   09 ③   10 ⑤

01 나이가 많은 남성이 집안일을 결정하는 것은 민주주의의 사례가 아닙니다.

02 평등은 모든 사람이 성별, 재산, 종교 등을 이유로 차별받지 않고 동등하게 대우받는 것입니다.

03 민주주의는 국민의 자유와 평등을 보장해서 인간의 존엄성을 실현하는 것을 목표로 합니다.

04 양보와 타협은 상대방에게 어떤 일을 배려하고 서로 협의하는 것입니다.

05 비판적 태도는 사실이나 의견의 옳고 그름을 객관적으로 따져 살펴보는 것입니다.

06 다수결의 원칙을 사용하는 사례에는 일상생활에서의 의사 결정, 선거로 대표 결정, 학급 회의로 안건 결정 등이 있습니다.

07 대화와 타협은 충분한 대화를 하면서 의견을 조정하고 타협하는 것입니다.

08 다수결로 의견을 결정할 때에도 소수의 의견을 존중하려는 노력이 필요합니다.

오답 피하기

① 가장 많은 사람이 찬성한 의견이 항상 옳은 것은 아닙니다.

② 다수결로 의견을 정할 때 소수의 의견이 존중되지 못하는 문제가 생겨 불만이 생길 수도 있다는 단점이 있습니다.

④ 의사 결정을 할 때 무조건 나이가 많은 사람의 의견을 따르는 것은 민주적인 의사 결정 방법이 아닙니다.

⑤ 갈등을 민주적으로 해결하는 방법에는 대화와 타협, 다수결의 원칙 등이 있습니다.

09 문제를 해결할 수 있는 다양한 방안을 탐색하는 것은 문제 해결 방안 탐색하기입니다.

10 문제 해결 방안 탐색하기 다음에는 문제 해결 방안 결정하기를 해야 합니다.

연습 문제

1 민주주의   2 민주주의, 주인, 민주주의, 평등   3 ⑩ 선거에서 유권자라면 누구나 한 표씩 행사할 수 있다. / 도서관에서 책은 누구나 똑같이 다섯 권씩만 빌릴 수 있다. 등

실전 문제

1 관용   2 비판적 태도, 양보와 타협 등   3 다수결 또는 다수결의 원칙   4 ⑩ 의견을 빠르고 쉽게 결정할 수 있다. 등 5 ⑩ 소수의 의견이 무시될 수 있으므로 소수의 의견을 존중하려는 노력이 필요하다. 등

연습 문제

1 학생 자치회, 주민 자치 위원회, 공청회, 지방 의회는 민주주의의 다양한 예입니다.

2 민주주의는 자유를 존중하고 평등을 이루어 인간의 존엄성을 실현하는 것을 목표로 하며, 생활 속에서 문제를 해결하는 중요한 원리입니다.

3 평등은 모든 사람이 사회적 지위나 신분, 성별, 종교 등을 이유로 차별받지 않고 동등하게 대우받을 권리를 말합니다.

채점 기준

평등의 사례를 바르게 썼으면 정답으로 합니다.

실전 문제

1 관용은 나와 다른 의견을 인정하고 받아들이는 태도입니다.

2 생활 속에서 민주주의를 실천하는 태도에는 관용, 비판적 태도, 양보와 타협 등이 있습니다.

채점 기준

민주주의를 실천하는 태도를 두 가지 이상 바르게 썼으면 정답으로 합니다.

3 다수결의 원칙은 다수의 의견이 소수의 의견보다 합리적일 것으로 생각하고 다수의 의견에 따라 결정하는 민주적 의사 결정 원리입니다.

4 다수결의 원칙은 의견을 빠르고 쉽게 결정할 수 있다는 장점이 있습니다.

다수결의 원칙이 지닌 장점에 대해 바르게 썼으면 정답으로 합니다.

5 다수결의 원칙에 따라 의사를 결정할 때에도 소수의 의견을 존중하려는 노력이 필요합니다.

다수결의 원칙으로 의견을 결정할 때의 주의점에 대해 바르게 썼으면 정답으로 합니다.

(3) 민주정치의 원리와 국가기관의 역할

핵심 개념 문제 29~31쪽

01 국민 주권 **02** ①, ④ **03** 권력 분립 **04** ⑤ **05** ㉠
06 국정 감사 **07** ② **08** ③ **09** ④ **10** 3심 제도
11 국회 **12** ③

01 국민 주권은 국민이 한 나라의 주인으로서 나라의 중요한 일을 스스로 결정할 수 있다는 것입니다.

02 국민은 선거나 국민 투표에 직접 참여해 국민 주권을 실현하고 있습니다. 우리 국민은 4·19 혁명, 5·18 민주화 운동, 6월 민주 항쟁 등을 통해 국민 주권을 지키고자 했습니다.

03 국가기관이 서로 견제하고 권력의 균형을 이루는 권력 분립의 원리가 적용되고 있습니다.

04 권력 분립은 국가 권력을 분리하여 각각 다른 기관이 나누어 맡도록 하는 것입니다.

05 국회에서 하는 가장 중요한 일은 법을 만드는 것입니다.

06 국정 감사는 국회가 정부가 하는 일을 감독하고 확인하는 일을 말합니다.

07 대통령은 국가를 대표하는 사람이자 정부의 최고 책임자로 나라의 중요한 일을 결정합니다.

08 정부는 법에 따라 나라의 살림을 맡아 하는 기관입니다. 정부 조직에는 대통령을 중심으로 국무총리와 여러 개의 부, 처, 청, 위원회가 있습니다.

09 법원은 법에 따라 재판을 하는 곳으로 사람들 사이의 다툼을 해결해 줍니다.

오답 피하기
①, ⑤는 국회, ②는 정부의 국무총리, ③은 정부의 대통령이 하는 일입니다.

10 우리나라는 국민이 공정한 재판을 받을 수 있도록 한 사건에 대해 원칙적으로 급이 다른 법원에서 세 번까지 재판을 받을 수 있는 3심 제도를 두고 있습니다.

11 법을 만드는 일은 국회에서 합니다.

12 대통령은 정부의 최고 책임자입니다.

중단원 실전 문제
32~33쪽

01 ⑤　**02** ⑤　**03** ㉢　**04** ②　**05** 국무총리　**06** ②
07 법원　**08** ③　**09** ②　**10** ③

01 대한민국 헌법 제1조 제2항에 국민 주권이 명시되어 있습니다. 국민이 대통령을 뽑는 것은 국민 주권을 실현하는 방법 중 하나입니다.

02 서로 다른 국가기관이 국가 권력을 나누어 맡는 까닭은 서로를 견제하고 감시하면서 권력의 균형을 이루어 국민의 자유와 권리를 보장하기 위해서입니다.

03 정부의 최고 책임자는 대통령입니다.

04 국회에서는 법을 만드는 일을 합니다.

> **오답 피하기**
> ①, ⑤ 법원, ③ 정부, ④ 헌법 재판소에서 하는 일입니다.

05 국무총리는 대통령을 도와 각 부를 관리합니다. 또 대통령이 외국을 방문하거나 특별한 이유로 일하지 못하면 대통령의 임무를 대신합니다.

06 정부는 법에 따라 나라의 살림을 맡아 하는 기관입니다. 국무 회의는 정부의 주요 정책을 검토하고 결정하는 최고 심의 기관을 말합니다.

07 법원은 법에 따라 재판을 하는 국가기관입니다.

08 법원에서는 사람들 사이의 다툼을 해결하고, 법을 지키지 않은 사람을 처벌하며, 개인과 국가, 지방 자치 단체 사이에서 생긴 갈등을 해결하는 일을 합니다.

> **오답 피하기**
> ㉠, ㉡, ㉣은 국회에서 하는 일입니다.

09 우리나라는 국민이 공정한 재판을 받을 수 있도록 한 사건에 원칙적으로 세 번까지 재판을 받을 수 있는 3심 제도를 두고 있습니다.

10 국민의 대표인 국회 의원은 국회에서 일을 합니다.

서술형 평가 돋보기
34~35쪽

연습 문제

1 국민 주권　**2** 국민 주권, 국민, 국민　**3** ⑩ 투표에 참여할 수 없다. / 우리 지역의 문제를 해결하는 데 참여할 수 없다. 등

실전 문제

1 (1) 권력 분립　(2) 국회, 정부, 법원　**2** ⑩ 서로를 견제하고 감시하면서 권력의 균형을 이루어 국민의 자유와 권리를 보호하기 위해서이다. 등　**3** ⑩ 법을 만드는 일을 한다. / 국정 감사를 한다. 등　**4** 대통령　**5** ⑩ 정부의 최고 책임자로 국가의 중요한 정책을 결정한다. 등

연습 문제

1 국민 주권을 실현하는 가장 기본적인 방법은 국민이 대표를 뽑는 선거에 참여하여 주인으로서 권리를 행사하는 것입니다.

2 국민 주권은 국민이 한 나라의 주인으로서 나라의 중요한 일을 스스로 결정할 수 있다는 것입니다. 국민은 선거에 참여해 원하는 후보자에게 투표함으로써 자신의 뜻을 전할 수 있습니다.

3 국민에게 주권이 없다면 주인으로서의 권리를 행사할 수 없습니다.

> **채점 기준**
> 국민이 국가의 주인으로서의 권리를 행사하지 못하는 사례를 썼으면 정답으로 합니다.

실전 문제

1 (1) 국가 권력을 분리하여 각각 다른 국가기관이 나누어 맡도록 하는 것을 권력 분립이라고 합니다.
(2) 우리나라는 국회, 정부, 법원이 국가 권력을 나누어 맡고 있습니다.

2 국가 권력을 여러 국가기관이 나누어 맡는 까닭은 서로를 견제하고 균형을 이루어 국민의 자유와 권리를 보장

하기 위해서입니다.

국민의 자유와 권리를 지키기 위해서라는 내용이 들어가면 정답으로 합니다.

3 국회는 국민의 대표인 국회 의원이 나라의 중요한 일을 의논하고 결정하는 국가기관입니다. 국회에서는 법 제정, 예산안 심의·확정, 국정 감사 등의 일을 합니다.

국회에서 하는 일을 두 가지 썼으면 정답으로 합니다.

4 대통령은 외국에 대해 우리나라를 대표하며, 정부의 최고 책임자입니다.

5 대통령은 국가의 중요한 일을 결정하며, 국회의 동의를 얻어 국무총리를 임명합니다.

대통령이 하는 일을 바르게 썼으면 정답으로 합니다.

대단원 마무리 38~41쪽

01 ① **02** ㉢, ㉣, ㉡, ㉠ **03** ④ **04** ④ **05** 전두환
06 ㉡ **07** ③, ⑤ **08** ⑤ **09** 예 대통령 직선제와 지방 자치제가 시행되었다. 등 **10** ② **11** ② **12** 자유 **13** ②
14 예 일상생활에서 의사를 결정할 때, 선거로 대표를 결정할 때 사용한다. 등 **15** ㉠, ㉡ **16** ④ **17** 국민 주권 **18** ③
19 ② **20** ① **21** 국무 회의 **22** 국방부 **23** ④
24 예 국민이 공정한 재판을 받을 수 있도록 하기 위해서입니다. 등 **25** ②

01 3·15 부정 선거에 항의하고 이승만 정부의 독재를 막기 위해서 4·19 혁명이 일어났습니다.

02 마산에서 3·15 부정 선거를 비판하는 시위가 일어났으며, 1960년 4월 19일 전국에서 많은 시민과 학생들이 시위에 참여했습니다. 그리고 대학교수들도 학생들을 지지하며 정부에 항의해 시위에 참여했습니다. 그 결과 이승만은 대통령 자리에서 물러나게 되었습니다.

03 4·19 혁명은 학생과 시민들이 힘을 합쳐 독재 정권을 무너뜨린 사건입니다.

①, ②, ⑤는 6월 민주 항쟁, ③은 박정희 독재 정부에 대한 시위와 관련이 있습니다.

04 박정희가 일부 군인들과 함께 무력으로 정권을 잡은 사건은 5·16 군사 정변입니다.

05 박정희가 부하에게 피살된 이후 전두환을 비롯한 일부 군인들이 다시 정변을 일으켜 권력을 차지했습니다. 이에 시민들이 민주화를 요구하여 시위를 벌였지만 정변을 일으킨 군인들은 시민들을 탄압했습니다.

06 '박종철 사건을 제보한 검사' 역할은 6월 민주 항쟁과 관련 있습니다.

07 1987년 민주화 운동에 참여했던 대학생 박종철이 경찰에게 고문을 받다가 사망하는 일이 발생하였고, 전두환 정부가 국민의 대통령 직선제 요구를 받아들이지 않겠다고 발표했습니다. 이에 시민과 학생들이 전두환 정부의 독재에 반대하고 민주화를 요구하며 시위를 벌였습니다.

①, ②는 4·19 혁명, ④는 5·18 민주화 운동과 관련 있습니다.

08 6월 민주 항쟁은 우리 사회 여러 분야에서 민주적인 제도를 만들고 그것을 실천해 나갈 수 있게 한 중요한 사건입니다.

09 6·29 민주화 선언은 대통령 직선제, 지방 자치제 시행, 언론의 자유 보장, 지역감정 없애기 등의 내용을 담고 있습니다.

6·29 민주화 선언에 담긴 내용을 썼으면 정답으로 합니다.

10 제시된 그림은 1인 시위를 하는 모습입니다.

11 민주주의의 예로 독재 정치는 알맞지 않습니다.

12 자유는 국가나 다른 사람들에게 구속받지 않고 자신의 의사를 스스로 결정할 수 있는 권리입니다.

13 일상생활 속에서 민주주의를 실천하기 위해 나와 다른 의견을 인정하는 관용의 자세가 필요합니다.

14 다수결의 원칙을 사용하는 사례에는 일상생활에서 의사를 결정할 때, 선거로 대표 결정, 학급 회의로 안건 결정 등이 있습니다.

채점 기준

다수결의 원칙을 사용하는 사례를 두 가지 썼으면 정답으로 합니다.

15 의사 결정을 할 때 다수결의 원칙을 사용하면 의견을 빠르고 쉽게 결정할 수 있습니다. 하지만 소수의 의견이 존중되지 못하는 문제가 생겨 일부 사람들이 불만을 가질 수도 있습니다. 따라서 일상생활에서 문제가 발생하면 다수결로 정하기 전에 대화와 타협의 과정을 거치고, 소수의 의견도 존중해야 합니다.

16 제시된 그림은 다수결로 문제 해결 방안을 결정하는 모습입니다.

17 국민 주권은 국민이 한 나라의 주인으로서 나라의 중요한 일을 스스로 결정하는 민주정치의 기본 원리입니다.

18 권력 분립은 여러 국가기관이 권력을 나누어 맡도록 하여 서로 감시하고 견제하면서 권력의 균형을 이루게 하는 민주정치의 원리입니다. 우리나라에서는 국가 권력을 국회, 정부, 법원이 나누어 맡고 있습니다.

19 국회에서는 정부가 법에 따라 일을 잘하고 있는지 확인하려고 국정 감사를 합니다.

20 국회는 국민의 대표인 국회 의원이 나라의 중요한 일을 의논하고 결정하는 국가기관입니다. 국회에서는 법 제정, 예산안 심의·확정, 국정 감사 등의 일을 합니다.

21 국무 회의는 정부의 주요 정책을 심의하는 최고의 심의 기관으로 대통령과 국무총리, 행정 각 부의 장관을 비롯한 국무 위원으로 구성됩니다.

22 우리나라 정부 조직에서 나라를 지키고 국민을 보호하는 일을 하는 곳은 국방부입니다.

23 법원에서는 법을 지키지 않은 사람을 처벌합니다.

오답 피하기

①, ⑤는 국회, ②는 정부의 국무총리, ③은 정부의 국토 교통부에서 하는 일입니다.

24 3심 제도는 한 사건에 대해 원칙적으로 세 번까지 재판을 받을 수 있도록 한 제도입니다. 이는 국민이 공정한 재판을 받을 수 있도록 하기 위해 운영되는 것입니다.

채점 기준

공정한 재판을 받을 수 있도록 한다는 내용이 들어가면 정답으로 합니다.

25 공정한 재판을 위한 원칙에는 법원과 법관의 독립, 재판 공개, 3심 제도가 있습니다.

오답 피하기

② 특정한 경우를 제외하고 재판 결과를 공개합니다.

만점왕 단원평가

한 권으로 끝내는 국·수·사·과 단원평가
단원별 핵심정리, 단원평가,
서술형 문항을 한 권으로 해결!

(1) 경제주체의 역할과 우리나라 경제체제의 특징

핵심 개념 문제   49~50쪽

01 ㉡   **02** 시장   **03** ⑤   **04** ③, ⑤   **05** ③   **06** ㉢
07 ③   **08** ②, ③

01 가계는 가정 살림을 같이하는 생활 공동체로 기업의 생산 활동에 참여하고 대가로 소득을 얻어 소비 활동을 합니다.

02 기업은 생산한 물건이나 서비스를 시장에 내놓고, 가계는 필요한 물건이나 서비스를 시장에서 구입합니다. 이처럼 가계와 기업은 시장에서 만나 거래를 합니다.

03 합리적 선택이란 다양한 기준을 고려하여 적은 비용으로 가장 큰 만족감을 얻도록 선택하는 것을 말합니다.

04 기업의 합리적 선택은 수입은 늘리고 비용은 줄여 이윤을 최대로 늘리는 것입니다.

> **오답 피하기**
> ③ 다른 기업이 더 잘 만드는 물건을 생산하면 물건이 잘 판매되지 않으므로 이윤이 줄어들게 됩니다.
> ⑤ 많은 비용을 들여 생산하는 것 보다 적은 비용을 들여 생산하는 것이 더 많은 이윤을 남기는 방법입니다.

05 개인과 기업은 경제 활동의 자유를 누리면서 자신들의 이익을 얻기 위해 경쟁합니다.

06 기업은 어떤 물건이나 서비스를 얼마나 생산하고 판매할지, 이윤을 어디에 어떻게 사용할지 자유롭게 결정할 수 있습니다.

07 기업의 목표는 상품이나 서비스를 생산해 판매하여 이윤을 추구하는 것입니다.

08 정부와 시민 단체는 기업들의 공정한 경제 활동을 위해 가격을 담합할 수 없도록 하고, 허위·과장 광고를 감시

하며 공정하지 않은 경제 활동을 한 기업의 상품 구매하지 않기 운동 등을 합니다.

중단원 실전 문제   51~52쪽

01 ①   **02** 합리적   **03** ③   **04** ⑤   **05** ⑤   **06** ⑤
07 (가)   **08** ③, ⑤   **09** ⑤   **10** ㉠

01 가계는 기업의 생산 활동에 참여하고 대가로 소득을 얻어 소비 활동을 합니다. 기업은 사람들에게 일자리를 제공하고 상품을 만들어 판매하거나 서비스를 제공하고 이윤을 얻습니다.

02 가계는 다양한 기준을 고려하여 적은 비용으로 가장 큰 만족감을 얻도록 합리적 선택을 하며 기업은 수입은 늘리고 비용은 줄여 이윤을 최대로 늘리도록 합리적 선택을 합니다.

03 합리적 선택을 위해서는 어떤 물건을 살지 우선순위를 정하고 선택 기준표를 작성해 비교·평가한 뒤 가장 적절한 물건을 선택해야 합니다. 할인하는 물건이라고 무조건 구매해서는 안 됩니다.

04 도현이는 생산지 노동자들의 인권을 고려해 공정하게 대가를 지불한 초콜릿을 선택했습니다.

05 문구점, 백화점, 대형 마트, 전통 시장 등은 눈에 보이는 물건을 사고파는 시장입니다. 주식 시장, 외환 시장 등은 눈에 보이지 않는 물건을 사고파는 시장입니다.

06 기업은 합리적 선택을 위해 최소의 비용으로 최대의 이윤을 남길 수 있는 방법을 선택합니다. ① 계절별 판매량에 따라 언제 상품을 많이 생산할지 ② 홍보 효과를 보고 어디에 상품을 홍보할지 ③ 어떤 종류의 상품을 많이 생산할지 ④ 어느 공장에서 생산하는 것이 생산 비용을 줄일 수 있을지 선택할 수 있습니다.

> **오답 피하기**
> ⑤ 공장별 근로자가 사는 곳은 생산 비용과 직접적인 관련이 없습니다.

07 기업은 최소의 비용으로 최대의 이윤을 얻도록 합리적 선택을 합니다. (개) 공장은 임금, 재료값, 설비 유지비 등 총 생산 비용이 45만 원인 반면 (내) 공장은 총 생산 비용이 55만 원입니다. 따라서 기업은 생산 비용이 덜 드는 (개) 공장에서 제품을 생산하는 것이 더 합리적입니다.

08 축구 선수가 되기 위해 꾸준히 연습하면서 다른 선수와 경쟁하거나 자신이 관심과 흥미가 있는 분야에 관련된 직업을 갖기 위해 노력하고 있습니다.

> **오답 피하기**
> ① 개인은 직업 활동을 할 자유가 있습니다.
> ② 소득을 얻기 위해 기업의 생산 활동에 참여합니다.
> ④ 경제활동으로 얻은 소득을 자유롭게 사용할 수 있으나 제시된 그림과 관련이 없습니다.

09 기업은 광고, 가격 내리기, 품질과 서비스 개선하기 등의 경쟁을 통해 자기 기업의 물건이나 서비스를 더 많이 판매하려고 노력합니다.

> **오답 피하기**
> ⑤ 기업 간에 약속을 통해 물건 가격을 정하는 가격 담합은 공정하지 않은 경제활동입니다.

10 기업끼리 몰래 미리 의논하여 가격을 정하는 것을 가격 담합이라고 합니다. 가격 담합은 소비자에게 피해가 가는 공정하지 못한 경제활동으로 정부나 개인은 이를 감시하여 공정한 경제활동이 이루어지도록 합니다.

 서술형 평가 돋보기 53~54쪽

> (연습 문제)
> **1** 자유, 경쟁 **2** 서비스, 가격, 맛 / 종류 / 메뉴 등

> (실전 문제)
> **1** (1) 선택 기준/ 우선순위 (2) 만족, 만족
> **2** 예 의류를 만드는 기업은 가장 많은 소비자가 고려하는 디자인과 가격을 생각하여 옷을 만든다. / 제품에 불만족하는 이유를 분석해 제품의 질을 보완한다. 등
> **3** (1) 허위 (2) 공정 거래 위원회
> **4** 예 불공정한 경제활동을 한 기업을 알리고 그 기업의 제품을 사지 않는다. / 허위·과장 광고 등과 같이 불공정한 경제활동을 감시한다. / 공정하지 못한 경제활동을 보면 관련 기관에 신고한다. 등

(연습 문제)

1 분식집들은 서비스, 가격, 메뉴 등을 자유롭게 정하면서 다른 분식집과 경쟁하여 더 많은 이윤을 얻기 위해 노력합니다.

2 분식집 간의 경쟁으로 소비자는 친절한 서비스, 저렴해진 가격, 다양한 메뉴의 음식을 경험할 수 있게 되었다는 것을 알 수 있습니다. 이처럼 기업 간의 경쟁은 소비자에게 가격, 품질, 서비스 등 여러 면에서 이점을 줍니다.

> **채점 기준**
> 서비스, 가격, 다양한 메뉴나 맛 등 기업 간 경쟁을 통해 소비자가 얻을 수 있는 이점을 썼으면 정답으로 합니다.

(실전 문제)

1 (1) (개) 그래프를 통해 사람들이 물건을 살 때 가격, 디자인, 상표, 기능 등 다양한 것을 고려한다는 것을 알 수 있습니다. 사람들은 이러한 선택 기준에 따라 가장 큰 만족감을 얻기 위해 합리적 선택을 하려고 노력합니다.

(2) (내) 그래프를 통해 구입한 제품에 대해 '불만족' 한다는 답변을 한 소비자가 36명으로 '만족, 매우 만족' 한다는 소비자의 합 32명보다 많다는 것을 알 수 있습니다.

2 기업은 더 많은 이윤을 얻기 위해 다른 기업과 서로 경쟁합니다. 그래프를 통해 소비자가 옷을 구입할 때 가장 많이 고려하는 것이 디자인과 가격 등임을 알 수 있습니다. 따라서 이것을 고려하여 제품을 생산하고 제품에 불만족하는 까닭을 찾아 보완하는 등의 노력을 할 수 있습니다.

> **채점 기준**
> 그래프를 통해 기업이 분석한 내용을 바탕으로 더 많은 이윤을 얻기 위한 방법을 썼으면 정답으로 합니다.

3 바르기만 하면 살이 빠진다는 ○○ 기업의 광고가 허위 광고라고 공정 거래 위원회가 판정했습니다.

4 공정하지 못한 거래를 보았을 때 개인이나 시민 단체는 공정하지 못한 거래를 한 기업의 경제활동을 감시하고, 공정하지 못한 거래를 한 기업의 상품 구매 하지 않기 운동 등을 할 수 있습니다.

> **채점 기준**
> 공정하지 못한 거래를 한 기업에 개인이 할 수 있는 방법을 썼으면 정답으로 합니다.

(2) 우리나라의 경제성장과 경제생활의 변화

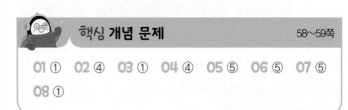

핵심 개념 문제   58~59쪽

01 ① **02** ④ **03** ① **04** ④ **05** ⑤ **06** ⑤ **07** ⑤ **08** ①

01 1950년대에는 농업 중심에서 공업 중심으로 산업 구조 변화를 꾀했습니다. 이에 소비재 산업 중에서도 식료품 공업, 섬유 공업 등 삼백 공업이 발전했습니다.

> **오답 피하기**
> ② 1960년대는 경공업이 발달했습니다.
> ③ 1970년대에는 중화학 공업이 발달했습니다.
> ④ 1980년대는 중화학 공업 중에서도 자동차 산업이 발달했습니다.
> ⑤ 1990년대는 컴퓨터, 전자 제품과 관련된 반도체 산업이 발달했습니다.

02 1960년대에는 정부가 중심이 되어 고속 국도, 항만, 발전소, 정유 시설을 건설했습니다.

03 1970년대에는 정부 주도로 중화학 공업 중심의 경제 발전을 추진했습니다. 특히 철강 산업과 석유 화학 산업, 조선 산업 등이 발달했고, 높은 기술력을 갖추기 위해 교육 시설과 연구소 등을 설립했습니다.

04 1970~1980년대는 경공업 중심에서 중화학 공업 중심으로 우리나라의 산업 구조가 바뀌던 시기입니다. 경공업보다 중화학 공업의 수출 비중이 커지면서 1980년대 들어서 수출액과 국민 소득이 크게 늘어나고 사람들의 생활수준이 향상되었습니다.

> **오답 피하기**
> ① 경공업 발전에 힘 쓴 시기는 1960년대입니다.
> ②, ③ 문화 콘텐츠의 수입액이 증가하고 첨단 산업의 기술 개발 경쟁이 치열해진 시기는 2000년대 이후입니다.
> ⑤ 전쟁으로 국민들의 생활 수준이 크게 떨어진 시기는 1950년대입니다.

05 1990년대 개인용 컴퓨터가 널리 보급되고 1990년대 후반 전국에 초고속 정보 통신망이 설치되면서 인터넷 관련 산업과 정보 통신 기술 관련 산업이 발전했습니다.

06 2000년대 이후 고도로 발달된 첨단 산업에는 생명 공학, 우주 항공, 신소재 산업, 로봇 산업 등이 있습니다. 석유 화학 산업은 1970년대 정부의 주도로 발달하기 시작했습니다.

07 경제가 성장함에 따라 농업 중심에서 공업 중심으로 산업 구조가 변화하고, 소득이 크게 향상되었습니다. 또 여가 활동 시간과 여가 활동에 사용하는 비용이 늘어났으며 생활을 편리하게 해 주는 제품이 널리 보급되었습니다. 전보다 빠르고 편리한 교통·통신 시설을 이용하게 되는 등 생활 모습에 변화가 생겼습니다.

08 기업 간 경쟁은 우리나라 경제체제의 특징으로 문제점이라고 볼 수 없습니다.

중단원 실전 문제
60~61쪽

01 ③　**02** ④　**03** ②, ③　**04** 조선업 / 조선 산업　**05** ③
06 ⑤　**07** 초고속 정보 통신망　**08** ⑤　**09** ㉡　**10** ④

01 1950년대에는 전쟁으로 파괴된 시설을 복구하고 경제적으로 자립하기 위해 생활에 필요한 물품을 만드는 식료품 공업, 섬유 공업 등 소비재 산업이 발달했습니다.

오답 피하기
① 전국에 초고속 정보 통신망이 설치된 시기는 1990년대 말입니다.
② 경제 개발 5개년 계획을 실시한 때는 1960년대입니다.
④ 소득 불균형 문제는 국민 소득이 높아진 1980년대 후반에 본격적으로 대두되었습니다.
⑤ 경제 발전을 위해 농업 중심에서 공업 중심으로 산업 구조의 변화를 꾀했습니다.

02 1960년대에는 제품을 생산하고 운반하여 수출할 수 있도록 정부 주도로 고속 국도, 항만, 발전소, 정유 시설을 건설했습니다.

03 가발, 신발 등의 제품이 경공업 제품이며 자동차 등은 중화학 공업 제품입니다. 로봇 산업, 신소재 산업은 2000년대 이후 발달한 첨단 산업 중 하나입니다.

04 1970년대 기업들은 현대화된 대형 조선소를 건설하여 세계 시장에 진출했으며 1973년에는 최초로 해외에서 주문을 받아 대형 선박을 만들기 시작했습니다. 이후 기술력을 인정받아 조선 산업은 우리나라 산업을 이끄는 산업으로 성장했습니다.

05 1970년대 정부는 중화학 공업 중심의 경제 발전을 위해 높은 기술력을 갖추는 데 필요한 교육 시설과 연구소 등을 설립하고 철강 산업과 석유 화학 산업, 조선 산업을 집중 육성했습니다. 전국에 초고속 정보 통신망을 설치한 것은 1990년대 말입니다.

06 그래프를 분석하면 1975년까지는 경공업의 수출 비중이 66.1%로 높지만 1985년에는 중화학 공업의 수출 비중이 경공업을 앞지르고 있습니다.

오답 피하기
그래프는 매년 우리나라의 전체 수출액을 100%로 나타냈을 때 경공업과 중화학 공업의 수출 비중을 나타낸 것이므로
① 1970년대의 수출액, ② 중화학 공업과 경공업의 수출 총액, ③ 시간의 변화에 따른 수출액의 변화 등은 알 수 없습니다.
④ 시간이 지날수록 경공업의 수출 비중은 줄어들고 있습니다.

07 1990년대 후반부터 정부와 기업은 정보화 사회의 경제 발전을 위해 전국에 초고속 정보 통신망을 설치했습니다. 이후 다양한 분야의 산업이 더욱 발전하게 되었습니다.

08 2000년대 이후 우리나라에 발달한 서비스 산업으로는 문화 콘텐츠 산업, 의료 서비스 산업, 관광 산업, 금융 산업 등이 있습니다.

오답 피하기
① 로봇 산업, ② 신소재 산업, ③ 우주 항공 산업, ④ 인공 지능(AI) 산업은 2000년대 우리나라에 발달한 첨단 산업입니다.

09 그래프를 통해 국내 총생산(GDP)과 1인당 국민 총소득(GNI)이 크게 늘었음을 알 수 있습니다. 따라서 과거에 비해 생활 수준이 높아지고 그에 따라 여가 생활에 드는 비용과 시간이 증가했다는 것을 짐작할 수 있습니다.

10 경제가 성장함에 따라 빈부 격차 문제, 지역 간 불균형 발전 문제, 노사 갈등 문제, 환경 오염 문제 등의 사회 문제가 발생했습니다.

 서술형 평가 돋보기   62~63쪽

연습 문제

1 예 증가하고 / 늘어나고 / 커지고, 빈부 격차 / 소득 격차 / 소득 양극화 등 **2** 예 재산에 따라 원하는 교육을 받을 수 있는 기회가 달라진다. / 가난으로 인해 인간다운 삶을 살지 못할 수도 있다. / 사회 갈등이 심화된다. 등 **3** 예 정부에서 저소득층에게 생계비, 양육비, 학비를 지원해 준다. / 교육 기회의 불평등이 발생하지 않도록 한다. / 국회에서 여러 복지 정책을 법률로 정한다. / 개인과 기업, 시민 단체는 기부 문화 정착을 위해 노력한다. 무료 급식소 운영 등의 봉사 활동을 한다. 등

실전 문제

1 (1) 기술 (2) 경공업, 중화학 공업

2 예 연도별 국내 총생산이 크게 증가했다. / 연도별 국내 수출액이 크게 증가했다. 등

3 (1) 공업, 감소하고 / 줄어들고 (2) 커질 / 벌어질

4 예 정부에서 귀농을 지원한다. / 정부에서 농촌 지역 발전 기금을 만들어 제공한다. / 농업 연구소를 만들어 경쟁력 있는 농산품을 생산한다. 등

연습 문제

1 (1) 자료를 통해 적게 버는 사람과 많이 버는 사람의 차이가 점차 커지고 있음을 알 수 있습니다.

　　(2) 기사에서 적게 버는 사람과 많이 버는 사람의 차이가 커지는 것을 소득 양극화라고 설명했습니다.

2 빈부 격차가 커지면 저소득층은 교육을 받거나 인간답게 살 권리 등을 보장받지 못할 수 있는 등 소득 양극화 심화는 사회 갈등의 원인이 됩니다.

채점 기준

빈부 격차로 일어날 수 있는 사회 문제나 저소득층이 겪는 어려움을 썼으면 정답으로 합니다.

3 소득 양극화를 해결하기 위해 나라에서는 복지 정책을 법으로 만들고 저소득층에 생계비, 양육비, 학비를 지원해 줍니다. 개인과 기업, 시민 단체에서는 기부 문화의 정착을 위해 노력하고 무료 급식소 운영 등의 봉사 활동을 하기도 합니다.

채점 기준

소득 양극화를 줄이기 위해 정부나 기업, 개인과 시민 단체 등이 할 수 있는 노력을 썼으면 정답으로 합니다.

실전 문제

1 (1) ㈎는 1970년대 정부 주도로 지은 연구소입니다. 중화학 공업의 발전을 위해 정부는 교육 시설과 연구소 등을 설립하여 기술력을 키웠습니다.

　　(2) ㈏를 통해 1980년 이전까지는 경공업의 수출 비중이 높았으나 1980년대 중반부터는 중화학 공업의 수출 비중이 높아졌음을 알 수 있습니다.

2 ㈐를 통해 중화학 공업의 수출 비중이 경공업의 수출 비중보다 높아진 1980년대 중반을 기점으로 우리나라의 연도별 국내 총생산과 수출액이 크게 증가하였음을 알 수 있습니다.

채점 기준

수출액이나 국내 총생산이 증가했다는 내용이 들어가면 정답으로 합니다.

3 (1) 우리나라는 경제 발전을 위해 농업보다 공업을 집중적으로 육성했고 첫 번째 그래프를 통해 농촌 인구가 꾸준히 감소하고 있음을 알 수 있습니다.

　　(2) 두 번째 그래프를 통해 도시와 농촌 간의 소득 격차가 점점 커지고 있음을 알 수 있습니다.

4 신문 기사에서 농촌 인구의 감소로 인해 일손 부족, 농촌 붕괴, 식량 자급 문제 등을 제시했으므로 이를 해결할 수 있는 방법을 생각해 봅니다.

채점 기준

농촌의 일손 부족 문제, 농촌 붕괴 문제, 식량 자급 문제 등의 해결 방법을 썼으면 정답으로 합니다.

(3) 세계 속의 우리나라 경제

01 나라와 나라 사이에 물건이나 서비스를 사고파는 것을 무역이라고 합니다. 나라마다 자연환경과 자원, 기술 수준이나 생산 여건이 달라 더 잘 생산할 수 있는 것이 다르기 때문에 무역을 합니다.

02 우리나라의 주요 수출품 그래프에서 가장 많은 양을 차지하는 것은 반도체입니다.

03 우리나라는 발전된 기술과 물건을 수출하고 부족한 자원과 노동력, 또는 우리나라에서 생산하는 것보다 더 저렴하게 생산한 물건을 수입하는 등 다른 나라와 상호 의존하면서 교류합니다.

오답 피하기

① 우리나라는 부족한 자원과 노동력을 수입합니다.
② 우리나라에 풍족한 것은 수출하고 부족한 것을 수입하는 등 다른 나라와 상호 의존 관계에 있습니다.
③ 우리나라에 필요한 기술력을 수입하면서 경제 교류를 합니다.
④ 다른 나라와 다양한 방법으로 경제 교류를 하고 있습니다.

04 수출 경쟁력이란 우리나라의 수출 상품이 다른 나라의 상품과 경쟁할 수 있는 능력을 말 합니다. 다른 나라의 물건을 수입하지 않으면 우리나라에 필요한 것을 들여올 수 없고 다른 나라와 갈등이 발생하는 등의 문제가 발생할 수 있습니다.

05 다른 나라에서 만든 가방을 우리나라에서 구입해서 사용할 수 있다는 것을 통해 다양한 나라의 물건을 쉽게 살 수 있음을 알 수 있습니다.

06 경제활동의 범위가 전 세계로 확대되어 다른 나라에서 일자리를 찾는 사람들이 많아졌고, 다른 나라 기업과 새로운 기술, 아이디어 등을 주고받을 수 있게 되었습니다. 또 세계 여러 나라의 싸고 다양한 물건을 쉽게 살 수

있게 되는 등 의식주 생활이 변했으며, 다른 나라에 공장을 세워 그 나라의 값싼 노동력을 활용하거나 물건의 운반 비용을 줄일 수 있게 되었습니다.

오답 피하기

⑤ 다른 나라와의 경제 교류로 다른 나라에 직접 가지 않고도 그 나라에서 만든 영화나 노래, 공연 등 다양한 문화 콘텐츠를 이용할 수 있게 되었습니다.

07 우리나라 상품에 대한 관세를 높이면 세계 시장에서 우리나라 상품의 가격이 높아집니다. 그렇게 되면 우리나라 상품의 경쟁력이 떨어져 상품의 판매가 줄어들게 되고 우리나라 기업의 수익이 줄어들게 됩니다.

08 세계 무역 기구(WTO)는 나라 사이에 무역과 관련된 다툼이 일어날 경우 이를 조정하는 역할을 하는 국제기구입니다. 다른 나라에서 우리나라 상품에만 부당하게 관세를 올릴 경우 세계 무역 기구(WTO)를 통해 분쟁 조정을 요청할 수 있습니다.

01 나라와 나라 사이에 물건이나 서비스를 사고파는 것을 무역이라고 하고 다른 나라에 물건이나 서비스를 파는 것을 수출, 다른 나라에서 물건이나 서비스를 사 오는 것을 수입이라고 합니다.

02 나라마다 자연환경과 자원, 기술 수준이나 생산 여건이 달라 더 잘 생산할 수 있는 것이 다르기 때문에 무역이 필요합니다.

03 우리나라는 같은 종류의 물건을 생산하는 다른 나라와 기술, 가격 등에서 경쟁하며 특히 스마트폰, 전기 차 산업 등 첨단 기술 분야의 경쟁은 더욱 치열합니다.

04 ㈎ 나라에 풍부하지만 ㈏ 나라에는 부족한 것은 목재, 천연고무 같은 자원과 노동력이고 ㈏ 나라는 뛰어나지만 ㈎ 나라는 부족한 것은 자동차나 휴대 전화 제조 기술입니다. 서로 풍부하거나 잘하는 것을 수출하고 부족한 것을 수입해 발전할 수 있습니다.

05 그래프를 통해 우리나라는 중국과 수출과 수입을 많이 한다는 것을 알 수 있습니다.

오답 피하기
② 우리나라는 일본과 수출보다 수입을 더 많은 비율로 합니다.
③ 사우디아라비아와는 다섯 번째로 많은 금액을 수입합니다.
④ 우리나라는 미국과 수출·수입을 모두 하고 있습니다.
⑤ 베트남은 세 번째로 수출을 많이 하는 나라입니다.

06 자유 무역 협정(FTA)은 나라 사이에 자유로운 무역을 할 수 있도록 관세와 법, 제도 등 무역 장벽을 낮추거나 없애기로 한 약속입니다.

07 다른 나라와의 경제 교류로 개인은 다른 나라에서 만든 영화나 노래, 공연 등 다양한 문화 콘텐츠의 이용 확대, 의식주 생활의 변화, 해외 취업 기회 확대 등 생활에 변화가 있습니다.

오답 피하기
⑤ 다른 나라에 공장을 세워 그 나라의 값싼 노동력을 활용하거나 물건의 운반 비용을 줄일 수 있게 된 것은 다른 나라와의 경제 교류가 기업에 미친 영향입니다.

08 전기 차와 관련된 세계 시장의 경쟁이 더욱 치열해지고 있다는 기사를 통해 같은 종류의 상품을 생산하는 다른 나라의 기업들끼리 기술 경쟁을 한다는 것을 알 수 있습니다.

09 우리나라의 풍부한 기술을 다른 나라에 수출하는 것은 무역을 통해 상호 의존하는 모습입니다.

10 다른 나라에서 우리나라 상품에만 부당하게 관세를 올릴 경우 세계 무역 기구(WTO)에 문제를 제기해 해결할 수 있습니다.

오답 피하기
ⓒ 우리나라 물건의 가격을 강제로 낮추면 우리나라 기업의 이윤이 감소하게 됩니다.

ⓒ 그 나라와 무역을 금지하면 나라 간 갈등이 심화되고 우리가 필요한 물건을 수입하지 못하는 등의 문제가 발생할 수 있습니다.

서술형 평가 돋보기　70~71쪽

연습 문제
1 ㉠ 열대 과일, 원유, 목재 등
　ㄴ 반도체, 자동차, 휴대 전화 등
2 자연환경, 자원, 기술, 수입, 수출, 이익, 무역

실전 문제
1 (1) 58, 42.8
　(2) 중국 미국 베트남, 중국 미국 일본
2 예 ㈎ 수출품의 종류를 다양화한다. / 수입품의 국내 경쟁력을 높여 국내 생산한다. 등
　㈏ 여러 나라에서 수입과 수출할 수 있도록 한다. / 무역 상대국을 넓힌다. / 세계 무역 시장을 확대한다. 등
3 (1) 자동차 / 반도체 / 비료, 구리 / 포도 / 포도주 / 돼지고기 (2) 농축산물 (3) 반도체
4 예 칠레산 포도를 저렴한 가격에 사먹을 수 있다. / 우리나라의 자동차 산업이 더욱 발달했다. / 농민 피해를 줄이기 위해 다양한 노력이 이루어지고 있다. 등

연습 문제
1 ○○ 나라에 풍부한 것은 열대 과일, 원유, 목재 등의 천연자원이고 부족한 것은 전자 제품이나 자동차 제작 기술입니다. △△ 나라에 풍부한 것은 전자 제품이나 자동차 제작 기술이고 부족한 것은 자원과 노동력입니다.
2 나라마다 자연환경과 자원, 기술 수준이나 생산 여건이 달라 더 잘 생산할 수 있는 것이 다르기 때문에 무역을 합니다. 이때 다른 나라에 물건이나 서비스를 파는 것을 수출, 다른 나라에서 물건이나 서비스를 사 오는 것을 수입이라고 합니다.

1 (1) ㈎ 그래프를 통해 10대 수출입품의 비율을 알 수 있습니다.

(2) ㈏ 그래프를 통해 우리나라의 주요 수출입국을 알 수 있습니다.

2 두 그래프를 통해 우리나라의 주요 수출입품의 종류가 많지 않고 몇몇 나라와 무역을 하는 비중이 크다는 것을 알 수 있습니다. 이를 해결할 수 있는 방법을 생각해 봅니다.

채점 기준

우리나라의 주요 수출품의 종류를 늘리고 무역 상대국을 다양화한다는 내용이면 정답으로 합니다.

3 (1) 우리나라는 칠레에 자동차, 반도체, 비료 등을 수출하고 칠레에서 구리, 포도, 포도주, 돼지고기 등의 농축산물을 수입하고 있습니다.

(2) 신문 기사를 통해 농민들은 값싼 농산물 수입으로 농민 소득이 감소될 것을 우려하고 있음을 알 수 있습니다.

(3) 우리나라에서 칠레에 수출하는 상품과 관련된 산업이 발전할 것을 예상할 수 있습니다.

4 우리나라는 칠레와 최초의 자유 무역 협정(FTA)을 체결한 후 더 많은 나라와 자유 무역 협정(FTA)을 맺고 다양한 산업을 발전시키고 있으며 상대적으로 약한 농업을 보호하기 위한 다양한 방법을 시행하고 있습니다.

채점 기준

여러 나라와 자유 무역 협정(FTA)을 맺으며 활발한 무역 활동을 한다는 내용이나 상대적으로 약한 농업을 보호하기 위해 노력한다는 내용이 들어가면 정답으로 합니다.

 대단원 마무리 74~77쪽

01 도현, 시현 **02** ①, ② **03** ③ **04** ㉐ 환경을 생각한 제품인가? / 자원을 재활용한 제품인가? 등 **05** ④ **06** ④ **07** 공정 거래 위원회 **08** ㉡ **09** ① **10** ③ **11** 중화학 공업 **12** ㉐ 중화학 공업 중에서도 다른 산업에서 제품을 만드는 데 필요한 재료를 공급하는 산업이기 때문에 등 **13** 태우 **14** ④ **15** ③ **16** ① **17** 소득 격차 / 빈부 격차 / 경제적 양극화 **18** ④ **19** 준배 **20** ㉐ 나라마다 기술력에 차이가 있기 때문에 / 나라마다 자연환경과 자원이 다르기 때문에 / 각 나라마다 더 잘 생산할 수 있는 물건이나 서비스가 다르기 때문에 등 **21** ① **22** ② **23** ③ **24** 세계 무역 기구 / WTO **25** ④

01 가계는 기업의 생산 활동에 참여하고 대가로 소득을 얻어 필요한 물건을 구입하거나 서비스를 제공받는 등의 소비 활동을 합니다.

오답 피하기

서비스를 제공하거나 이윤을 얻기 위해 상품을 생산하는 것은 기업에서 하는 일입니다.

02 기업은 사람들에게 일자리를 제공하고 상품을 만들어 판매하거나 서비스를 제공하고 이윤을 얻어 새로운 제품을 개발합니다.

03 시장은 물건을 사고파는 곳으로 가계와 기업은 시장에서 만나 거래를 합니다.

04 개인은 다양한 기준을 고려하여 적은 비용으로 가장 큰 만족감을 얻도록 합리적 선택을 합니다. 이때 지구 환경이나 인권 보호 등 보다 중요하다고 생각하는 것에 따라 제품을 소비하는 경우도 있습니다.

채점 기준

환경을 고려했다는 내용이 들어가면 정답으로 합니다.

05 기업은 더 많은 이윤을 얻기 위해 광고, 가격 내리기, 품질과 서비스 개선하기 등의 방법으로 다른 기업과 경쟁합니다.

④ 학생들이 열심히 공부하는 것은 기업의 경쟁과는 관련이 없습니다.

06 개인은 자신의 능력과 적성에 따라 자유롭게 직업을 선택하고 직업 활동을 할 자유가 있습니다. 그래서 무조건 원하는 직업을 가질 수 있는 것은 아닙니다.

07 공정 거래 위원회에서는 시장 경제에서 경쟁을 피하는 기업들의 반칙을 적발하고 제한하는 활동을 합니다.

08 비슷한 제품을 생산하는 몇 개의 기업이 몰래 미리 의논하여 가격을 높게 정하는 것을 가격 담합이라고 합니다. 이는 공정하지 못한 경제 활동으로 소비자 뿐 아니라 공정하게 거래를 하는 다른 기업도 피해를 보게 됩니다.

09 1950년대에는 전쟁으로 국토가 황폐화되어 시설을 복구하고 경제적으로 자립하기 위해 식료품 공업, 섬유 공업 등 소비재 산업을 중심으로 발달을 꾀하였습니다.

② 개인용 컴퓨터가 널리 보급된 것은 1990년대입니다.
③ 정부 주도로 고속 국도와 항만을 건설한 때는 1960년대입니다.
④ 기업이 수출을 쉽게 할 수 있도록 세금을 줄여 준 것은 1960년대입니다.
⑤ 교육 시설과 연구소를 건립하기 시작한 때는 1970년대입니다.

10 1960년대 우리나라는 기술과 자본은 부족하지만 풍부한 노동력을 바탕으로 빠르게 성장할 수 있는 경공업 발전에 힘썼습니다. 그 결과 경공업 제품을 다른 나라보다 싼 가격으로 생산하여 수출해 빠르게 성장하였습니다.

11 1970년대는 경공업 제품을 만드는 데 생산 비용이 많이 들면서 경쟁력이 떨어졌습니다. 이에 더 큰 경제성장을 위해 정부 주도로 중화학 공업 중심의 경제 발전을 추진했습니다.

12 1970년대에 정부는 석유 화학, 철강 산업 등을 발전시키기 위해 노력했습니다. 그 까닭은 다른 중화학 공업 제품을 생산하는 데 필요한 재료를 만드는 산업이기 때문입니다.

중화학 공업이 발달하면서 제품을 생산하는 데 필요한 재료를 만드는 산업이라는 내용이 들어가면 정답으로 합니다.

13 연도별 경공업과 중화학 공업의 생산 비율을 통해 1985년 이후 우리나라의 산업 구조가 중화학 공업 중심으로 바뀌었음을 알 수 있고, 1970~1990년대 연도별 수출액 그래프를 통해 1980년 이후 우리나라의 수출액이 크게 증가했음을 알 수 있습니다. 두 그래프의 연관성을 바르게 해석한 것이 무엇인지 생각해 봅니다.

왼쪽 그래프를 통해 1985년에 중화학 공업 수출 비중이 경공업 수출 비중보다 높아진 것을 알 수 있습니다.

14 1990년대는 컴퓨터와 가전제품의 생산이 늘면서 핵심 부품인 반도체의 중요성이 커졌고 이를 꾸준히 연구한 우리나라 기업은 반도체 강국이 되었습니다.

15 가장 최근에 발전한 산업은 생명 공학, 우주 항공 등 2000년대 발달한 첨단 산업입니다.

① 농업은 1950년대 이전에 주로 발달했습니다.
② 경공업은 1960년대에 주로 발달했습니다.
④ 중화학 공업은 1970년대에 주로 발달했습니다.
⑤ 소비재 산업은 1950년대에 주로 발달했습니다.

16 경제가 성장하면서 사람들의 생활 수준이 높아졌지만 소득 격차가 커지는 문제가 발생했습니다.

17 저소득층을 위한 법과 복지 정책, 기부 문화 정착, 무료 급식소 운영 등의 봉사 활동은 모두 소득 격차 문제를 해결하기 위한 방법입니다.

18 ○○ 나라는 열대과일이 잘 자라고 노동력과 천연고무, 목재, 원유 등의 자원이 풍부합니다. △△ 나라는 첨단 산업 기술과 문화 산업이 발달했습니다.

19 ○○ 나라는 자원이 풍부한 반면 기술력이 부족하고 △△ 나라는 기술력은 풍부한 반면 자원이 부족하므로 경제 교류를 통해 두 나라 모두 발전할 수 있습니다.

20 나라마다 기술력이나 자연환경, 자원이 달라 잘 생산할 수 있는 물건이나 서비스가 다르기 때문에 무역을 통해 서로 발전할 수 있습니다.

> **채점 기준**
>
> 나라마다 기술력, 자연환경, 자원 등의 차이가 있기 때문이라는 내용이 들어가면 정답으로 합니다.

21 우리나라 제품별 수입액 그래프를 통해 원유 수입량이 가장 많다는 것을 알 수 있습니다.

> **오답 피하기**
>
> ② 제품별 수입액을 보면 반도체 및 반도체 제조용 장비 수입액이 2, 3위로 많습니다.
> ③ 반도체, 자동차 등 첨단 기술이 필요한 제품을 수출합니다.
> ④ 반도체가 우리나라 주요 수출액 1위입니다.
> ⑤ 원유 수입량이 1위인데 석유 제품 수출량도 많은 것을 통해 부족한 원유를 수입해 가공하여 석유 제품으로 수출한다는 것을 알 수 있습니다.

22 비슷한 제품을 만드는 우리나라 기업과 다른 나라의 기업들이 스마트폰 시장에서 경쟁하고 있다는 것을 알 수 있습니다.

23 우리나라 식당에서 다른 나라의 음식을 먹을 수 있다는 것을 통해 경제 교류로 식생활에 변화가 있다는 것을 알 수 있습니다.

24 세계 무역 기구(WTO)는 1995년 설립된 국제기구로 나라 사이에 무역과 관련된 다툼이 일어날 경우 재판 등을 통해 세계 무역 분쟁을 조정하는 곳입니다.

25 세계 여러 나라와 무역을 하면서 발생하는 문제로는 우리나라 물건에 대한 수입 제한, 외국산에 의존해야 하는 물건의 수입에 문제 발생, 특정 국가의 물건 수입 거부로 그 나라와 갈등 발생 등이 있습니다.

> **오답 피하기**
>
> ④ 다른 나라에서 수입한 물건을 다시 가공해 우리나라가 수출하는 것은 우리나라의 주요 수출 방법 중 하나입니다.

만점왕 연산

주제별 5일 구성, 매일 2쪽으로 키우는 계산력
예비 초등부터 6학년까지 14단계 구성!

01 3·15 부정 선거   02 4·19 혁명   03 5·16 군사 정변
04 6·29 민주화 선언   05 투표(선거)   06 5·18 민주화 운
동   07 지방 자치제   08 박정희   09 직선제   10 이한열

중단원 확인 평가   1 (1) 민주주의의 발전과 시민 참여

01 ⑤   02 ③   03 4·19 혁명   04 예 국민의 기본권을
제한할 수 있어 대통령은 막강한 권력을 갖게 되었다. 등
05 ⑤   06 ④   07 6월 민주 항쟁   08 예 국민이 선거를
하여 직접 대통령을 뽑을 수 있게 되었다. / 지방 자치제가 시
행되었다. 등   09 ④, ⑤   10 ④

01 우리나라 첫 번째 대통령으로 헌법을 여러 번 고쳐 독
재 정치를 이어간 사람은 이승만입니다.

02 3·15 부정 선거 당시에 투표함 바꿔치기, 유권자들에
게 돈이나 물건을 주면서 자유당 후보에 투표하도록 하
기, 3명 또는 5명씩 조를 짜서 투표하기 등 부정한 방
법들이 실행되었습니다.

03 김주열 학생의 시신이 마산 앞바다에서 발견된 것과 관
련된 역사적 사건은 4·19 혁명입니다.

04 박정희는 유신 헌법을 제정하여 대통령을 직선제에서
간선제로 뽑게 했고, 국민의 기본권을 제한하며 막강한
권력을 행사했습니다.

채점 기준

대통령이 막강한 권력을 갖게 되었다는 의미로 썼으면 정답으
로 합니다.

05 전라남도 광주(지금의 광주광역시)에서 일어났으며, 전
두환이 보낸 계엄군이 폭력적으로 시위를 진압하자 시
민들이 시민군을 조직해 맞선 역사적 사건은 5·18 민

주화 운동입니다.

06 군사 정변을 일으키는 박정희와 군인들은 1961년 5·16
군사 정변 당시 볼 수 있는 인물들입니다.

07 1987년 학생과 시민들이 대통령을 직선제로 뽑아야 한
다고 요구하며 시위를 벌인 민주화 운동은 6월 민주 항
쟁입니다.

08 6월 민주 항쟁으로 대통령 직선제 실시, 지방 자치제
시행, 언론의 자유 보장 등의 내용이 포함된 6·29 민주
화 선언이 발표되었습니다. 그에 따라 제13대 대통령
선거가 직선제로 치러졌고, 오늘날까지 계속 시행되고
있습니다. 또 5·16 군사 정변 때 폐지되었던 지방 자치
제가 부활했습니다.

채점 기준

6·29 민주화 선언으로 나타난 변화를 썼으면 정답으로 합니다.

09 6월 민주 항쟁 이후 지방 자치제가 실시되면서 지역 주
민과 그 지역 주민이 직접 선출한 지방 의회 의원과 지
방 자치 단체장이 지역의 일을 스스로 처리하게 되었습
니다.

10 오늘날 시민들이 사회 공동의 문제 해결에 참여하는 방
법으로 적절하지 않은 것은 무력을 이용한 시위를 벌인
것입니다.

오답 피하기

① 1인 시위하기, ② 시민 단체에 가입해 활동하기, ③ 공청회
에 참석하기, ⑤ 누리 소통망 서비스(SNS)에 의견을 올리기 등
은 사회 공동의 문제를 해결하기 위한 노력에 해당합니다.

1단원 (2) 중단원 쪽지 시험   9쪽

01 정치   02 가정   03 평등 선거   04 선거 관리 위원회
05 다수결의 원칙   06 문제 해결 방안 탐색하기   07 민주
주의   08 자유   09 대화   10 소수

중단원 확인 평가　1 (2) 일상생활과 민주주의

01 ⑤　02 민주주의　03 ②　04 ④　05 ②　06 예 국민을 대표할 사람을 투표로 뽑는 일로 시민들의 가장 기본적인 정치 참여이기 때문이다. 등　07 ④　08 ④　09 대화와 타협, 다수결의 원칙, 다수, 소수, 다수, 소수　10 ④

01 범죄를 저지른 사람에게 형벌을 내리는 재판은 생활 속에서 민주주의를 실천하는 모습이 아니라 국가기관에서 이루어지는 재판의 모습입니다.

02 모든 국민이 나라의 주인으로 권리를 갖고, 그 권리를 자유롭고 평등하게 행사하는 정치 형태는 민주주의입니다. 민주주의는 공동체 생활에서 발생하는 갈등을 대화와 타협으로 원만하게 해결하는 생활 방식을 의미하기도 합니다.

03 자신이 원하는 직업을 선택할 수 있는 민주주의의 기본 정신은 자유입니다.

04 민주주의의 목표는 태어날 때부터 지닌 인간의 존엄성을 실현하는 것입니다.

05 선거일 기준으로 18세 이상의 국민이면 누구나 투표할 수 있는 민주 선거의 기본 원칙은 보통 선거입니다.

　오답 피하기
　① 직접 선거는 본인이 직접 투표하는 것,
　③ 평등 선거는 누구나 한 사람이 한 표씩만 행사하는 것,
　④ 비밀 선거는 누구에게 투표했는지 다른 사람이 알 수 없는 것입니다.
　⑤ 공개 선거는 민주 선거의 기본 원칙에 해당하지 않습니다.

06 선거를 민주주의의 꽃이라고 하는 까닭은 국민을 대표할 사람을 투표로 뽑는 일로 국민의 가장 기본적인 정치 참여 방법이기 때문입니다.

　채점 기준
　국민의 대표를 뽑는 것이라는 의미로 썼으면 정답으로 합니다.

07 일상생활에서 부딪히는 다양한 문제와 갈등을 해결할 때 필요한 자세로 알맞지 않은 것은 자기 주장이 강한 사람의 의견을 따르는 것입니다.

　오답 피하기
　① 나와 다른 사람의 의견 존중하기
　② 함께 결정한 일 실천하기
　③ 서로 양보하고 타협하는 태도 지니기
　⑤ 다른 사람의 의견을 비판적으로 검토하기는 일상생활에서 민주주의를 실천하는 바람직한 태도입니다.

08 지역에서 일어난 문제는 공청회나 주민 자치 위원회를 열어 그 지역 주민들이 협의하여 문제를 해결하는 것이 가장 바람직합니다.

09 대화와 타협으로 문제 해결이 어려울 때에 다수결의 원칙으로 문제를 해결하는 까닭은 다수의 의견이 소수의 의견보다 합리적이라는 가정을 하기 때문입니다.

10 제시된 사례는 투표로 문제 해결 방안을 결정하는 단계에 해당합니다.

1단원 (3)　중단원 쪽지 시험

01 국민 주권　02 헌법　03 국회 의원　04 대통령
05 국회, 정부, 법원(입법부, 행정부, 사법부)　06 국정 감사
07 국무총리　08 법원　09 3심 제도　10 헌법재판소

중단원 확인 평가　1 (3) 민주정치의 원리와 국가기관의 역할

01 국민 주권, 권력 분립　02 ⑤　03 ③, ⑤　04 ⑤
05 ①　06 예 법을 만든다. 등　07 정부(행정부)　08 ③, ④　09 ④　10 예 공정한 재판을 위해서이다. 등

01 민주정치의 기본 원리에 해당하는 것은 국민 주권과 권력 분립입니다.

02 우리나라 헌법 제1조 제2항에서 국민 주권을 명시한 까닭은 국민의 자유와 권리를 법으로 보장하기 위해서입니다.

03 국회, 정부, 법원이 국가 권력을 나누어 맡도록 하는 까닭은 서로 견제하고 균형을 이루어 국민의 자유와 권리를 보장하기 위해서입니다.

04 대통령이 외국을 방문하거나 특별한 이유로 일을 못 할 때 대통령의 임무를 대신하는 사람은 국무총리입니다.

05 국회에서 하는 일 중 가장 기본이 되고, 중요한 일은 법을 만들고 고치는 일입니다. 그래서 국회를 입법부라고 합니다.

> **오답 피하기**
> ② 법에 따라 재판을 하는 국가기관은 법원입니다.
> ③ 법에 따라 나라의 살림을 하는 국가기관은 정부입니다.
> ④ 법률이 헌법에 어긋나는지 판단하는 국가기관은 헌법 재판소입니다.
> ⑤ 정부 최고 책임자로 국가를 대표하는 사람은 대통령입니다.

06 국회에서는 법을 만들고, 현실에 맞게 법을 고치거나 없애기도 합니다.

> **채점 기준**
> 법을 만든다는 내용을 썼으면 정답으로 합니다.

07 대통령을 중심으로 국무총리와 여러 개의 부, 처, 청, 위원회로 구성된 국가기관은 정부(행정부)입니다.

08 정부는 나라의 살림을 맡아 하는 국가기관으로 대통령과 각 부 장관 및 차관을 비롯해 많은 공무원이 국민의 안전과 행복을 위해 일합니다.

> **오답 피하기**
> ① 법을 만드는 일과 ⑤ 예산안을 심의하고 확정하는 일은 국회에서 하는 일입니다.
> ② 법에 따라 재판하는 것은 법원에서 하는 일입니다.

09 공정한 재판을 위해 법원은 외부의 영향이나 간섭을 받지 않아야 합니다.

10 한 사건에 대해 원칙적으로 세 번까지 재판받을 수 있게 한 3심 제도를 두는 까닭은 국민이 공정한 재판을 받을 수 있도록 하기 위해서입니다.

> **채점 기준**
> 공정한 재판이라는 내용이 들어갔으면 정답으로 합니다.

학교 시험 만점왕 ①회   1. 우리나라의 정치 발전

01 ②	02 ④, ⑤	03 ②	04 ③	05 ⑤	06 ②	07 ③
08 ⑤	09 ②	10 ④	11 ③	12 ②	13 ①	14 ③
15 ①	16 ⑤	17 ③	18 ②	19 ①, ②	20 ①	

01 초등학생들이 3·15 부정 선거에 항의하며 일어난 시위에 참여한 역사적 사건은 4·19 혁명입니다.

02 4·19 혁명으로 이승만이 대통령 자리에서 물러났고, 새로운 정부가 들어섰습니다.

> **오답 피하기**
> ① 박정희가 사망한 것은 1979년입니다.
> ② 전두환이 쿠데타를 일으킨 것은 1979년입니다.
> ③ 6·29 민주화 선언이 발표된 것은 1987년입니다.

03 군사 정변을 일으켜 정권을 잡고 대통령이 되었으며, 유신 헌법을 만들어 막강한 권력을 행사하고 독재 정치를 한 사람은 박정희입니다.

04 5·18 민주화 운동 당시 시민들이 민주주의를 지키기 위해 한 노력으로 알맞지 않은 것은 대통령 직선제를 간선제로 바꾸자고 한 것입니다.

> **오답 피하기**
> 5·18 민주화 운동 당시 시민들은 ① 시민군을 조직하고, ② 스스로 질서와 치안을 유지했고, ④ 주먹밥을 만들어 시위에 참여한 사람들에게 나누어 주었습니다.
> ⑤ 당시 모습이 담긴 사진을 찍어 광주의 상황을 기록으로 남겼습니다.

05 5·18 민주화 운동 관련 기록물은 다른 나라의 민주화 운동에 영향을 준 점 등을 인정받아 유네스코 세계 기록 유산으로 등재되었습니다.

06 마산 시위 도중 실종되었던 김주열 학생의 시신이 마산 앞바다에서 발견되자 시위가 더욱 확산된 것은 4·19 혁명 당시의 모습입니다.

07 다시 국민이 직접 대통령을 선출할 수 있게 한 역사적 사건은 6월 민주 항쟁입니다. 6월 민주 항쟁으로 대통령 직선제와 지방 자치제가 시행되었습니다.

08 주민 소환제는 주민이 직접 선출한 의원이나 단체장이 직무를 제대로 수행하지 못할 때 주민들의 투표로 그들을 물러나게 하는 제도입니다.

09 정치는 정당에서만 주로 이루어지는 행위가 아니라 일상생활 속에서도 이루어집니다.

10 영화 감상평을 나누는 것은 민주주의의 실천 모습으로 볼 수 없습니다.

11 평등 선거는 누구나 한 사람이 한 표씩만 행사할 수 있는 민주 선거의 기본 원칙입니다.

> **오답 피하기**
> ① 여자에게 투표에 참여할 권리를 주지 않는 것은 민주 선거의 기본 원칙에 어긋납니다.
> ② 본인이 직접 투표장에 가서 투표해야 하는 것은 직접 선거입니다.
> ④ 누구에게 투표했는지 다른 사람이 알 수 없는 것은 비밀 선거입니다.
> ⑤ 선거일 기준으로 18세 이상의 국민이면 누구나 투표할 수 있는 것은 보통 선거에 해당합니다.

12 민주주의를 실천하는 바람직한 태도에는 관용, 비판적 태도, 양보와 타협, 실천이 있습니다.

13 다수결의 원칙에 따라 의사를 결정할 때 소수의 의견도 합리적일 수 있기 때문에 소수의 의견을 존중해야 합니다.

14 학교 식당에서 점심을 먹는 순서를 다양한 방안으로 생각하고 있으므로, 이는 문제 해결 방안 탐색하기에 해당합니다.

15 4·19 혁명, 5·18 민주화 운동, 6월 민주 항쟁은 모두 국민의 주권을 지키기 위한 노력이었습니다.

16 국가 권력을 각각 다른 국가기관이 나누어 맡은 까닭은 국가기관들이 서로 견제하고 감시하면서 권력 균형을 이루어 국민의 자유와 권리를 보장하기 위해서입니다.

17 국회에서 일하는 사람은 국회 의원이고, 대통령은 정부 (행정부)의 최고 책임자입니다.

18 국회 의원이 국회에서 법률안을 제안하는 것은 입법 활동, 즉 법을 만들거나 고치는 일에 해당합니다.

19 국무 회의 참석, 장관 임명, 다른 나라 총리와 만나기, 세계 정상 회담 참여 등은 정부의 최고 책임자인 대통령이 하는 일입니다. 대통령은 국가를 대표합니다.

20 한 사건에 대해 원칙적으로 세 번까지 재판받을 수 있게 하는 3심 제도는 공정한 재판을 위해서 시행하는 제도입니다.

20~23쪽

학교 시험 만점왕 ❷회	1. 우리나라의 정치 발전

01 ③　02 ②　03 ③　04 ②, ④　05 ⑤　06 ⑤　07 ③
08 ②　09 ⑤　10 ③　11 ③　12 ⑤　13 ②, ③　14 ④
15 (1) ㉠, ㉢ (2) ㉢, ㉣ (3) ㉡, ㉣　16 ③　17 ③　18 ⑤
19 ④　20 ④

01 4·19 혁명의 원인은 3·15 부정 선거와 이승만 정부의 독재 정치입니다.

02 유신 헌법은 1972년 박정희 정부 때 제정되었습니다.

03 박정희 정부는 독재 권력을 강화하기 위해서 헌법을 고쳐 대통령을 할 수 있는 횟수 제한을 없앴고, 대통령 직선제를 간선제로 바꾼 유신 헌법을 발표했습니다.

04 제시된 자료는 5·18 민주화 운동 당시의 모습입니다. 5·18 민주화 운동 당시 계엄군의 폭력적인 진압에 맞서 시민들은 시민군을 조직해 저항했습니다.

05 시위하는 시민들을 향해 총을 쏘는 계엄군들의 모습은 5·18 민주화 운동 당시 볼 수 있었습니다.

06 6·29 민주화 선언에 포함되지 않은 내용은 대통령을 할 수 있는 횟수 제한 폐지입니다. 이 내용은 박정희 정부가 발표한 유신 헌법에 포함된 내용입니다.

07 제시된 자료는 촛불 집회를 하고 있는 모습입니다. 이는 시민들이 사회 공동의 문제를 해결하는 방법 중 하나인 집회와 시위에 해당합니다.

08 전통 시장을 방문해 필요한 물건을 구입하는 것은 민주주의를 실천하는 사례로 적절하지 않습니다.

09 민주주의는 모든 국민이 국가의 주인으로서 가진 권리를 자유롭고 평등하게 행사하는 것입니다. 또한 공동체 생활에서 발생하는 갈등을 대화와 타협으로 원만히 해결하는 생활 방식입니다.

> **오답 피하기**
> 모든 일은 권력이 강한 사람이 아닌 많은 사람들의 의견을 모아 해결해야 하며, 일상생활 속에서 민주주의를 실천하는 일은 매우 중요합니다.

10 민주주의는 국민의 자유와 평등을 보장해서 인간의 존엄성을 실현하는 것을 목표로 합니다.

11 가 보고 싶던 곳으로 여행을 가는 것은 민주주의의 기본 정신 중 자유가 실현된 사례입니다.

12 선거를 민주주의의 꽃이라고 하는 까닭은 국민의 가장 기본적인 정치 참여 방법이기 때문입니다.

13 민주주의를 실천하는 바람직한 태도로 알맞지 않은 것은 나이 많은 사람의 의견만 따르는 태도와 자신에게 이익이 되는 것만 중시하는 태도입니다.

14 민주적 의사 결정 원리에 대해 이야기한 것 중 알맞지 않은 것은 전원이 동의하지 않으면 절대 의사 결정을 할 수 없다는 내용입니다. 대화와 타협으로 의사 결정이 어려우면 다수결의 원리에 따라 결정할 수 있습니다.

15 국회(입법부)는 법을 만들거나 고치고, 예산안 심의·확정, 국정 감사 등의 일을 합니다. 정부(행정부)는 법에 따라 나라 살림을 맡아 하는 곳으로, 행정 각 부, 처, 청, 위원회에서 해당 분야의 나랏일을 합니다. 법원(사법부)은 법에 따라 재판을 하는 곳으로 사람들 사이의 다툼을 해결해 주고, 법을 지키지 않은 사람을 처벌합니다.

16 국민을 대표하여 국회에서 일하는 사람들은 국회 의원으로, 4년마다 투표로 선출됩니다.

> **오답 피하기**
> ① 국무 회의에 참석하는 사람은 대통령, 국무총리, 국무위원입니다.
> ② 법에 따라 재판을 하는 국가기관은 법원입니다.
> ④, ⑤ 대통령을 도와 각 부를 관리하고 대통령이 일하지 못할 때 그 임무를 대신하는 사람은 국무총리입니다.

17 정부 종합 청사에는 정부의 여러 부서가 모여 있습니다. 나라를 운영하는 데 필요한 예산을 심의하고 확정하는 일을 하는 국가기관은 국회입니다.

18 공정한 재판을 위해 한 사건에 대해 원칙적으로 세 번까지 재판을 받을 수 있는 3심 제도를 두고 있습니다.

> **오답 피하기**
> ① 외부 기관의 간섭을 받지 않습니다.
> ② 특정한 경우를 제외한 모든 재판이 공개로 이루어집니다.
> ③ 대통령의 명령에 따라 판결을 하지 않습니다.
> ④ 법관은 개인적인 의견이 아니라 헌법과 법률에 따라 공정하게 판결해야 합니다.

19 국가나 지방 자치 단체가 국민의 권리를 침해했는지 판단하고, 대통령이나 국무총리와 같은 지위가 높은 공무원이 큰 잘못을 저질러 국회에서 파면을 요구하면 이를 심판하는 곳은 헌법 재판소입니다.

20 법원은 국회에서 고친 법에 따라 재판을 합니다.

1단원 서술형 평가
24~25쪽

01 4·19 혁명 **02** ⑩ 이승만 정부의 독재 정치와 3·15 부정 선거 때문이다. 등 **03** ⑩ 학생과 시민들이 자발적으로 나서서 독재 정권을 무너뜨렸다. / 민주주의를 지켜내는 밑거름이 되었다. 등 **04** ⑩ 사회 공동의 문제를 해결하기 위해서이다. 등 **05** ⑩ 서명 운동, 1인 시위, 캠페인, 누리 소통망(SNS) 활용, 시·도청 누리집 활용, 선거나 투표, 시민 단체나 정당 가입, 공청회 참석 등 **06** ㈎ 가족회의, ㈏ 투표(선거) **07** ⑩ 학급 회의, 전교 임원 선거 등 **08** ⑩ 나와 다른 의견을 인정하고 받아들이는 태도이다. 등 **09** ⑩ 국가를 다스리는 법을 만든다. 등 **10** ⑩ 공정한 재판을 하기 위해서이다. 등

01 1960년, 이승만 정부 시기에 일어난 민주화 운동은 4·19 혁명입니다.

02 4·19 혁명은 이승만 정부의 독재 정치와 3·15 부정 선거가 원인이 되어 일어났습니다.

채점 기준

독재 정치와 부정 선거 때문이라는 내용이 들어갔으면 정답으로 합니다.

03 4·19 혁명은 학생과 시민들이 자발적으로 나서서 독재 정권을 무너뜨렸으며, 민주주의를 지켜내는 밑거름이 되었다는 데에 의의가 있습니다.

채점 기준

독재 정권을 무너뜨렸고, 민주주의의 밑거름이 되었다는 내용이 들어갔으면 정답으로 합니다.

04 오늘날 시민들은 사회 공동의 문제를 해결하기 위해 여러 가지 방법으로 참여하고 있습니다.

채점 기준

사회 공동의 문제 해결이라는 내용이 들어갔으면 정답으로 합니다.

05 시민들이 사회 공동의 문제를 해결하기 위해 참여하는 방법에는 서명 운동, 1인 시위, 캠페인, 누리 소통망 서비스(SNS) 활용하기, 시·도청 누리집 활용하기, 선거나 투표에 참여하기, 시민 단체나 정당에 가입해 활동하기, 공청회에 참석하기 등이 있습니다.

채점 기준

오늘날 시민들이 사회 공동의 문제를 해결하기 위해 참여하는 다양한 방법 중 두 가지를 썼으면 정답으로 합니다.

06 가족회의와 지역의 자치 단체장 등을 뽑는 선거는 일상생활에서 민주주의를 실천하는 모습입니다.

07 일상생활에서 찾을 수 있는 민주주의의 실천 모습에는 학급 회의, 전교 임원 선거 등이 있습니다.

채점 기준

가정, 학교, 지역, 국가에서 이루어지는 민주주의의 사례를 썼으면 정답으로 합니다.

08 민주주의를 실천하는 바람직한 태도는 관용, 비판적 태도, 양보와 타협, 실천입니다. 이 중 관용은 나와 다른 의견을 받아들이는 태도를 말합니다.

채점 기준

나와 다른 의견을 받아들이고 인정한다는 의미로 썼으면 정답으로 합니다.

09 국회는 법을 만들고, 현실에 맞지 않는 법을 고치거나 없애는 일을 하는 입법 기관입니다. 또 예산안을 심의·확정하고 국정 감사를 합니다.

채점 기준

국회에서 하는 일을 바르게 썼으면 정답으로 합니다.

10 재판 과정을 공개하고, 3심 제도를 두는 까닭은 공정한 재판을 위해서입니다.

채점 기준

공정한 재판이라는 내용이 들어갔으면 정답으로 합니다.

만족하지 못하는 소비를 하게 된다는 내용으로 썼으면 정답으로 합니다.

2단원 (1) 중단원 쪽지 시험   27쪽

01 가계   02 소비   03 생산   04 만족감   05 이윤
06 자유롭게   07 경쟁   08 불공정한   09 담합   10 공정 거래 위원회

28~29쪽

중단원 확인 평가   2(1) 경제주체의 역할과 우리나라 경제체제의 특징

01 ③   02 기업   03 ②   04 ⑩ 필요하지 않은 물건을 살 수도 있다. / 사용하기에 불편한 물건을 살 수도 있다. / 물건을 구매하고 후회할 수도 있다. 등   05 ⑤   06 ③
07 ⑩ ○○ 치킨 영상 공유 누리집에 신제품 홍보 영상을 올리거나 신제품과 관련한 이벤트를 열어 사람들의 관심을 끈다. 등   08 ⑤   09 ③   10 지훈

01 가계는 가정 살림을 같이하는 생활 공동체입니다. 가계는 ⓒ과 같이 필요한 물건을 소비하거나, ⓒ과 같이 기업의 생산 활동에 참여해 소득을 얻습니다.

㉠은 일자리를 제공하는 것이고, ㉣은 생산 활동에 참여한 대가를 지급하는 것이므로 기업의 경제활동에 해당합니다.

02 경제주체에는 크게 가계와 기업이 있습니다. 가계는 가정 살림을 같이하는 생활 공동체를 의미하며, 기업은 이윤을 얻기 위해 생산 활동을 하는 곳을 의미합니다.

03 가계가 소비 활동에서 합리적 선택을 해야 하는 까닭은 소득은 한정적이므로 소득의 범위 안에서 적은 비용으로 가장 큰 만족감을 얻기 위해서입니다. 합리적 선택을 하려면 품질, 가격, 디자인 등 여러 조건을 비교하여 선택합니다.

04 가계가 합리적인 소비를 하는 과정은 먼저 필요한 물건의 우선순위를 정하고, 선택 기준을 세운 뒤, 선택 기준에 따라 물건을 비교하고 선택하는 것입니다. 이러한 과정을 거치지 않으면 꼭 필요한 물건을 사지 못하거나 자신이 원하는 조건의 물건을 사지 못하여 만족을 느끼지 못하고 후회를 할 수도 있습니다.

05 기업은 더 많은 이윤을 얻기 위해 합리적으로 의사 결정을 합니다. 이를 위해서는 시장과 소비자가 선호하는 것을 분석하여 상품을 연구·개발합니다. 그리고 생산 비용을 줄일 수 있는 방법을 정하고 홍보 전략을 세웁니다.

06 시장 조사 자료를 보면 치킨 종류는 오븐에 구운 치킨을, 치킨 소스는 매콤한 맛을 선호하므로 구운 치킨에 어울리는 매콤한 소스를 개발하면 이윤을 높일 수 있습니다.

① 소비자들은 오븐에 구운 치킨을 더 좋아합니다.
② 영상 공유 누리집으로 ○○치킨을 알게 된 경우가 가장 많았으므로 텔레비전 광고보다 영상 공유 누리집으로 광고하는 것이 더 효과가 있을 것입니다.
④ 전국 치킨 가맹점 수가 점점 늘어났지만, ○○ 치킨 회사 판매량은 점점 줄어들었습니다.
⑤ ○○ 치킨 회사의 판매량이 줄어들고 있으므로 새로운 제품을 개발해야 합니다.

07 이윤을 높이기 위해서는 가장 효과적인 방법으로 홍보를 해야 합니다. 우리 회사 브랜드를 알게 된 경로에서 영상 공유 누리집의 비율이 가장 높으므로 이를 활용하여 홍보하는 것이 효과적입니다.

예시 답안과 비슷한 내용으로 썼으면 정답으로 합니다.

08 경제활동의 자유는 직업 선택의 자유, 소득을 자유롭게 사용할 자유, 생산 활동의 자유 등이 있습니다. 원하는 일자리를 얻기 위해 면접에 참석하는 것은 경쟁에 해당합니다.

09 불공정한 경제활동에는 허위·과장 광고를 하는 것, 가격을 합의하여 마음대로 정하는 것, 몇몇 기업만이 특정한 물품을 생산하며 품질을 마음대로 정하는 것 등이 있습니다. 재료의 가격이 내려가서 제품의 가격을 낮추는 것은 불공정한 경제활동에 해당하지 않습니다.

10 공정한 경제활동을 위한 시민 단체의 노력으로는 기업의 불공정한 경제활동을 감시하고 사람들에게 알리며, 정부에 해결을 요구하는 것입니다. 공정 거래법을 만드는 것은 국회가, 공정 거래 위원회를 운영하는 것은 정부가 하는 노력입니다.

31쪽

2단원 (2) 중단원 쪽지 시험

01 농업   02 경제 개발 5개년   03 경공업   04 중화학 공업   05 자동차   06 반도체   07 인공 지능   08 1인당 국민 총소득   09 커지는   10 노사 갈등

32~33쪽

중단원 확인 평가   2 (2) 우리나라의 경제성장과 경제생활의 변화

01 소비재 산업   02 ①   03 ④, ⑤   04 중화학 공업, 경공업   05 ①   06 ⑤   07 ④   08 예 지역 간에 보다 빠르게 이동할 수 있게 되었다. / 예전보다 편리하게 이동을 할 수 있게 되었다. 등   09 ⑤   10 예 국가 균형 발전을 위한 정책을 시행한다. / 공공 기관을 지방에 이전한다. / 농어촌 지역에 대한 지원 정책을 추진한다. 등

01 1950년대에는 다른 나라의 지원을 받아 밀가루, 설탕, 면직물 등 소비재 산업이 발달했습니다.

02 1960년대에는 비교적 가벼운 물건을 만드는 공업인 경공업이 발달했습니다.

03 1960년대에 정부는 경제 개발 5개년 계획을 세우고, 기업이 제품을 생산하고 운반해 수출할 수 있도록 정유 공장, 항만, 발전소, 고속국도 등 여러 시설을 건설했습니다.

오답 피하기

① 철강 산업과 석유 화학 산업이 발달한 것은 1970년대부터입니다.

② 정부가 중화학 공업 육성 계획을 발표한 것은 1970년대입니다.

③ 자동차 산업과 전자 산업이 크게 발달한 것은 1980년대입니다.

04 제시된 그래프는 시대에 따라 비중이 높은 산업이 다르다는 것을 보여주고 있습니다. 주황색은 1985년부터 비중이 높아지고, 연두색 부분은 1970년대에 가장 비중을 높게 차지하고 있습니다. 이를 바탕으로 주황색은 중화학 공업, 연두색은 경공업이라는 것을 알 수 있습니다.

05 제시된 자료에서 '항구를 중심으로 중화학 공업 단지 조성', '대형 선박' 등의 단어를 통해 조선 산업에 대한 설명이라는 것을 알 수 있습니다.

06 1990년대에는 개인용 컴퓨터의 보급이 확대되면서 관련 산업들이 생겨나기 시작했습니다. 컴퓨터와 전자 제품의 생산이 증가하며 반도체의 중요성이 커졌고, 초고속 정보 통신망이 설치되어 정보 통신 산업이 발달하기 시작했습니다.

07 제시된 신문 기사는 누리호 발사의 성공을 다루고 있습니다. 우주발사체 기술의 발달을 보여주는 기사이므로 우주 항공 산업과 관련이 있습니다.

08 제시된 사진은 교통의 발달과 관련된 것입니다. 새로운 도로와 교통수단을 개통하면 훨씬 편리하고 빠르게 이동을 할 수 있습니다.

채점 기준

교통의 발달로 생활이 편리해졌다는 내용으로 썼으면 정답으로 합니다.

09 제시된 글은 수도권과 비수도권, 도시와 촌락 간 불균형 발전과 관련된 설명입니다.

오답 피하기

① 노사 갈등은 노동자와 경영자 사이에 발생하는 갈등을 의미합니다.

② 빈부 격차는 잘 사는 사람과 그렇지 않은 사람 사이의 격차가 점점 벌어져 생기는 문제를 의미합니다.

③ 자원 부족은 우리의 생활에 필요한 석유나 가스 등의 자원이 고갈되는 것을 의미합니다.

④ 환경 오염은 우리 주변의 환경이 더럽혀지거나 그로 인해 기후 위기가 오는 것을 의미합니다.

10 지역 간 불균형 발전을 해소하기 위한 정부의 노력에는 국가 균형 발전을 위한 정책 시행, 공공 기관의 지방 이전, 농어촌 지역에 대한 지원 확대 등이 있습니다.

채점 기준

지역 간 균형 있는 발전을 위한 정부의 노력에 대한 내용으로 썼으면 정답으로 합니다.

2단원 (3) 중단원 쪽지 시험 35쪽

01 무역 02 수출 03 자연환경 04 높은 기술력 05 경쟁 06 문화 07 일자리 08 관세 09 자유 무역 협정 (FTA) 10 세계 무역 기구(WTO)

중단원 확인 평가 2 (3) 세계 속의 우리나라 경제

01 수입 02 ② 03 ③ 04 주연 05 ⓔ 베트남에 가지 않아도 베트남 음식을 먹을 수 있다. / 식당의 식재료 원산지 안내판을 보면 다양한 나라에서 수입한 재료를 사용하고 있음을 알 수 있다. 등 06 ③ 07 ⑤ 08 ⓒ, ⓔ 09 ⓔ 우리나라 수출액에서 높은 비중을 차지하는 중국과 무역이 어려워져 경제가 어려워질 수도 있다. / 중국을 상대로 수출하는 기업이 어려움을 겪게 된다. 등 10 ③

01 다른 나라에서 필요한 물건이나 서비스를 사 오는 것을 수입이라고 합니다.

02 나라 간에 경제 교류를 하는 까닭은, 나라마다 자연환경, 자원, 기술, 노동력 등이 달라서 더 잘 만들 수 있는 물건이나 서비스가 다르기 때문입니다. 각 나라는 자기 나라에서 부족한 것은 수입하고 풍부한 것은 수출하면서 서로 경제적 이익을 얻습니다.

03 우리나라는 반도체, 자동차 등 우수한 기술력이 필요한 물건을 수출하고, 원유, 천연가스 등 우리나라에 없거나 부족한 자원을 수입합니다.

04 우리나라의 나라별 수출액과 수입액 비율을 살펴보면, 중국과 미국 모두 수출과 수입에서 1, 2위를 차지하고 있는 것을 알 수 있습니다.

오답 피하기

• 소민: 일본은 우리나라 수입액 비율에서 세 번째로 큰 나라이며, 수출액 비율에서는 다섯 번째로 큰 나라입니다.
• 경훈: 우리나라의 무역 규모가 커지고 있는 것은 제시된 그래프로는 알 수 없습니다.

05 다른 나라와의 경제 교류는 우리 생활에 많은 영향을 미칩니다. 그 중 식생활에서는 다양한 나라의 음식을 우리나라에서 먹을 수 있다는 것이 달라졌습니다. 그리고 직접 다른 나라에 가지 않아도 그 나라의 음식 재료를 구할 수 있다는 것도 달라진 모습입니다.

채점 기준

다른 나라와의 교류로 달라진 식생활 모습에 관한 예시를 썼으면 정답으로 합니다.

06 제시된 사진은 해외 취업 박람회가 개최된 모습을 나타내고 있습니다. 다른 나라와의 경제 교류로 인해 개인의 경제활동 범위가 넓어져서 외국 기업에 일자리를 얻을 수도 있습니다.

오답 피하기

①, ④ 기업의 경제활동과 관련된 내용입니다.
②, ⑤ 개인의 경제활동에 해당하지만, 제시된 자료와 관련이 없습니다.

07 그림 속 사례는 우리나라와 미국이 자유 무역 협정(FTA)을 맺었다는 내용입니다. 자유 무역 협정(FTA)은 나라 간에 물건이나 서비스 등의 자유로운 이동을 위해 관세를 낮추거나 법과 제도의 문제를 줄이기로 약속한 것이므로 상호 의존 관계에 해당합니다.

08 나라 간에 경제 교류를 할 때 문제가 발생하는 까닭은 서로 자기 나라의 경제를 보호하려고 하기 때문입니다. 자기 나라의 경쟁력이 낮은 산업을 보호하고, 국민의 실업을 방지하며, 국가의 기본이 되는 산업을 보호하거나, 다른 나라의 불공정 거래에 대응하기 위해서 이러한 행위를 합니다.

09 중국은 우리나라 수출액의 가장 많은 부분을 차지하고 있는 나라입니다. 이러한 중국과의 무역에서 문제가 생겨서 수출을 하지 못하게 되면 우리나라 경제가 어려워질 수 있으며, 특히 중국을 상대로 수출을 하는 기업은 큰 피해를 입을 수 있습니다.

채점 기준

수출액 비중이 높은 중국과 무역이 이루어지지 않아 경제적으로 어려움을 겪는다는 내용으로 썼으면 정답으로 합니다.

10 우리나라처럼 수출 의존도가 높은 경우, 경제 교류 상대국을 확대해서 어느 한 나라의 경제 상황에 영향을 받지 않도록 해야 합니다. 무역 분쟁 발생 시 세계 무역 기구(WTO)와 같은 국제기구에 문제 해결을 요청할 수도 있습니다.

오답 피하기

ⓒ, ⓒ은 오히려 무역 갈등을 더욱 키우는 방법이 됩니다.

학교 시험 만점왕 ❶회   2. 우리나라의 경제 발전

01 ②, ④   02 이윤   03 ④   04 ②   05 ②   06 ①
07 ②   08 ④   09 ①   10 ②   11 ④   12 ③   13 ④
14 ①   15 ④   16 ⑤   17 ①   18 ③   19 ⑤   20 ④

01 가계는 가정 살림을 같이하는 생활 공동체입니다. 제시된 그림을 통해 가계는 기업의 생산 활동에 참여해 소득을 얻고, 얻은 소득으로 필요한 물건이나 서비스를 소비한다는 것을 알 수 있습니다.

02 기업은 물건이나 서비스를 생산하여 판매하는 활동을 통해 이윤을 얻기 위해 노력합니다.

03 개인은 각자가 중요하게 생각하는 선택 기준에 따라 상품을 비교하여 합리적 선택을 합니다.

04 기업이 생산 및 판매 활동에서 합리적으로 선택하려면 시장 및 소비자를 조사하여 선호도를 분석하고, 이를 바탕으로 생산품 및 생산 방법을 정해야 합니다. 이 때 생산 비용을 낮추는 것이 중요하며, 가장 효과적인 방법으로 홍보를 해야 합니다.

05 그림은 냉장고를 판매하는 매장에서 찾을 수 있는 자유와 경쟁을 나타낸 것입니다. 기업들은 서로 경쟁하며 이윤을 높이기 위해 기술을 개발하고, 소비자에게 좋은 서비스를 제공합니다. 소비자는 자신이 중요하게 생각하는 조건에 따라 물건을 구매할 자유가 있습니다. 능력과 적성을 발휘하는 것은 개인의 직업 선택의 자유와 관련이 있습니다.

06 같은 종류의 물건을 만드는 몇몇 기업끼리 가격을 합의하여 결정하는 것을 담합이라고 합니다.

07 불공정한 거래 행위를 감시하고 제재를 가하는 곳은 공정 거래 위원회입니다.

08 1950년대에는 6·25 전쟁 직후였기 때문에 국토가 황폐화되었고 산업 시설 대부분이 파괴되었습니다. 그래서 다른 나라의 도움을 받았고, 소비재 산업이 주로 발전했습니다.

오답 피하기

㉠ 1950년대에는 농업에 종사하는 사람이 가장 많았습니다.
ⓒ 1950년대에는 국민 소득과 경제 수준이 낮았습니다.

09 1960년대에 발달한 경공업은 신발, 가발, 섬유 등 비교적 가벼운 물건을 만드는 공업입니다. 이러한 물건은 많은 노동력이 바탕이 되어야 발전할 수 있습니다.

10 1970년대~1980년대에 정부는 중화학 공업을 발전시키기 위해 교육 시설과 연구소를 설립했습니다.

오답 피하기

① 중화학 공업 육성 계획을 발표했습니다.
③ 기업에 낮은 이자로 돈을 빌려주었습니다.
④ 초고속 정보 통신망은 1990년대에 설치했습니다.
⑤ 중화학 공업을 발전시키기 위해 노력했습니다.

11 중화학 공업은 무거운 물건을 만드는 중공업과 석유 화학 공업을 함께 이르는 말입니다. 철강, 석유 화학, 조선 산업 등이 이에 해당됩니다.

오답 피하기

①, ②, ③ 경공업에 해당합니다.
⑤ 소비재 산업에 해당합니다.

12 제시된 글은 반도체에 대한 것입니다. 우리나라는 1970년대부터 반도체를 연구하였으며, 1990년대 이르러서 수출 효자 상품으로 자리를 잡았습니다.

13 2000년대 이후에는 첨단 산업과 서비스 산업이 많이 발달했습니다. 첨단 산업은 고도의 기술이 필요한 것으로 생명 공학, 우주 항공, 신소재, 로봇, 인공 지능 산업 등이 이에 해당됩니다.

<u>오답 피하기</u>
① 섬유 산업은 경공업에 해당합니다.
②, ③, ⑤ 철강, 조선, 석유 화학은 중화학 공업에 해당합니다.

14 제시된 그래프는 국내 총생산과 1인당 국민 총소득의 변화입니다. 두 가지 모두 꾸준히 증가한 것을 통해 우리나라 경제가 꾸준히 성장했다는 것을 알 수 있습니다.

<u>오답 피하기</u>
② 1인당 국민 총소득은 전체적으로 증가했습니다.
③ 지금까지 국내 총생산이 늘어난 것을 통해 앞으로도 늘어날 것으로 예상됩니다.
④ 1990년 1인당 국민 총소득은 1970년의 약 25배입니다.
⑤ 국내 총생산은 2000년~2005년 사이에 가장 크게 증가했습니다.

15 제시된 자료는 모두 환경을 보호하기 위해 정부와 기업이 노력하는 모습입니다.

16 나라와 나라 사이에 물건이나 서비스를 사고파는 것을 무역이라고 합니다. 이렇게 나라 간에 경제 교류를 하는 까닭은 나라마다 자연환경, 자원, 기술, 노동력 등이 다르기 때문입니다.

<u>오답 피하기</u>
①, ② 우리나라에 부족한 것은 다른 나라에서 사 오고, 우리나라에 풍부한 것은 다른 나라에 팔면서 서로 경제적 이익을 얻습니다.
③ 다른 나라에 물건을 파는 것을 수출이라고 합니다.
④ 다른 나라에서 물건을 사 오는 것을 수입이라고 합니다.

17 다른 나라와의 교류로 인해 그 나라에 직접 가지 않아도 물건이나 서비스를 이용하고 문화를 경험할 수 있습니다. 소비자는 다양한 제품을 선택할 기회가 늘어납니

다. 개인은 외국에 일자리를 얻을 수 있는 기회가 생기고, 기업은 외국 기업과 기술 교류를 하기도 합니다.

18 제시된 지도는 우리나라가 다른 나라와 상호 의존적으로 교류하는 관계를 나타낸 것입니다.

<u>오답 피하기</u>
① 지도에서는 경제 교류로 얻는 이익이 나타나 있지 않습니다.
② 우리나라에 없는 천연자원은 수입합니다.
④ 지도는 경쟁 관계가 아닌 상호 의존 관계를 나타내고 있습니다.
⑤ 커피는 콜롬비아에서 수입하고 있습니다.

19 다른 나라와 무역 갈등이 생기는 까닭은 서로 자기 나라의 경제를 보호하려고 하기 때문입니다. 자기 나라 경제를 보호하려는 까닭은 경쟁력이 낮은 산업을 보호하기 위해서, 국민의 일자리를 보호하기 위해서 등이 있습니다.

20 나라 간에 무역 갈등이 생겼을 때 공정하게 심판하는 역할을 하는 국제기구는 세계 무역 기구(WTO)입니다.

42~45쪽

학교 시험 만점왕 ❷회	2. 우리나라의 경제 발전

01 ④ 02 ⑤ 03 ④ 04 ④ 05 ⑤ 06 ④ 07 ④
08 ④ 09 ① 10 ④ 11 ⑤ 12 ④ 13 ③ 14 ⑤
15 ④ 16 ④, ⑤ 17 ⑤ 18 ④ 19 ① 20 ④

01 가계는 기업의 생산 활동에 참여해 노동력을 제공하고 소득을 얻으며, 소득으로 필요한 물건이나 서비스를 소비합니다. 기업은 물건이나 서비스를 생산하고 판매하여 이윤을 얻으며, 생산을 위해 가계에 일자리를 제공하고 대가를 지급합니다. 가계와 기업은 시장을 통해 물건과 서비스를 거래합니다.

02 라면을 선택할 때 용량을 중요하게 생각한다면 60g으로 가장 용량이 많은 ⓒ 라면을 선택할 것입니다.

① 국물 라면은 2개가 있습니다.
② 어떤 맛이 인기가 있는지는 알 수 없습니다.
③ ⓒ 라면과 ⓔ 라면은 가격이 같습니다.
④ 가장 가격이 비싼 라면은 ⓒ입니다.

03 수진이가 라면을 고를 때 중요하게 생각하는 선택 기준은 맛과 종류입니다. 따라서 매운 맛의 비빔라면인 ⓔ 라면을 선택할 것입니다.

04 시장 조사 자료를 바탕으로 기업은 합리적인 의사 결정을 합니다. 홍보 효과가 가장 좋은 것은 동영상 사이트 광고이고, 누리 소통망 서비스(SNS)는 4위에 해당하므로, 제품 홍보는 동영상 사이트를 활용하는 것이 이윤을 높일 수 있는 방법이 됩니다.

05 경제활동의 자유와 경쟁은 우리 생활에 편리함을 주고, 우리나라 전체 경제 발전에 도움이 됩니다.

① 개인이 원하는 직업을 가질 수 있으므로 능력을 발휘할 수 있습니다.
② 기업은 다른 기업과 경쟁하기 위해 새로운 기술을 개발합니다.
③ 기업 간의 경쟁으로 소비자는 원하는 서비스를 받을 수 있습니다.
④ 기업은 생산 활동의 자유가 있습니다.

06 허위·과장 광고는 소비자가 높은 품질의 물건을 사는 것을 방해할 뿐만 아니라, 같은 종류의 물건을 정직하게 판매하는 기업들에게도 피해를 줍니다.

소비자가 높은 가격으로 물건을 사야 하는 것은 기업 간의 (가격) 담합으로 인한 피해에 해당합니다.

07 바람직한 경제활동을 위해 국회와 정부는 법이나 제도를 만들어 시행하고, 불공정한 경제활동을 감시하며, 기업의 독과점을 방지하기 위해 여러 회사에서 제품을 만들 수 있도록 지원하는 등 다양한 노력을 하고 있습니다.

08 1950년대에는 다른 나라의 도움을 받아 밀가루, 설탕, 면직물 등 생활에 필요한 소비재 산업을 발전시켰습니다.

① 1970년대에 대한 설명입니다.
② 1980년대에 대한 설명입니다.
③ 다른 나라의 도움을 받아 경제가 성장했습니다.
⑤ 농업 중심에서 공업 중심의 산업 구조로 바꾸기 위해 노력했습니다.

09 1960년대에는 많은 노동력을 필요로 하는 경공업이 발전했고, 싼 값에 생산한 경공업 제품을 수출하여 빠르게 경제성장을 이루었습니다.

10 제시된 시설은 1970년대 포항에 설립된 포항 제철소입니다. 1970년대에 정부는 많은 자본과 기술이 필요한 중화학 공업을 육성하기 위하여 교육 시설과 연구소 등을 설립했고, 철강 산업, 석유 화학 산업 등이 크게 발달했습니다.

①, ② 1990년대에 대한 설명입니다.
③, ④ 1950년대에 대한 설명입니다.

11 두 자료는 점차 중화학 공업에 대한 비중이 늘어났고, 수출액과 국내 총생산도 함께 늘었다는 것을 의미합니다. 이를 통해 우리나라 산업 구조가 경공업에서 중화학 공업으로 변화하면서 성장했다는 것을 알 수 있습니다.

12 1990년대~2000년대에는 인터넷 관련 산업, 정보 통신 산업, 첨단 산업, 서비스 산업 등이 발달했습니다. 특히 정보 통신 산업은 기존에 발달했던 산업들이 더욱 발전하는 데에 도움을 주었습니다.

⊙ 많은 노동력이 필요한 것은 경공업입니다.
ⓒ 개인용 컴퓨터가 보급되면서 반도체 산업, 인터넷 산업 등이 발달했습니다.

13 1960~2000년대까지 시대별로 주로 발달한 산업이 다릅니다. 1960년대는 경공업, 1970년대~1980년대는 중화학 공업, 1990년대~2000년대는 정보 통신 산업, 첨단 산업, 서비스 산업 등이 발달했습니다. 1980년대와

연결된 인공 지능 로봇은 2000년대 이후 발달한 첨단 산업과 관련이 있습니다.

14 경제가 성장함에 따라 우리 생활에도 많은 변화가 있었습니다. 그 중 고속 국도 개통, 고속 철도 개통으로 교통이 발달함에 따라 보다 빠르게 지역을 이동할 수 있게 되었습니다.

오답 피하기
① 해외여행자 수가 늘어났습니다.
② 도시에 거주하는 인구가 늘어났습니다.
③ 통신의 발달로 정보가 빠르게 전달되었습니다.
④ 국민 소득이 높아지면서 생활 수준도 향상되었습니다.

15 경제성장 과정에서 발생하는 문제로는 환경 오염, 빈부 격차, 노사 갈등, 지역 간 불균형 발전 등이 있습니다. 환경 문제는 환경 보호 캠페인을 열거나 환경 관련 정책을 추진하면서 해결하기 위한 노력을 기울일 수 있고, 빈부 격차는 저소득층이나 사회적 약자를 위한 지원을 확대하는 방식으로 문제를 해결하기 위한 노력을 기울일 수 있습니다. 노사 갈등은 근무 환경 개선 운동을 추진하거나 노사 간 대화와 타협으로 갈등을 해결할 수 있습니다.

16 다른 나라와 경제 교류를 하면 우리나라에 부족한 것을 수입하고 풍부한 것을 수출하면서 경제적 이익을 얻을 수 있다는 장점이 있습니다. 또 해외에 공장을 세워 그 나라의 값싼 노동력을 이용하고, 운반 비용을 줄일수도 있습니다.

17 다른 나라와 경제 교류를 하면 생활 모습이 달라집니다. 제시된 그림은 다른 나라의 영화를 보거나 음식을 먹는 것을 나타내고 있습니다. 이를 통해 다른 나라에 직접 가지 않고서도 그 나라의 문화를 즐길 수 있다는 것을 알 수 있습니다.

18 우리나라는 다른 나라와 상호 의존하면서 경쟁하고 있습니다. 경쟁을 하는 까닭은 우리나라와 같은 종류의 물건이나 서비스를 생산하는 다른 나라보다 물건을 더 많이 판매하기 위해서입니다. 이를 위해 새로운 기술을 개발하여 높은 품질의 제품을 만들고자 노력합니다.

19 다른 나라와 무역을 하면서 발생하는 문제로는 수입 거부로 인한 갈등, 외국산에 의존하는 물건의 수입 문제, 수출 거부로 인한 갈등, 높은 관세를 부과하는 문제, 수입량을 제한하는 문제 등이 있습니다. 자유 무역 협정(FTA)은 다른 나라와 상호 의존하는 관계에서 맺는 약속입니다.

20 다른 나라와의 무역 문제를 해결하기 위한 방법으로는 세계 무역 기구(WTO)와 같은 국제기구에 가입하는 것, 갈등이 있는 나라와 협상 및 합의를 도출하는 것, 관련 국내 기관을 설립하는 것 등이 있습니다.

2단원 서술형 평가
46~47쪽

01 ㉡ 예 물건이나 서비스를 판매하고 이윤을 얻는다. 등 / ㉢ 예 기업의 생산 활동에 참여하여 소득을 얻는다. 등

2 예 기업이 좋은 품질의 물건을 만들지 않아서 소비자는 원하는 품질의 상품을 살 수 없다. 등

3 정부 예 공정 거래 위원회가 불공정한 경제활동을 조사하고 규제한다. 등 / 시민 단체 예 불공정한 경제활동을 감시하고 정부에 해결을 요구한다. 등

4 예 신발 산업 등 경공업이 발달했다. 등

5 예 해외 소식을 빠르게 알 수 있다. / 정보를 쉽게 이용할 수 있다. 등

6 예 전기 자동차 보급 정책을 추진한다. / 환경 관련 제도를 마련한다. 등

7 예 자신의 나라에서 풍부한 열대 과일은 수출하고, 기술력이 필요한 물건은 수입한다. 등

8 예 미국이 우리나라 세탁기에 높은 관세를 부과하여 수입량을 줄이려고 한다. / 미국이 우리나라 세탁기에 높은 관세를 매겨서 우리나라 세탁기 수출에 어려움을 겪게 되었다. 등

9 세계 무역 기구(WTO)에 판단을 요청한다. / 미국과 대화를 통해 관세 협상을 한다. 등

01 제시된 그림을 통해 가계와 기업이 경제적으로 서로 밀접한 관계를 이루고 있다는 것을 알 수 있습니다. 가계와 기업이 서로 주고받는 것이 무엇인지 생각해 봅니다. ㉠은 가계가 시장에서 물건을 소비한다는 내용이므로 ㉡은 기업이 물건을 판매하는 것과 관련된 내용을 쓰면 됩니다. ㉣은 기업이 일자리를 제공한다는 내용이므로 ㉢은 노동력을 제공하는 것과 관련된 내용을 쓰면 됩니다.

채점 기준

기호의 순서에 맞게 예시 답안과 비슷한 내용으로 썼으면 정답으로 합니다.

02 우리나라 경제의 특징은 자유와 경쟁입니다. 자유와 경쟁이 있기 때문에 기업은 더 좋은 물건이나 서비스를 개발하고, 소비자는 원하는 조건의 물건이나 서비스를 선택할 수 있습니다.

채점 기준

경쟁이 없을 때 생길 수 있는 문제점을 썼으면 정답으로 합니다.

03 제시된 기사는 불공정한 경제활동 중 담합과 관련된 내용입니다. 불공정한 경제활동을 바로잡기 위해서 국회와 정부, 시민 단체가 노력을 기울이고 있습니다. 국회는 공정 거래법을 만들고, 정부는 공정 거래 위원회를 만들어서 공정한 경제활동이 이루어지도록 규제합니다. 시민 단체는 기업의 불공정한 경제활동을 감시하고 정부에 해결을 요구하는 등의 활동을 합니다.

채점 기준

공정한 경제활동을 위한 정부와 시민 단체의 노력을 구분하여 썼으면 정답으로 합니다.

04 1960년대의 자료는 신발 공장의 모습입니다. 이 시기에는 경공업이 많이 발달했습니다.

채점 기준

경공업이 발달했다는 내용을 썼으면 정답으로 합니다.

05 정보 통신 산업의 발달로 우리 생활에는 큰 변화가 있었습니다. 초고속 정보 통신망이 전국에 설치되면서 정보화 사회의 경제 발전이 가능했으며, 정보가 빠르게 이동하여 이를 쉽게 이용할 수 있게 되었습니다.

채점 기준

정보 통신의 발달로 인한 사회 변화를 서술하였으면 정답으로 합니다.

06 제시된 기사는 환경 오염과 관련된 내용입니다. 경제성장 과정에서 발생하는 환경 문제를 해결하기 위해서 국회는 환경 관련 법을 제정하고, 정부는 관련 정책을 추진합니다.

채점 기준

환경 오염을 해결하기 위한 정부의 노력을 썼으면 정답으로 합니다.

07 경제 교류를 하는 까닭은 자신의 나라에서 풍부하거나 우수한 것은 수출하고, 부족하거나 없는 것은 수입하기 위해서입니다.

채점 기준

풍부한 것은 수출하고 부족한 것은 수입한다는 내용을 썼으면 정답으로 합니다.

08 제시된 기사는 미국에서 우리나라 세탁기에 높은 관세를 매긴다는 내용입니다. 관세가 높아지면 미국에서 우리나라 세탁기의 가격이 높아져서 경쟁에 불리하게 됩니다.

채점 기준

우리나라의 세탁기 수출에 어려움이 있다는 내용을 썼으면 정답으로 합니다.

09 경제 교류를 하면서 생기는 문제점을 해결하기 위해서는 세계 무역 기구(WTO)와 같은 국제기구에 도움을 요청하기, 무역 문제를 담당하는 국내 기관 설립하기, 갈등 관계의 나라끼리 협상 및 합의 도출 등이 있습니다.

채점 기준

경제 교류를 하면서 생기는 문제를 해결할 수 있는 방안을 썼으면 정답으로 합니다.

- **수학 전문가 100여 명의 노하우로 만든** 수학 특화 시리즈

- **연산 ε ▶ 개념 α ▶ 유형 β ▶ 고난도 Σ 의** 단계별 영역 구성

- **난이도별, 유형별 선택으로** 사용자 맞춤형 학습

기본부터 심화까지 **단계별 수학**

연산 ε(6책) | **개념 α**(6책) | **유형 β**(6책) | **고난도 Σ**(6책)

EBS No.1 과목 특화 브랜드

365일, 24시 청소년 모바일 상담
다 들어줄 개

청소년 모바일 상담센터 이용 방법

①
'다 들어줄개' 어플

②
'다 들어줄개' 채널

③
'1661-5004' 문자

본 교재 광고의 수익금은 콘텐츠 품질개선과 공익사업에 사용됩니다.

EBS와 함께하는 자기주도 학습 초등·중학 교재 로드맵

		예비 초등	1학년	2학년	3학년	4학년	5학년	6학년
전과목 기본서/평가			BEST **만점왕** 국어/수학/사회/과학 — 교과서 중심 초등 기본서		**만점왕 통합본** 학기별(8책) HOT — 바쁜 초등학생을 위한 국어·사회·과학 압축본			
				만점왕 단원평가 학기별(8책) — 한 권으로 학교 단원평가 대비				
			기초학력 진단평가 초2~중2 — 초2부터 중2까지 기초학력 진단평가 대비					
국어	독해		**4주 완성 독해력** 1~6단계 — 학년별 교과 연계 단기 독해 학습					
	문학							
	문법							
	어휘		**어휘가 독해다!** 초등 국어 어휘 1~2단계 — 1, 2학년 교과서 필수 낱말 + 읽기 학습		**어휘가 독해다!** 초등 국어 어휘 기본 — 3, 4학년 교과서 필수 낱말 + 읽기 학습		**어휘가 독해다!** 초등 국어 어휘 실력 — 5, 6학년 교과서 필수 낱말 + 읽기 학습	
	한자	**참 쉬운 급수 한자** 8급/7급 II/7급 — 한자능력검정시험 대비 급수별 학습	**어휘가 독해다!** 초등 한자 어휘 1~4단계 — 하루 1개 한자 학습을 통한 어휘 + 독해 학습					
	쓰기	**참 쉬운 글쓰기** 1-따라 쓰는 글쓰기 — 맞춤법·받아쓰기로 시작하는 기초 글쓰기 연습			**참 쉬운 글쓰기** 2-문법에 맞는 글쓰기/3-목적에 맞는 글쓰기 — 초등학생에게 꼭 필요한 기초 글쓰기 연습			
	문해력		**어휘/쓰기/ERI독해/배경지식/디지털독해가 문해력이다** — 평생을 살아가는 힘, 문해력을 키우는 학기별·단계별 종합 학습				**문해력 등급 평가** 초1~중1 — 내 문해력 수준을 확인하는 등급 평가	
영어	독해	EBS ELT 시리즈 │ 권장 학년 : 유아~중1			**EBS랑 홈스쿨 초등 영독해** Level 1~3 — 다양한 부가 자료가 있는 단계별 영독해 학습			
		EBS Big Cat — Collins BIG CAT — 다양한 스토리를 통한 영어 리딩 실력 향상				**EBS 기초 영독해** — 중학 영어 내신 만점을 위한 첫 영독해		
	문법	EBS Big Cat — Shinoy and the Chaos Crew — 흥미롭고 몰입감 있는 스토리를 통한 풍부한 영어 독서			**EBS랑 홈스쿨 초등 영문법** 1~2 — 다양한 부가 자료가 있는 단계별 영문법 학습			
							EBS 기초 영문법 1~2 HOT — 중학 영어 내신 만점을 위한 첫 영문법	
	어휘	EBS easy learning — easy learning — First letters — 저연령 학습자를 위한 기초 영어 프로그램			**EBS랑 홈스쿨 초등 필수 영단어** Level 1~2 — 다양한 부가 자료가 있는 단계별 영단어 테마 연상 종합 학습			
	쓰기							
	듣기				**초등 영어듣기평가 완벽대비** 학기별(8책) — 듣기 + 받아쓰기 + 말하기 All in One 학습서			
수학	연산	**만점왕 연산** Pre 1~2단계, 1~12단계 — 과학적 연산 방법을 통한 계산력 훈련						
	개념							
	응용		**만점왕 수학 플러스** 학기별(12책) — 교과서 중심 기본 + 응용 문제					
	심화					**만점왕 수학 고난도** 학기별(6책) — 상위권 학생을 위한 초등 고난도 문제집		
	특화	**초등 수해력** 영역별 P단계, 1~6단계(14책) — 다음 학년 수학이 쉬워지는 영역별 초등 수학 특화 학습서						
사회	사회 역사				**초등학생을 위한 多담은 한국사 연표** — 연표로 흐름을 잡는 한국사 학습			
					매일 쉬운 스토리 한국사 1~2/**스토리 한국사** 1~2 — 하루 한 주제를 이야기로 배우는 한국사/ 고학년 사회 학습 입문서			
과학	과학							
기타	창체		**창의체험 탐구생활** 1~12권 — 창의력을 키우는 창의체험활동·탐구					
	AI		**쉽게 배우는 초등 AI** 1(1~2학년) — 초등 교과와 융합한 초등 1~2학년 인공지능 입문서		**쉽게 배우는 초등 AI** 2(3~4학년) — 초등 교과와 융합한 초등 3~4학년 인공지능 입문서		**쉽게 배우는 초등 AI** 3(5~6학년) — 초등 교과와 융합한 초등 5~6학년 인공지능 입문서	